曲靖市会泽县驾车乡马铃薯种薯生产基地

丽江市玉龙县太安乡马铃薯种薯生产基地

昭通市昭阳区马铃薯种薯生产基地

大理州剑川县马铃薯种薯生产基地

宣威市马铃薯研发中心雾培生产原原种

昆明市寻甸县六哨乡原原种生产基地

甘庶套种冬马铃薯

玉米套种大春马铃薯

宽墒地膜覆盖种植冬马铃薯

冬马铃薯高垄双行膜下滴灌栽培

玉米套种秋马铃薯

地膜覆盖种植早春马铃薯

地膜覆盖种植大春马铃薯

2010 年丽江市太安乡高产创建示范基地现场观摩

2012 年玉溪市易门县稻草覆盖免耕种植冬马铃薯

2011 年昭通市昭阳区马铃薯整乡推进测产验收

2013 年红河州石屏县冬马铃薯高产创建示范基地

2014 年云南省马铃薯产业技术体系高产攻关
寻甸县实收测产

2015 年大理州弥渡县冬播马铃薯绿色增产模式攻关示范

德宏州芒市小型机械盖种

曲靖市马铃薯种植机械覆膜 　　　　　德宏州盈江县机械收获马铃薯

丽江市太安乡机械化病害防控

丽江市手扶拖拉机马铃薯田间管理

昆明市大春马铃薯机械收获

建水县冬马铃薯田间收购装运

种薯临时贮藏

云南润凯淀粉有限公司加工原料采购

马铃薯组培苗大田定植扩繁原原种薯（会泽县驾车乡）

冬马铃薯机械收获后包装

云南理世实业（集团）土豆片生产线

昆明子弟食品有限公司薯片成品车间

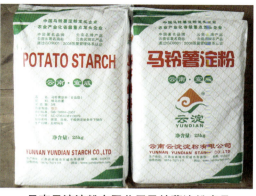
云南云淀淀粉有限公司马铃薯淀粉产品

抗晚疫病品种"云薯505"种薯

品种"合作88"一级种薯

欧州引进品种"米拉"，2007年前主栽品种之一

品种"宣薯2号"雾培生产的原原种

品种"丽薯6号"商品薯

2018 年第二十届中国马铃薯大会种薯标准化繁育示范基地现场（鲁甸县）

2017 年云南省冬马铃薯产销对接观摩现场（盈江县）

2010 年云南省马铃薯种薯供需洽谈会品种展示（丽江市）

云南省 2007 年马铃薯种薯暨产品供需洽谈会（寻甸县）

2004 年 3 月 24 日中国（昆明）第五届世界马铃薯大会开幕式

园区隔离温室展示国外引进品种资源

第五届世界马铃薯大会马铃薯品种展示园区（昆明市西山区团结乡）

12

云南省马铃薯产业发展概述

YUNNAN SHENG MALINGSHU CHANYE FAZHAN GAISHU

◎云南省农业技术推广总站 编

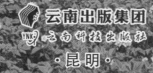

云南出版集团
云南科技出版社
·昆明·

图书在版编目（ＣＩＰ）数据

云南省马铃薯产业发展概述／云南省农业技术推广
总站编. -- 昆明：云南科技出版社，2021.9
ISBN 978-7-5587-1418-4

Ⅰ. ①云… Ⅱ. ①云… Ⅲ. ①马铃薯-产业发展-研
究-云南 Ⅳ. ①F326.11

中国版本图书馆 CIP 数据核字（2018）第 131771 号

云南省马铃薯产业发展概述
云南省农业技术推广总站　编

责任编辑：赵伟力
助理编辑：屈雨婷
封面设计：晓　晴
责任校对：张舒园
责任印制：蒋丽芬

书　　号：ISBN 978-7-5587-1418-4
印　　刷：云南灵彩印务包装有限公司
开　　本：787mm×1092mm　1/16
印　　张：18.25
字　　数：420 千字
版　　次：2021 年 9 月第 1 版
印　　次：2021 年 9 月第 1 次印刷
印　　数：1~1000 册
定　　价：98.00 元

出版发行：云南出版集团　云南科技出版社
地　　址：昆明市环城西路 609 号
电　　话：0871-64190889

《云南省马铃薯产业发展》
编委会

序

推进绿色发展　做强马铃薯产业

马铃薯是粮食、蔬菜、饲料兼用型作物，是云南继玉米、水稻之后的第三大粮食作物，更是云南山区、半山区、南部热区及干热河谷区广大农民增收致富的重要作物。云南是中国马铃薯主产区之一，具有与马铃薯原产地相似的生态气候条件，是马铃薯种植的最适宜区。云南省委、省政府历来高度重视和支持马铃薯产业的发展，通过多年的扶持和发展，特别是2004年在昆明成功举办了"第五届世界马铃薯大会"以来，云南马铃薯产业受到国内外业界的广泛关注，得到快速发展。到2017年，全省马铃薯种植面积达到706.5万亩（1亩＝0.0667公顷），比2007年增加80.8万亩、增12.9%；鲜薯产业726.8万t，比2007年增加31.1万t、增约4.5%；全省马铃薯种植面积占全国种植面积的10%，鲜薯产量占全国总产量的8%。全省马铃薯鲜薯年出口量仅次于山东省排全国第二位；据中商情报网数据显示，2017年1~12月，全国马铃薯出口51.02万t、金额2.81亿美元；其中云南出口量8.14万t，出口金额7601万美元，分别占全国的16%、27%。目前，全省形成了一年四季均有马铃薯种植和鲜薯上市的产业发展新格局，晚秋、冬作、早春三个时期播种的马铃薯面积330万亩（云南俗称冬马铃薯），鲜薯总产量600万t，成为云南最大的特色优势，是国内冬马铃薯种植面积最多的省份和重要的供应基地，冬马铃薯以鲜薯品质好、上市时间早、价格高、效益好、绿色生态，成为云南农业一张靓丽的名片。2004年原农业部（现中华人民共和国农业农村部）部长杜青林在云南考察时，把云南美誉为"马铃薯王国"。

云南发展马铃薯产业具有得天独厚的优势。**一是自然资源优势**。云南蓝天白云、空气清新、水源清洁、阳光灿烂、四季如春，马铃薯适宜种植区域广、污染少，从海拔800~2500m均有种植，形成了一年三熟或四熟的马铃薯生产格局，使马铃薯种植在时空分布上得到延伸，鲜薯上市时间长达10个月以上，有利于商品薯销售和马铃薯深加工原料薯周年供应，贮藏费用低，损耗少，可有效降低加工成本。**二是马铃薯品质优势**。云南得天独厚的气候优势，有利于马铃薯的生长发育，生产季节昼夜温差大，有利于马铃薯干物质积累，薯块质量好、品质优异，味道浓厚；高海拔冷凉地区的马铃薯淀粉含量16%~17%，中海拔冷凉地区的淀粉含量13%~15%；马铃薯的蛋白质含量高于全国2%的平均水平，达到2.5%~2.6%。冬马铃薯还原糖含量低，适合薯条和薯片生产。**三是马铃薯科技优势**。云南马铃薯品种选育走在全国前列，全省选育和审定了包括鲜食、淀粉、薯条、炸片等特色专用品种，如"合作88、丽薯6号、会-2、宣薯2号、滇薯6号、云薯304"等80多个马铃薯品种，约占全国审定品种的1/6；同时，多年的科技研发推广，形成了一系列马铃薯绿色高产栽培技术体系，如脱毒微型薯（原原种）的雾化生产、脱毒种薯应用推广、高垄双行栽培、膜下滴灌、免耕栽培、测土配方施肥、烟后玉米生长后期套种秋马铃薯、蚕桑甘蔗套种冬马铃薯、冬作早春马铃薯覆膜栽培、马铃薯病虫害绿色防控及机械化播种收获等科技措施，涌现了一批绿色高效种植模式和优质丰产典型。**四是种薯产业优势。**云南适宜马铃薯繁种区域海拔2000~3500m的地区，气候冷凉，生态环境有利于种薯扩繁，种薯质量好，活力强，种薯可以延长使用级数、退化慢；原原种1年可生产3季，生产成本只相当于北方的50%~60%甚至更低；从原原种到一级种薯扩繁，可1年或1年半完成一个生产周期，比国内其他种薯产区生产周期缩短1倍；云南种薯能满足江南、华南产区，以及东南亚、南亚对优质种薯的生产需求，种薯贮运成本低。**五是区位和市场优势。**云南拥有背靠祖国大西南，面向东南亚、南亚的地理区位优势，中国"一带一路"倡议及云南面向南亚东南亚辐射中心建设的推进，使云南由全国改革开放的末梢变为改革开放的前沿，加之中国与东盟各国农产品贸易"零关税"政策的逐步实施，使云南马铃薯在种薯和商品薯上具有较强的对外竞争优势，逐步成为云南在国际农产品贸易中参与竞争和发展的一个优势作物。东南亚、南亚地区有10亿多人口的马铃薯消费群体，为云南马铃薯产业提供了巨大的市场空间。云南每年向国内外销商品薯450多万t，销往全国23个省份和香港、澳门特别行政区，并出口到泰国、越南、缅甸、老挝等国和中东地区。

为加快推进马铃薯产业绿色化高质量发展，实现云南从马铃薯大省向马铃薯强省的转型升级，使马铃薯产业成为云南脱贫攻坚、打造世界一流"绿色食品牌"、乡村振兴的重要产业支撑，重点要抓好以下工作。**一是加强农田基础设施建设。**云南自然灾害频发，农田水利设施差，全省耕地有效灌溉率为38.2%，低于全国平均水平7.1个百分点，加之冬春少雨干旱，蓄水严重不足，工程性缺水严重，而马铃薯又主要分布在山区、半山区，农田基础设施差，灌溉设施不健全，生产条件差，抗灾能力弱，自然灾害频发，直接制约马铃薯产业发展。为稳定马铃薯产业发展，需着力推进高标准农田建设，改善马铃薯基地的基础设施条件，加大膜下滴灌、水肥一体化等高效节水技术的示范推广，晚疫病绿色防控技术体系建设，进一步夯实市场前景较好的晚秋、冬作、早春马铃薯的生产潜力和产业优势。**二是提高规模化标准化和机械化水平。**云南已初步形成了一支集马铃薯资源保存、应用基础研究、品种选育、生产管理和技术推广的科技队伍，具备了健全的省、州、县、乡种薯生产和技术推广网络，为加快推进马铃薯产业的标准化、规模化建设，减少化肥、农药使用量，进一步提高马铃薯品质和市场竞争力，为走绿色发展之路提供了技术保障。同时，机械化是云南马铃薯产业的最大制约，加快推进马铃薯生产的全程机械化，引进筛选或研制适合云南马铃薯田间作业的小型机械推广应用，加大马铃薯机械化、标准化生产示范和推广，是降低马铃薯生产成本，提高竞争力的主攻方向。**三是强化种薯生产经营监管**。经过多年扶持，云南马铃薯脱毒种薯生产及推广取得了较好成绩，脱毒种薯覆盖率40%左右，但马铃薯脱毒种薯市场监管弱、种薯生产经营混乱，仍是种薯产业发展的最大短板，特别是缺乏种薯方面的管理法律法规和执法队伍；规范马铃薯脱毒种薯的生产和销售，打造马铃薯种薯品牌已成为当前云南马铃薯产业发展最迫切的重要任务。借鉴发达国家和国内发达地区经验，加快制订云南省马铃薯脱毒种薯质量管理办法，加大对脱毒种薯的田间检验、质量抽检和种薯流通市场的监督检查力度，建立省、市、县三级种薯市场监管体系，建立从脱毒核心苗、组培扩繁苗、微型薯（原原种）、原种、一级种薯到二级种薯（大田用种）全程质量监管体系，规范马铃薯种薯的生产经营行为，着力打造云南脱毒种薯生产供应强省。**四是提升马铃薯加工水平**。云南马铃薯主要为鲜食，加工比例不足10%，马铃薯加工业弱是制约产业进一步发展壮大的主要瓶颈，在积极扩大马铃薯鲜薯市场空间的同时，加大马铃薯精深加工企业的扶持力度，促进产业发展势在必行；加快推进以薯片、薯条等休闲食品和全粉、淀粉为主的加工业，特别是加快以马铃薯全粉（雪花粉）为原料的主食化产业发展，延长产业链，提升马铃薯加工水平，促进马铃薯产业提质增效、做大做强。

　　云南省农业技术推广总站是全省马铃薯资源收集保存评价、新品种选育、脱毒种薯质量检测、高效栽培技术集成示范推广、马铃薯专业技术人员培训和产业宣传推介的主要技术单位，多年来在全省马铃薯技术推广和产销对接方面做出了卓有成效的贡献，特别在马铃薯结构调整、产业发展模式推进和马铃薯技术集成示范推广上作出了重要贡献。2015年以来，省总站组织全省州（市）农技推广部门开展了全省马铃薯产业发展调研，对云南马铃薯产业发展情况进行了阶段性梳理总结，经过辛勤的工作，编撰了《云南省马铃薯产业发展概述》；本书回顾了云南马铃薯产业发展，特别是多年来马铃薯高产创建的历程，总结取得的成绩和经验，分析存在的困难问题，展望发展的前景，数据较为详实（部分数据为行业统计分析），具有较好的文献性和参考价值，可为云南马铃薯产业发展提供有益启迪和借鉴。应同行之邀，稍作评说。是为序。

2020年9月于昆明

目　录

云南马铃薯产业发展
（2000～2018 年）

马铃薯是云南省仅次于玉米、水稻的第 3 大粮食作物。云南地处低纬高原，立体气候特征显著，马铃薯可春、早春和秋冬多季种植，全省 16 个州（市）均有种植分布，适应性广，丰产性好。马铃薯用途广泛，可用于粮食、饲料、蔬菜和食品等工业加工。马铃薯产业作为云南省高原特色产业，多年来，在保障全省粮食安全、脱贫增收、农业农村经济持续发展等方面发挥着重要作用。近 3 年全省年均种植面积 50 万 hm^2，鲜薯产量约 800 万 t，种植面积和产量居全国第 4 位，是国内马铃薯种植大省和秋冬马铃薯优势产区。

一、马铃薯种植发展

云南省是国内马铃薯引进种植历史悠久的省区之一，据云南师范大学王军考证：雍正九年，即 1731 年，云南《会泽县志》中就已有马铃薯的记载，距今已有近 300 年的种植历史。进入 20 世纪，云南省马铃薯分别在 40 年代初、50 年代末，经历过 2 次快速发展时期，持续时间 3～5 年，与当时云南省人口数量急剧增加、自然灾害导致粮食短缺关系极为密切。马铃薯产量高、生育期短、抗逆性强，发展种植能在短时期内产出较大数量的粮食以解燃眉之急。与传统的谷物类粮食相比，马铃薯虽然淀粉含量较低，但饱腹感却更强，是"饱腹指数"最高的食物。马铃薯富含膳食纤维、维生素 C，质地柔软，不易刺激肠胃，在中国和很多亚洲国家，马铃薯兼备粮食与蔬菜的双重角色，在欧美国家马铃薯被视作"第二面包"。20 世纪末，云南省以粮食为代表的农产品供求基本自给，实现了农产品供求关系的根本性转变。自"十五"以来，推进农业产业结构调整、培植高原特色支柱产业，已逐步成为云南省农业农村经济发展的主线。2000 年 8 月温家宝总理在对中国马铃薯产业的批示中首次提出了"把小土豆办成大产业"，对产业发展寄予厚望。2006 年农业部（现中华人民共和国农业农村部）将马铃薯纳入《优势农产品区域发展规划》，出台《农业部关于加快马铃薯产业发展的意见》，要求"大力推进马铃薯产业的发展，把马铃薯做成粮食增产、农民增收和农业增效的一个大产业"。云南省在实施西部大开发、建设绿色经济强省的发展背景下，马铃薯作为最具发展潜力的高原特色粮经作物，承载着粮食安全、农民增收等多重使命，进入了产业的快速发展时期。

备注：2018 年云南省农业厅因机构改革更名为云南省农业农村厅

（一）种植面积和产量

1. 面积和产量

2000~2018年云南省马铃薯种植发展跨越了"十五"（2001~2005年）、"十一五"（2006~2010年）、"十二五"（2011~2015年）3个历史发展时期，在政府规划布局、资源整合优化和市场需求等合力驱动下，2000~2016年全省马铃薯种植面积从31.69万hm²发展至55.78万hm²，面积增76%，年平均增加播种面积1.61万hm²；鲜薯总产量从536.5万t增长至862万t，总产量增加60.6%。据云南省近20年马铃薯种植发展轨迹显示：一是全省马铃薯种植面积总体上持续递增，发展较平稳。"十五"期间，省委、省政府高度重视对云南省马铃薯产业链的打造，从种薯繁育、科技进步和原料加工等多个方面均给予了政策引导和资金扶持，产业发展步入了快车道。全省各地发展马铃薯种植的积极性空前高涨，种植面积迅速增加。2001年与2000年相比，全省年马铃薯种植面积扩大近百万亩，面积增6.18万hm²（92.7万亩），马铃薯种植面积突破500万亩；2005年全省马铃薯种植面积突破700万亩，达746.7万亩；2006年全省马铃薯种植面积突破800万亩，达809.9万亩。云南省马铃薯种植在经历了5年持续快速发展后，发展速度放缓，2007~2013年种植面积保持在700万亩左右；2014~2016年全省马铃薯种植规模再度扩大至800多万亩，2017~2018年种植面积又回落至700万亩左右。二是马铃薯种植结构调整改变，秋冬马铃薯比重增加。全省马铃薯种植从空间和时间上得到延伸，呈现出"从大春向冬早春和晚秋拓展""从一年一熟变一年三熟或四熟""从单一种植向立体间套种植延伸"的发展新格局。2018年昭通、曲靖、昆明、丽江等传统春作马铃薯主产区，种植面积占全省面积的比重由2003年的57.8%下降至49%；红河、文山、德宏、临沧等以冬马铃薯种植为主的州（市），马铃薯播种面积占全省的比重由11.2%提高到17.4%。三是全省马铃薯产量增长滞后于面积发展，单产量先增后减，单产整体水平不高。2000~2009年云南省马铃薯单产量比全国马铃薯单产量平均高10.5%，全省马铃薯种植面积快速增长，单位面积产量仍保持在相对较高的水平，在国内明显具有单产优势；"十一五"后期，云南省马铃薯单产优势逐渐减弱，至2010~2018年，云南省马铃薯单产量已平均低于全国单产量7.3%。

表1-1 云南省马铃薯生产统计（2000~2018年）

年份	种植面积（hm²）	产量（万t）	单产量（t/hm²）	全国单产量（t/hm²）	主要种植品种
2000	316900	536.50	16.93	14.03	合作88、米拉、中甸红、丽薯1号、会-2、大西洋、中心24、合作23、榆薯CA、威芋3号、中甸红等
2001	378700	593.05	15.66	13.68	
2002	348130	607.15	17.44	15.04	
2003	419800	696.95	16.60	15.06	
2004	444540	773.85	17.41	15.68	
2005	497790	789.55	15.86	14.52	

续表1-1

年份	种植面积（hm²）	产量（万t）	单产量（t/hm²）	全国单产量（t/hm²）	主要种植品种
2006	539900	861.14	15.95	14.82	合作88、会-2、中甸红、丽薯1号、合作23、威芋3号、昆薯4号、云薯301、五选2号、昭农2号、抗青9-1等
2007	443370	684.95	15.45	14.62	
2008	466150	722.00	15.49	15.18	
2009	494120	758.80	15.36	14.41	
2010	493100	764.25	15.50	15.66	
2011	496380	797.35	16.06	16.28	合作88、丽薯6号、宣薯2号、威芋3号、会-2、云薯401、滇薯6号、德薯2号、丽薯7号、靖薯1号、云薯304、云薯505、青薯9号、云薯902、会薯14号、昭薯2号、昆薯2号等
2012	516730	875.00	16.93	16.77	
2013	530100	972.50	18.35	17.09	
2014	564000	861.00	15.27	17.14	
2015	558100	852.50	15.27	17.19	
2016	557800	862.20	15.46	17.31	
2017	471000	727.00	15.43	18.21	
2018	473900	743.5	15.69	18.89	

资料来源：中国农业统计资料和中国农村统计年鉴。产量已换算为鲜薯产量。1hm² = 15亩

2. 种植发展占国内及西南区域的比重

（1）面积与产量国内占比

云南省马铃薯种植面积和产量长期以来稳居国内前5位。国家统计数据显示：2000~2017年云南省马铃薯播种面积占全国播种面积的比重呈上升趋势：2000年6.7%，2009年9.7%，2016年9.9%，2018年9.8%。产量在全国马铃薯总产量中的占比基本保持稳定：2000年8.1%，2009年10.4%，2016年8.9%，2018年8.3%。

（2）西南混作区种植发展情况

2008年国家出台马铃薯优势区域布局规划，将全国划分为北方一季作区、中原二季作区、西南一二季混作区等4大马铃薯种植区域。云南、贵州、四川、重庆等省（直辖市）和湖北西部等地区被划入西南一二季混作区，该区域种植面积和产量约占全国马铃薯面积和总产量的40%和45%。马铃薯种植大省云、贵、川3省种植面积和总产量超过西南混作区的70%。在地理上云南与贵州、四川两省毗邻，在植种习惯、技术模式等方面有较多的相似之处，都可春、秋、冬多季种植马铃薯，尤其是云南与贵州同处于云贵高原，生态气候更为接近，相互引种马铃薯适应性好，上市时间段也基本同步。2000年前后，区域内云南与四川、重庆马铃薯种植规模较接近，面积达30多万hm²。贵州省种植规模最大，近50万hm²，种植面积仅次于内蒙古自治区居全国第2位。云南省与四川省单产水平比较接近，贵州省、重庆市相对较低。

面积发展：2000~2016 年，云南、贵州、四川和重庆 4 省（直辖市）马铃薯种植面积总体逐年增长。重庆市马铃薯种植发展较平稳，但发展规模始终小于云、贵、川 3 省，年平均增加马铃薯面积 0.42 万 hm²。云南、贵州、四川 3 省种植发展速度较快。2005~2009 年贵州省、四川省马铃薯种植面积呈跳跃式增长。2005 年贵州省马铃薯面积 75.21 万 hm²，比上年增加 20 万 hm²，种植面积跃居全国第 1 位，内蒙古自治区马铃薯面积则比上年减少约 10 万 hm²，两省区种植面积的此消彼长，保持并稳固了全国马铃薯种植面积的持续增长。2000~2008 年云南省马铃薯种植发展速度远高于四川省，年平均增加马铃薯面积 1.87 万 hm²，而四川省马铃薯一直在 30 万 hm² 左右徘徊不前。2009 年四川省马铃薯播种面积达 55.93 万 hm²，比上年增加 28.22 万 hm²，面积增 101.8%。种植面积超过云南省，与贵州省种植面积的差距迅速缩小至 8 万 hm²，至此，四川省马铃薯生产跃上了一个新台阶。2009~2016 年四川省年平均递增马铃薯面积 3.54 万 hm²。贵州省、云南省年平均递增面积 1.37 万 hm²、0.9 万 hm²。

产量水平：2000~2009 年，云南省、贵州省、四川省马铃薯产量（5∶1 折粮，以下同上）分别增加 44.5 万 t、28.9 万 t、118.0 万 t；年平均增加产量 4.9 万 t、3.2 万 t、13.1 万 t；马铃薯平均单产：云南省 3229.9kg/hm²、贵州省 2483.1kg/hm²、四川省 3503.8 kg/hm²。2010~2016 年，云南省、贵州省、四川省马铃薯产量分别增加 19.6 万 t、91.9 万 t、86.7 万 t；年平均增加产量 3.3 万 t、15.3 万 t、14.5 万 t；马铃薯平均单产：云南省 3221 kg/hm²、四川省 3796.4kg/hm²、贵州省 2941.8kg/hm²。平均单产与上一个时期相比较：云南省基本持平，四川省、贵州省分别提高 8.4%、18.4%。云南省马铃薯由于种植水平差参不齐、单产水平州（市）之间、州（市）内区域之间差距较大，导致马铃薯单位面积产量整体水平不高；另据业内人士分析，云南省统计上报数据偏于保守，数据与实际发展水平也存在一定的差异（单产单位：kg/hm² 或 t/hm²，以下同上）。

表 1-2　部分省（区、直辖市）马铃薯生产统计表

年份	2015	2016	2017	2015~2017	2015	2016	2017	2015~2017	2015	2016	2017	2015~2017
省（市、区）	面积（万 hm²）			面积排序	产量（万 t）			产量排序	单产量（kg/hm²）			单产量排序
内蒙古	51.20	54.60	43.20	5	146	167	138	5	2857	3060	3182	21、20、20
陕西	29.68	29.19	31.10	7	74	75	80	9	2487	2526	2559	22、23、23
湖北	25.30	25.20	20.40	8	77	76	65	8、10	3048	3462	3184	20、21、19
重庆	36.40	37.20	33.50	6	128	129	118	6	3521	3478	3510	15、15、16
四川	79.70	80.70	68.40	1、2	308	322	284	1	3859	3994	4149	12、11、11
贵州	70.90	73.20	70.00	2、1	238	233	232	2	3351	3189	3311	17、18、18
云南	55.70	55.80	47.10	4	171	172	145	4	3054	3091	3087	19、19、21

续表1-2

年份	2015	2016	2017	2015~2017	2015	2016	2017	2015~2017	2015	2016	2017	2015~2017
甘肃	66.50	67.40	56.50	3	225	226	191	3	3388	3354	3386	16、16、17

数据来源：中国农村统计年鉴。产量5：1折粮：5kg 薯折合 1kg 粮食

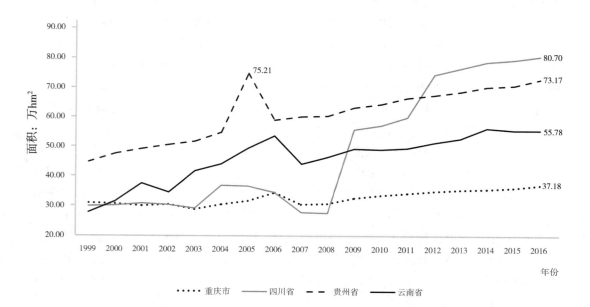

图1-1　西南主要省（市）马铃薯种植面积变化（万 hm²）

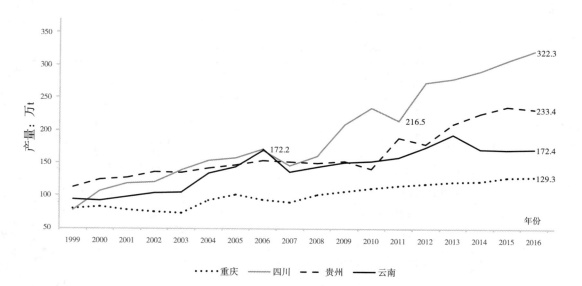

图 1-2　西南主要省（市）马铃薯产量变化（万 t）

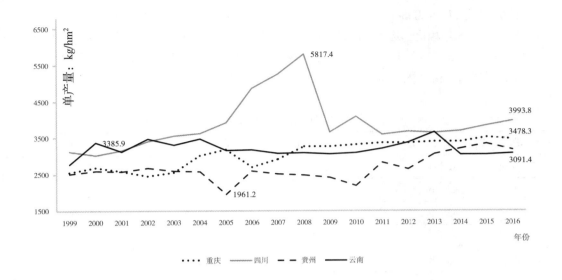

图 1-3 西南主要省（市）马铃薯单位面积产量变化（kg/hm²）

3. 种植发展在粮食生产中的作用

（1）面积和产量占粮食作物的比重

云南粮食作物主要由稻谷、玉米、薯类、小麦和豆类构成。薯类是云南省三大粮食作物之一，云南省大面积种植的薯类作物主要是马铃薯。马铃薯种植多分布在高寒贫困山区及乌蒙等集中连片特困地区，马铃薯是当地增产增收效果最为显著的农作物，种植效益是玉米、荞麦等其他粮食作物的 1~2 倍，其产量直接关系到当地农民的温饱和经济收入。2015 年全国贫困程度较深的乌蒙片区包括 38 个县（市、区），云南省境内有 15 个，其中宣威、会泽、昭阳、鲁甸、寻甸等县（市）马铃薯种植面积超过 1 万 hm²，约占全省播种面积的 30%。2016 年全省仍有近 300 万贫困人口主要依靠种植马铃薯维持生计。2016 年丽江市 39 个贫困乡（镇），绝大部分以种植马铃薯为主，涉及 13 万农户。2017 年，昭通市建档立卡的贫困人口有 92.3 万人，其中有 69.3% 的贫困人口种植马铃薯，种植收入约占家庭收入的 32%。2017 年鲁甸县马铃薯种植 1.38 万 hm²，重点贫困区域 5 个乡（镇）种植面积占 54.6%。长期以来，云南省各级政府始终把马铃薯产业作为本区域农户精准脱贫、增收致富的主打产业，如昭通市鲁甸县水磨乡、昆明市寻甸县六哨乡、曲靖市会泽县大桥乡和驾车乡、丽江市玉龙县太安乡等贫困乡（镇），大部分贫困农户依靠种植马铃薯实现了脱贫增收。

马铃薯是贫困地区的主要粮食作物，2015 年全国 592 个国家级贫困县，有 549 个县种植马铃薯。云南省 73 个国家级贫困县（市、区），80% 以上适宜种植马铃薯。2008~2015 年全省粮食播种面积增加 8.7%，贫困地区粮食播种面积增 16.4%，贫困地区已逐渐发展成为云南省的主要粮食生产基地。发展马铃薯种植对贫困地区解决温饱、脱贫增收和社会稳定发挥着重要的作用。2015 年全省 73 个国家扶贫开发工作重点县（约占全省总人口的 54.8%），粮食播种面积达 274.8 万 hm^2，总产量 1114.5 万 t，其中旱粮占贫困地区粮食生产面积的 61.9%。与 2008 年相比，贫困地区粮食播种面积占全省粮食播种面积的比重由 57.7% 上升至 61.8%；产量占全省粮食产量的比重由 52.2% 提高到 56.6%。玉米种植面积年递增 2.7~3.4 万 hm^2，马铃薯种植面积平均年递增 1 万 hm^2。

表 1-3　马铃薯面积与产量占全省历年粮食作物的比重

年份	粮食面积（万 hm^2）	马铃薯面积占比（%）	粮食产量（万 t）	马铃薯产量占比（%）
2010	427.44	11.54	1531.00	9.98
2011	432.69	11.47	1673.60	9.53
2012	439.96	11.74	1749.10	10.00
2013	449.94	11.78	1824.00	10.66
2014	450.82	12.51	1860.70	9.25
2015	448.73	12.82	1876.40	9.08
2016	448.12	12.45	1902.90	9.06
2017	416.92	11.29	1843.30	7.89
2018	417.46	11.35	1860.50	7.99

资料来源：中国农业统计资料。马铃薯总产量按 5∶1 折粮

表 1-4　州（市、县、区）马铃薯占粮食及薯类作物的比重（2015 年）

州（市、县）	马铃薯面积（万 hm^2）	马铃薯产量（万 t）	占粮食面积（%）	占粮食产量（%）	占薯类面积（%）	占薯类产量（%）
曲靖市	19.40	91.74	28.67	27.43	99.00	98.61
陆良县	2.53	12.00	37.42	32.44	100.00	100.00
富源县	1.53	10.58	23.57	27.33	100.00	100.00
会泽县	5.08	24.04	47.15	48.91	96.67	95.23
沾益区	1.47	7.38	19.82	21.61	100.00	100.00
宣威市	5.98	23.85	31.36	29.04	100.00	100.00
昭通市	14.84	60.30	27.35	26.72	82.10	82.51
昭阳区	2.15	11.46	37.01	33.90	97.35	97.62
鲁甸县	1.24	6.17	30.42	34.13	96.20	95.48
巧家县	1.61	9.14	29.93	35.77	80.91	79.29
永善县	1.69	5.96	30.76	29.88	77.81	74.20
镇雄县	4.28	14.79	30.12	29.54	93.92	93.42
威信县	1.30	3.78	26.13	18.17	74.18	78.60

续表1-4

州 （市、县）	马铃薯面积 （万 hm²）	马铃薯产量 （万 t）	占粮食面积 （%）	占粮食产量 （%）	占薯类面积 （%）	占薯类产量 （%）
昆明市	3.87	17.62	14.22	14.26	91.48	92.19
禄劝县	0.76	3.88	14.69	16.86	93.97	98.08
寻甸县	1.81	7.99	29.67	32.68	99.28	99.36
红河州	3.14	13.33	7.89	7.26	70.73	70.22
建水县	0.54	1.80	11.64	8.07	58.85	49.76
石屏县	0.36	2.50	12.40	18.76	63.73	67.86
弥勒县	0.32	1.11	6.10	4.50	99.6	99.45
泸西县	0.57	2.25	15.46	11.01	99.83	99.81
大理州	1.99	9.92	6.29	5.65	97.79	97.19
祥云县	0.26	2.10	7.54	10.13	92.12	92.01
剑川县	0.33	1.17	14.06	12.68	100.00	100.00
鹤庆县	0.13	0.61	4.69	4.04	100.00	100.00
丽江市	1.93	6.97	14.40	13.63	90.25	86.95
玉龙县	0.53	2.03	15.49	16.99	100.00	100.00
宁蒗县	0.98	2.90	32.05	35.45	100.00	100.00
文山州	1.89	3.75	4.13	2.35	34.66	33.79
文山市	0.20	0.77	4.23	4	61.62	64.15
砚山县	0.21	0.39	3.02	1.48	51.64	45.16
广南县	0.62	1.09	6.02	3.25	35.87	29.91
富宁县	0.19	0.30	4.36	1.9	26.10	21.43
保山市	1.61	6.17	6.11	4.31	74.51	74.36
腾冲市	0.63	1.99	7.59	4.61	76.02	75.22
龙陵县	0.32	1.04	9.68	7	74.35	75.23
昌宁县	0.31	1.25	6.92	6.02	72.27	78.21
临沧市	1.40	4.75	4.67	4.57	63.20	62.80
云县	0.33	1.11	5.53	5.13	68.55	62.39
永德县	0.29	1.16	5.02	6.17	65.06	65.69
双江县	0.15	0.50	6.50	7.08	63.31	74.36
德宏州	1.21	5.64	7.81	7.28	77.33	83.24
芒市	0.18	0.89	4.10	3.77	78.07	87.54
盈江县	0.80	3.68	16.98	16.61	83.79	89.29
怒江州	1.07	2.33	13.30	11.51	96.31	97.82

续表1-4

州 （市、县）	马铃薯面积 （万 hm²）	马铃薯产量 （万 t）	占粮食面积 （%）	占粮食产量 （%）	占薯类面积 （%）	占薯类产量 （%）
泸水县	0.40	0.67	14.77	9.98	93.53	93.04
兰坪县	0.36	1.29	10.05	14.61	100.03	100.00
楚雄州	0.93	4.75	3.60	3.80	73.54	73.76
南华县	0.20	0.89	8.07	7.32	97.37	97.02
大姚县	0.25	1.64	7.88	11.30	69.51	67.97
普洱市	0.71	2.68	2.01	2.23	38.36	49.60
景东县	0.31	1.60	6.63	8.67	91.63	95.87
景谷县	0.20	0.61	4.01	3.30	28.62	29.89
迪庆州	0.54	1.74	11.24	9.80	100.00	100.00
香格里拉市	0.24	0.93	14.20	12.64	100.00	100.00
德钦县	0.03	0.10	4.83	3.70	100.00	100.00
维西县	0.27	0.71	10.87	9.18	100.00	100.00
玉溪市	0.47	2.13	4.19	3.46	90.29	92.61
江川县	0.08	0.49	12.49	11.41	98.95	98.91
新平县	0.15	0.61	4.87	3.89	89.11	88.40

资料来源：云南农业统计资料。产量5∶1折粮。县区为主产县（区）

（2）面积和产量占薯类作物的比重

云南薯类作物种类繁多，包括马铃薯、甘薯、木薯和魔芋等块根、块茎类作物。2018年云南省薯类作物种植面积53.16万 hm²，总产160.7万 t（5∶1折粮），占全国薯类播种面积和总产量的7.4%、5.6%；占全省当年粮食作物面积和总产量的12.7%、8.6%。云南薯类作物面积和总产量仅次于四川、贵州、重庆、甘肃4省（直辖市），居全国第5位，马铃薯是云南省重点发展的薯类作物，2000～2018年马铃薯在薯类作物中的比重呈增长趋势，其中种植面积占薯类作物面积的比重：2000年60.9%，2009年79.6%，2016年82.8%，2018年89.2%；总产量占薯类作物产量的比重：2000年73.8%，2009年88.1%，2016年87.7%，2018年92.5%。

甘薯是云南省第二大薯类作物，种植历史悠久、地方品种资源众多。种植面积年约10万 hm²。云南甘薯多种植于光、热条件较充足的滇南低海拔丘陵地带和金沙江河谷地区。红河、文山、昭通、普洱、德宏等州（市）是甘薯最适宜种植的区域。云南省是国内木薯主要种植省（区）之一，红河、文山、保山等州（市）边境地区，地势渐趋和缓，河谷开阔，热区土地资源丰富，最适宜发展木薯种植，种植品种主要从省外引进。云南省是魔芋的原生地，食用魔芋种质资源极为丰富，是国内魔芋主产省区之一，近年全省魔芋种植面积约3.67万 hm²，主要分布在昭通、曲靖、临沧、丽江、楚雄等 10 个州（市）。

表 1-5　马铃薯面积与产量占全省薯类作物的比重

年份	薯类面积（hm²）	马铃薯面积占比（%）	薯类产量（万 t）	马铃薯产量占比（%）
2000	520100	60.93	145.46	73.75
2001	552740	68.51	148.96	79.63
2003	605250	69.36	172.29	80.90
2005	687530	72.40	178.60	88.42
2008	586930	79.42	169.76	85.06
2009	620440	79.64	172.18	88.14
2013	659810	80.34	207.61	93.67
2016	673600	82.81	196.54	87.74
2018	531600	89.15	160.70	92.53

资料来源：中国农业统计年鉴

（二）秋冬马铃薯发展

20 世纪末，1996 年云南省启动冬季农业开发，开发区域涉及红河、文山、普洱、保山、德宏、临沧、西双版纳等 7 个州（市）及滇中部分低热河谷地区。2000 年全省冬季农业开发面积 31.12 万 hm²，面积比开发初期增长了 5.7 倍，复种指数提高了 26%。"十五"期间，全省冬季农业开发重点从小麦、蚕豆、油菜等粮油作物逐步转向冬早蔬菜、冬马铃薯、冬玉米、啤饲大麦和香料烟等高效益作物，开发面积不断扩大。2013 年全省冬季农业开发面积 160 万 hm²，占全年农作物播种面积的 20%，产值突破 300 亿元，占种植业产值的 22%。冬马铃薯产值 49 亿元，平均产值达 2.5 万元/ hm²。至 2016 年冬农开发已覆盖全省各县（市），实施面积达 164.41 万 hm²。冬季农业开发已成为农产品外销的重要来源，冬早蔬菜、冬马铃薯远销全国 20 多个省（市）37 个大中城市和 40 多个国家及地区。由于云南气候生态优越，马铃薯淀粉、蛋白质含量相对较高，鲜食风味浓厚；还原糖含量低，适合薯条和薯片加工。冬马铃薯作为冬早蔬菜和加工原料，市场需求旺盛、效益稳定，是冬季农业开发的主要农作物。近年德宏州冬马铃薯产业被当地总结为"1139"模式，即"种植 1 亩冬马铃薯、生长 100d、亩产 3000kg、收入 9000 元"。

云南省具有种植冬马铃薯的气候资源优势，冬马铃薯主要分布在海拔 2000m 以下区域。南部热区、滇东南、滇中、滇东北、滇西北均有适宜冬马铃薯的种植区域。种植时间从 9 月底至翌年 1 月，因播种时间的不同又称作冬薯、小春薯和早春薯。盈江、弥渡、开远、建水、陆良等地 2 月下旬至 5 月中旬上市冬马铃薯，全省冬马铃薯收获期长达 100 多天。2002 年、2006 年全省冬马铃薯播种面积 5 万 hm²、13.21 万 hm²，

2014 年全省冬早蔬菜种植 42.07 万 hm^2，马铃薯占 48.2%。近年全省冬马铃薯种植面积达 17 万 hm^2 左右，总产约 350 万 t，约占全年马铃薯种植面积和总产量的 30% 和 40%。鲜薯平均单产由 2003 年的 12.1t/hm^2 提高到 2016 年的 20.0t/hm^2。主要种植品种有"合作 88、会-2、中甸红、丽薯 6 号、宣薯 2 号、青薯 9 号和云薯 304"等。盈江、陆良、芒市、建水、石屏、开远、南华、江川、景东、南涧等县（市、区）已发展成为云南省重要的外销冬马铃薯生产基地。近年由于冬马铃薯种植效益较好，传统春作马铃薯种植区域，冬马铃薯产业也有了较快的发展。2016 年曲靖市冬马铃薯面积占全市马铃薯面积的比重由 2003 年的 7.5% 提高到 16.8%；昭通市由 7.8% 提高到 11.2%；迪庆州冬马铃薯种植面积约占全年面积的 50.0%；德宏州传统上只种植大春马铃薯，发展至今，全州大春马铃薯占比已不足 8.0%。

云南省历来有种植晚秋作物的传统。曲靖、昭通、红河、昆明、楚雄等州（市）坝区和半山区，8~11 月平均气温在 20~12℃ 之间，适宜种植玉米、小麦和马铃薯等晚秋作物。秋马铃薯种植分布较广，2010 年云南省种植秋马铃薯 7.67 万 hm^2，占晚秋作物种植面积的 11.7%。近年来，云南省秋马铃薯种植面积为 5 万~6 万 hm^2，约占全省全年马铃薯面积的 10%。适宜种植的品种有合作 88、会-2、宣薯 2 号、丽薯 6 号、威芋 3 号等。曲靖市是云南省秋马铃薯的主要产区，2017 年秋马铃薯种植面积从 2001 年的 0.28 万 hm^2 发展至 2.67 万 hm^2，种植面积扩大了近 10 倍。总产由 3.16 万 t 增加至 52 万 t，平均单产由 11.4t/hm^2 提高到 19.5t/hm^2。

表 1-6　云南省秋冬马铃薯生产统计（2016 年）

州（市）	种植面积（hm^2）	产量（万 t）	单产量（t/hm^2）	主要种植品种
昆明	13500	29.60	21.90	合作 88、宣薯 2 号、威芋 3 号、青薯 9 号
昭通	15590	21.40	13.70	会-2、合作 88、丽薯 6 号、青薯 9 号
曲靖	58573	116.20	19.80	合作 88、会-2、宣薯 2 号、丽薯 6 号
楚雄	7606	19.00	25.00	丽薯 6 号、丽薯 7 号、青薯 9 号
玉溪	3113	6.10	19.70	合作 88、丽薯 6 号、青薯 9 号
红河	31907	68.92	21.60	丽薯 6 号、合作 88、云薯 505、云薯 105
文山	10405	10.20	9.80	丽薯 6 号、合作 88
普洱	6812	12.70	18.60	合作 88、丽薯 6 号、会-2、青薯 9 号
西双版纳	418	0.90	21.80	合作 88、丽薯 6 号
大理	10153	23.20	22.90	合作 88、丽薯 6 号
德宏	11935	30.30	25.40	合作 88、丽薯 6 号、云薯 304、青薯 9 号
保山	3074	6.80	22.00	丽薯 7 号、中甸红、云薯 304、青薯 9 号
丽江	2040	5.70	28.10	丽薯 6 号、丽薯 7 号、青薯 9 号

续表1-6

州（市）	种植面积（hm²）	产量（万t）	单产量（t/hm²）	主要种植品种
怒江	3422	4.80	14.00	合作88、丽薯6号、丽薯7号、宣薯2号
迪庆	2731	3.90	14.20	丽薯7号、丽薯6号
临沧	9268	13.90	14.80	合作88、丽薯6号
合计/平均	190547	373.60	19.61（平均值）	—

数据来源：全省各地州（市）马铃薯统计数据，产量为鲜薯产量

（三）种植技术发展演进

"九五"期间，中国农业开始由传统农业向现代农业、由粗放经营向集约化经营转变，对农业科技提出了更高的要求。云南省加大了脱毒种薯应用、新型栽培技术和种植模式的示范推广力度。

1. 脱毒马铃薯及配套栽培技术

国内外研究证明，病毒是造成马铃薯种性退化和减产的主要原因。马铃薯属无性繁殖作物，繁种过程中易受病毒和其他致病微生物浸染，病毒在块茎中积累放大，种植代数越多，种性退化越严重。"八五"期间，云南省科委组织云南省农科院、云南师范大学、中科院昆明植物研究所等单位，研究开发了马铃薯脱毒良种快速繁育技术，经试验示范获得成功。"九五"期间，云南省政府将此项成果列入农业重大科技成果推广和科技扶贫计划。"十五"期间，云南省为促进脱毒马铃薯的推广应用，配套示范推广了"马铃薯脱毒良种及配套栽培技术"，初步形成"催芽整薯播种、分墒开沟、重施农家肥"等核心技术，对马铃薯种植的快速发展提供了较好的技术支撑。技术要点：适期播种，宜选用带短壮芽脱毒无病种薯；规范种植，墒面宽3～5m，沟宽40～50cm，行距40～55cm；打塘后整薯播种，塘深15cm；667 m²施农家肥2500～3500kg，尿素10kg、普钙40kg、硫酸钾5kg；出苗20d后，结合中耕亩施尿素10kg；现蕾期结合起垄、除草、施尿素5kg、复合肥10～15kg；冠层密度达90%以上时，喷施多效唑，防止植株徒长；现蕾至开花，保持水分充足，成熟期排渍防涝。

2. 马铃薯间作套种技术

间套种植是云南农业精耕细作的耕种方式，具有悠久的历史和众多的间套模式。马铃薯与玉米等粮、经作物的间作套种，能较好地提高光能和土地利用率，增加单位面积产量和经济效益。玉米与马铃薯间套种是主要的马铃薯间套种植模式，在昭通、曲靖等州（市）大春马铃薯上应用广泛，年均种植面积约20万 hm²。间套种规格有："2套1"，播幅150 cm，2行玉米套种1行马铃薯；"4套4"，播幅390～410cm，4行玉米套种4行马铃薯；"2套2"，播幅190～210cm，2行玉米套种2行马铃薯。其中"2套2"种植模式综合经济效益较好，为近年主要推广模式。玉米套种秋马铃薯是云南省

13

传统晚秋种植方式，主要在曲靖、昭通、昆明等地推广，秋马铃薯单产 $10.5 \sim 30t/hm^2$，产量受种植品种、播种时间、播种密度和管理水平等影响较大。马铃薯适宜 7～8 月播种，利用玉米植株遮荫或遮挡部分强光，降低土壤温度，利于秋马铃薯出苗整齐。玉米、马铃薯有 30～40d 的共生期，马铃薯生长期间田间气温由高到低，光照由强到弱递减，延长了秋马铃薯的有效生育期，对提高秋马铃薯单产极为有利。

烤烟套种秋马铃薯，是云南省发展秋马铃薯的特色模式之一。海拔 2000m 左右的山区，地膜覆盖栽培烤烟可提前 10～15d 采收，利用光热资源可套种一茬秋马铃薯。秋马铃薯播期时间较为关键，既要便于采收烟叶，又要避免秋薯生长后期被早霜危害，烤烟地套种秋马铃薯要获得一定产量，应在烤烟的下二棚烟叶采收结束后，平均气温不超过 25℃ 时播种较为适宜，滇中及滇东北地区适宜在 7 月下旬至 8 月上旬播种，待烟叶全部采收完毕后马铃薯正好苗齐，可保障秋马铃薯生育期的光热需求。1999 年宣威市东山镇烤烟地套种秋马铃薯试验示范，鲜薯单产 $7.5 \sim 22.7t/hm^2$。2009 年全省烤烟套种秋马铃薯 0.8 万 hm^2，收获马铃薯 18 万 t，产值达 3 亿元，人均收入 1835 元。2010 年宣威示范烟田免耕套种秋马铃薯 1.14 万 hm^2，平均单产 26 t / hm^2，纯收益 2.25 万元/ hm^2。2012 年全省烤烟套种秋马铃薯面积达 2.38 万 hm^2。

近年各地充分利用光热资源优势，提高复种指数，增加经济效益。衍生出众多栽培模式：早春马铃薯间套种玉米、马铃薯套种豆类、桑园间套马铃薯、甘蔗套种冬马铃薯和高海拔冷凉山区马铃薯间套绿肥。甘蔗套种冬马铃薯在德宏、临沧等南部地区发展较好，2012 年全省示范推广甘蔗套种马铃薯面积达 1.46 万 hm^2。

3. 地膜覆盖栽培技术

2008 年以来，云南省实施"百亿斤粮食增产计划"和"高原粮仓"建设，覆膜栽培技术作为云南省粮食增产"十大科技"措施之一，被广泛地应用于马铃薯净作、间套种等多项技术中。2008～2016 年全省马铃薯地膜覆盖技术推广从 6.13 万 hm^2 发展到 15 万 hm^2，累计推广 103.47 万 hm^2。据寻甸、禄劝、鲁甸、昭阳、会泽、陆良、马龙、宣威、沾益、南华、弥渡、武定、楚雄、永仁等县（市、区）2011 年秋、冬及早春马铃薯 65 个点的调查测产，推广地膜马铃薯比露地栽培平均增产 $3.7 \sim 6.1t/hm^2$，增产率达 17.2%～29.1%。地膜覆盖技术增温保墒，可提前 10～15d 播种冬马铃薯。南华县天申堂乡平均海拔超过 1900m，早春常年气温 10℃ 左右，通常 2 月初才能播种马铃薯。推广地膜覆盖技术后，1 月下旬就可播种，上市时间提早了 10～20d，不仅解决了玉米播种的茬口问题，冬薯提前上市也增加了种植效益。近年地膜覆盖技术也被昭通等地广泛应用于大春马铃薯种植，昭通市海拔 2200m 以上地区覆膜种植马铃薯，可增产 20%～30%。

2013 年云南省农科院经作所针对冬马铃薯干旱缺水问题，在陆良县开展了马铃薯膜下滴灌节水技术试验示范。采用大垄双行种植，大行距 70cm，小行距 40cm，株距 27cm。"墒面同宽，行向一致，播期集中"。每墒面在马铃薯行间布滴灌带 1 根，滴灌带拉紧拉直，喷施除草剂后覆盖普通地膜。播种后 20～25d 进行第一次滴灌，间隔 7～10d 滴灌一次，每次灌水时间 3～4h，重点抓好马铃薯苗期及块茎膨大期水分管理。整个生育期灌水 7～8 次。2014 年陆良县小百户镇马铃薯高产创建样板区，示范膜下滴灌抗旱高产栽培 20 hm²，平均单产 66.5t／hm²，较传统沟灌增加产量 15.2t／hm²，增 29.6%；节水 2850m³／hm²，节水 59%。近年全省在曲靖、文山、昭通、德宏、昆明等地示范推广马铃薯膜下滴灌、微喷等节水种植模式，节水、省工、增产、增收效果显著，有效地拓展了冬马铃薯的种植区域。

4. 垄作高产栽培技术

云南省大春马铃薯生长中后期雨量充沛、降水较频繁，极易爆发晚疫病导致产量损失。2008 年曲靖、昆明、昭通等主产区示范推广"马铃薯高垄双行栽培"技术，该项技术针对马铃薯块茎膨大不充分、晚疫病爆发防控难等问题，通过多次培土促进植株通风降湿，增强马铃薯化学农药喷施效果。同时可增加种植密度，保障块茎充分生长，比常规开墒种植增产 10%～30%。近年该项技术作为主推技术在全省广泛推广应用，并因地制宜衍生出了单行、三行等种植模式。2008～2016 年全省累计推广高垄双行种植 176.78 万 hm²。技术要点：种植密度根据品种特性合理密植。熟期较早或植株较矮、分枝较少的品种，应适当密植。实行宽窄行种植，宽行 80cm，窄行 40cm。精细整地后，按 40cm 行距开沟，沟深 10～15cm，按株距 28～33cm 将种薯点播入沟中，种 2 行空 1 行，施入底肥后进行覆土。苗期结合中耕、除草、施肥，将宽行上的土培到种植行上，植株封行前结合清沟培土 2～3 次，形成高垄（垄高>25cm），厚培土使土温稳定，促进结薯和块茎膨大均匀。

云南省近年春旱发生十分频繁，多次出现春、夏、秋连旱，气象干旱灾害有加重的趋势。大春马铃薯主要靠雨水灌溉，2～4 月播种，出苗时因干旱缺水，易缺苗断垄造成减产。丽江、曲靖市经多年的试验示范，研发了马铃薯平播后起垄抗旱增产技术。2008 年首先在丽江和曲靖市推广应用。2014 年成为云南省主推技术，广泛应用于马铃薯净作栽培。至 2016 年全省累计示范推广 113.33 万 hm²。该项技术特点是播种时不起垄，苗期可高效利用降水，降低土壤水分蒸发，抗旱保墒、促苗齐苗壮苗，平均比常规技术增产 10%～15%。技术要点：播前精细整地、开沟播种，覆土后保持播种沟面微凹，便于集纳零星降水保墒抗旱。种植密度 5.2 万～6 万株／hm²。马铃薯植株高度 15～20cm 时结合追肥、中耕培土，多次起垄形成高垄，利于后期排水、结薯和防控晚疫病。

5. 稻草覆盖免耕栽培技术

2007～2014 年以"稻草覆盖免耕栽培技术"为代表的马铃薯轻简化栽培技术，具有"省工省力省时，节本增产增效"的特点，利于增加土壤有机质，改善土壤结构、培肥地力。技术特点：利用稻田进行水旱轮作种植马铃薯，水稻收获后免耕开沟，平整墒面后直接摆放薯块，播种后覆盖稻草，厚度以 10～12cm（1 hm² 马铃薯需 3 hm² 左右的稻草）、不露光为宜，收获时拨开稻草即可拣薯。全省在曲靖、楚雄、文山、玉溪等地试验示范推广"马铃薯稻草覆盖免耕栽培"3.02 万 hm²，平均单产 22.7 t／hm²。文山州富宁县是全省稻草免耕示范成效最显著的县区，2012 年富宁县稻草免耕种植马铃薯从 2007 年的 6.3 hm² 发展到 692 hm²，总产 2.5 万 t，单产达 35.4t／hm²。近年由于缺乏项目支撑、缺少稻草等覆盖物，种植面积急剧下滑，仅少数农户零星种植。

6. 机械化种植技术推广

2012 年农业部（现中华人民共和国农业农村部）出台了《马铃薯机械化生产技术指导意见》，引导全国马铃薯集约化生产，提高生产效益。云南省针对农村劳动力紧缺、马铃薯用工成本高的生产实际情况，围绕马铃薯播前准备、播种、田间管理、收获这四个重点生产环节，加大了农机农艺融合试验示范力度。先后在宣威、玉龙、沾益、会泽、寻甸、弥勒等地引进种植机械开展试验示范和机械适应性技术改造，建设了一批马铃薯生产机械化示范园区。2016 年全省马铃薯机械播种 0.82 万 hm^2，机械收获 1.26 万 hm^2。比 2014 年分别增加 0.46 万 hm^2、0.98 万 hm^2。2016 年云南省农技推广总站实施农业部（现中华人民共和国农业农村部）"冬马铃薯机械化栽培技术模式示范推广"项目，在陆良、石屏、芒市示范机械化种植 202 hm^2，选用当地主要种植品种"丽薯 6 号""合作 88"，推广适用于水田、坡耕地的小动力旋耕、播种、中耕、收获等复合式机械和单用机械。平均单产 41.5t／hm^2，商品薯率达 85.4%。较人工种植平均增产 2.3t／hm^2，增产 6%，与传统人工种植相比，机械种植省时省工，平均可节省人工成本 6000 元／hm^2。德宏、丽江、曲靖是省内马铃薯机械化技术引进、研发和运用较早的州（市）。丽江市农业科学研究所根据手扶拖拉机的前轮距确定马铃薯种植行距，发明了多用途组合式犁头，实现了丽江市马铃薯种植手扶拖拉机耕地、开沟、中耕培土、收获的全程机械化。德宏州盈江县 2005 年从河北围场引进马铃薯收获机，通过多年的农机农艺融合和试验示范，形成了由马铃薯播种机、收获机和多功能田园管理机（可用于马铃薯半机械化种植和中耕管理）配套的马铃薯机械化生产模式，可操作性强、普及率高。2017 年德宏州机耕机耙整地和小型机械开沟覆土、中耕起垄规范化种植技术应用面积达 90% 以上。近年随着无人机防控马铃薯晚疫病技术的示范推广应用，晚疫病的防控效率也得到了较大的提高。

（四）高产创建及成效

1. 启动实施马铃薯高产创建

高产创建是国家促进粮油作物大面积均衡增产的重大举措，是科技增粮的重要途径。2008 年，农业部（现中华人民共和国农业农村部）启动"全国粮食高产创建"活动，通过建设粮食作物示范区、集成技术、主攻单产、提高品质、节本增效，实现大幅度提高粮食作物生产技术含量，提升粮食综合生产能力和市场竞争力，稳定粮食种植面积。农业部（现中华人民共和国农业农村部）在全国创建 50 个马铃薯高产创建万亩示范点。云南省作为国内首批 10 个示范省（区）之一，在会泽、芒市等 3 个县（市）试点开展马铃薯高产创建。在会泽县大桥乡组织了 10 个村民小组 705 户 2306 人，通过开展技术培训，集成"脱毒种薯整薯播种""测土配方施肥和高垄双行"等高产技术，选用当地主栽高产品种"会-2"，开展春作马铃薯高产示范 693.3 hm^2，平均单产 46.2t／hm^2，核心区鲜薯平均单产达 53.3t／hm^2。在项目辐射示范带动下，会泽县全县马铃薯平均单产达 34.7t／hm^2，比 2007 年增产鲜薯 4.3t／hm^2，增产 14.2%。

2009 年，云南省实施"百亿斤粮食增产计划"，全省在 16 个州（市）选择 100 个县（市）共创建水稻、玉米、马铃薯、油菜等 6 个作物 200 个高产示范片，"更大规模、更广范围、更高层次"地开展全省粮油作物高产创建。2009 年全省在昆明、昭通、曲靖、德宏等 9 个州（市），寻甸、鲁甸、玉龙、巧家、鹤庆、剑川、会泽、马龙、宣威、景东、芒市、南华等 20 个县（市、区），选择"合作 88、会-2、中甸红、丽薯 1 号"等马铃薯主要种植品种，配套"规范化垄作、间套种、测土配方施肥、晚疫病综合防治"等集成技术，创建部、省级马铃薯高产示范 2.84 万 hm^2，鲜薯平均单产 31.4t/ hm^2，增产粮食 1.35 亿 kg。其中：大春马铃薯百亩核心示范 31 片 238.8 hm^2、鲜薯平均单产 47.9t/ hm^2。千亩展示片 30 片 206.67 万 hm^2，平均单产 40.9t/ hm^2；南华、个旧、景东和潞西等县（市），共组织 19 个乡（镇），79 个自然村 19578 人，示范冬马铃薯高产创建 8 片 0.54 万 hm^2，鲜薯平均单产 29t/ hm^2（景东县平均单产达 47.7t/ hm^2）。

2. 推进整乡整县整建制创建

2011 年，云南省实施全国粮食稳定增产行动，以科学发展观为指导，把粮食高产创建示范片成功的技术模式、组织方式、工作机制向整乡（镇）、整县（市）整建制推进，集中打造一批规模化、集约化、标准化的高产示范区。云南省在水稻、玉米、马铃薯和麦类等粮食作物上开展了整乡整县整建制高产创建。在寻甸、玉龙、永善、宣威等县（市）推进"马铃薯整建制示范 0.92 万 hm^2"。永善县茂林镇 0.13 万 hm^2 马铃薯，重点推广脱毒"会-2"、地膜覆盖、测土配方施肥、高厢垄作等技术。鲜薯平均单产 45.4t/ hm^2，比上年增加马铃薯产量 3.1 万 t。按当年市场价 600 元/t 计，全镇增加马铃薯产值 1881.6 万元。永善县为确保整乡推进，县人民政府成立"永善县整建制推进高产创建"协调领导小组，充分整合测土配方施肥、植保、农机等项目资金，对 135 hm^2 地膜覆盖马铃薯核心区，补贴地膜 750 元/ hm^2、发放肥料 250t。茂林镇成立了由政府主要负责人任组长的领导小组，引导种粮大户、专业合作社积极参与创建。实行专家和技术员承包责任制，明确量化任务指标，开展全程技术指导。成立了农机、植保、土肥专业服务队，确保"技术到田，措施到位，责任到人"。

寻甸县六哨乡以种植马铃薯为主，部分早春马铃薯收获后种植蔓菁、萝卜、秋荞、玉米、青稞等饲料作物。2011 年全乡实施"马铃薯整乡整建制创建 3000 hm^2"。重点推进早春马铃薯后茬种秋荞、早春马铃薯后茬种玉米和一季大春马铃薯等种植模式。推广适宜本地种植的马铃薯高产优质品种"合作 88""丽薯 7 号""滇薯 6 号""宣薯 2 号"；早熟高产玉米"会单 4 号"。鲜薯平均单产 33.2t/ hm^2，比上年增 4.7t/ hm^2，增 16.6%；总产增加 1416.6 万 kg，折主粮 283.3 万 kg，增加产值 1699.9 万元（鲜薯市场价 1.2 元/kg）；玉米平均单产 4.6t/ hm^2，比上年增 841.5 kg/ hm^2，增产 22.7%，全乡玉米总产增加 28.1 万 kg，增加产值 59.5 万元（玉米市场价 2.1 元/kg）。秋荞平均单产 2.3t/ hm^2，比上年增 426 kg/ hm^2，增产 23%，全乡秋荞产量增加 28.4 万 kg，增加产值 68.2 万元（秋荞市场价 2.4 元/kg）。全乡粮食作物增产 339.8 万 kg，人均增收 958.7 元。在工作机制上重点推进标准化种植，一是推进服务专业化。实行统一整地播种、统一破膜培土、统一肥水管理、统一病虫防治、统一机械收获的"五统一"

技术服务，大力推广农机作业，提高马铃薯机耕、机种、机收水平。建立植保专业机防队，统一防治晚疫病。二是生产方式集约化。高产创建与培育种薯大户、农民专业合作社相结合，成立了3个马铃薯专业合作社，使土地分散经营向规模化生产转变，提高种粮效益。三是严格执行绿色食品种植规程。申报了2万亩绿色食品基地，打造了"六哨洋芋"品牌。2011～2016年全省累计示范马铃薯整乡整县整建制高产创建6.12万 hm²。

3. 开展马铃薯增产模式攻关

2014年按照农业部（现中华人民共和国农业农村部）《关于印发2014年粮食高产创建及增产模式攻关提升年活动方案的通知》的要求，为深入推进高产创建，云南省在2013年启动实施粮食增产模式攻关试点的基础上，在滇东北、滇西及滇东南粮食主产区选择了5个粮食主产县，围绕水稻、玉米、马铃薯3大粮食作物开展增产模式攻关。全省针对马铃薯重点开展了膜下滴灌、地膜覆盖、播种密度、施肥技术、晚疫病防控以及机播机收等技术攻关。建水县在甸尾乡、曲江镇、李浩寨乡集成示范"早中熟高产品种+双行垄播+黑膜覆盖+配方施肥+晚疫病防控+残膜回收"和"脱毒种薯+双行垄播+双膜覆盖（抗寒栽培）+配方施肥+晚疫病防控"增产技术模式2040 hm²。平均单产37.9t／hm²，较非示范区增产8.1t／hm²，增27.1%。增加效益1.6万元/hm²。会泽县火红、大桥、五星、驾车等乡（镇）示范推广"脱毒种薯+整薯深播+高垄双行+测土配方施肥+病虫害统防统治+机播机收"增产技术模式678.7万 hm²，实现良种、良法、良田和农机、农艺综合配套。示范区平均单产31.9t／hm²，较非示范区平均增产4.9t／hm²，增产17.9%，实现增收7280.4元／hm²。

2015年农业部（现中华人民共和国农业农村部）推进粮食作物绿色增产模式攻关，云南省在玉米、马铃薯等作物上开展模式攻关，把"绿色"内涵贯穿于攻关的全过程，强化脱毒种薯与良种良法配套、农机农艺融合、晚疫病精准防控等节本增效技术集成，大力推广优质商品有机肥和节水栽培。会泽县集成"脱毒种薯、增施有机肥、使用安全低毒农药、病虫害统防统治"等绿色增产技术，示范面积0.73万 hm²，平均单产38.9t／hm²，较非示范区增8.9t／hm²，增29.9%，实现增收1.3万元／hm²。2016年陆良县开展小春马铃薯膜下滴灌模式攻关680 hm²，集成示范"脱毒良种+高垄双行栽培+膜下滴灌+测土施肥+病虫害绿色防控"技术模式，鲜薯单产47.5 t／hm²，比非项目区增产9.1 t／hm²。2017年丽江市农科所在太安乡天红村委会实施绿色高产高效示范746.7 hm²，平均单产41.8t／hm²。其中"平播后起垄"技术示范35.3 hm²，平均单产49.3t／hm²，农户杨学源种植的"丽薯6号"，专家测产实收714 m²，折合单产达72.1 t／hm²，创造了丽江市马铃薯单产新纪录。带动太安乡全乡2800 hm²马铃薯，平均单产达33t／hm²，产值达1.6亿元。2016以来，全省在曲靖、昭通等地年均推广马铃薯降解膜替代传统地膜种植2000 hm²。在滇中马铃薯主产区实施耕地休耕养护，对保护耕地生态环境、产业可持续发展起到了较好地促进作用。

2008～2017年全省累计实施马铃薯高产创建1278片91.98万 hm²，示范"合作88号、会-2、丽薯6号、宣薯2号、滇薯6号、云薯401、云薯505、青薯9号、威芋3

号和靖薯 1 号"等品种，逐步确立了滇东北大春作马铃薯"脱毒种薯+整薯深播+高垄双行+测土配方施肥+病虫害统防统治+机播机收"、滇中冬马铃薯"早熟品种+高垄双行种植+地膜覆盖+水肥管理+病虫害综合防治"和滇东南冬马铃薯"中熟高产品种+双行垄播+黑地膜覆盖+晚疫病防控+残膜回收"等具有区域特色的高产高效种植技术模式。

近年随着冬季农业开发力度的不断加大，冬马铃薯高产创建比重逐年加大，单产水平大幅提高。2013~2017 年全省开展大春马铃薯高产创建 24.73 万 hm²，鲜薯平均单产 30.9t/ hm²；冬马铃薯高产创建 31.47 万 hm²，鲜薯平均单产 32.3t/ hm²。

表 1-7 云南省大春马铃薯高产创建万亩片示范统计

年度	片数（片）	面积（万 hm²）	测产结果（t/hm²）	比非示范区增产（t/hm²）	增产粮食（万 t）	涉及乡镇数（个）	涉及村数（个）	涉及农户数（户）
2013	83	6.61	29.41	9.88	65.31	177	889	273187
2014	76	5.33	29.73	8.52	45.41	154	900	259485
2015	88	6.11	29.97	7.98	48.76	149	910	352682
2016	61	3.81	32.59	6.83	26.02	233	990	817324
2017	41	2.87	32.71	3.11	8.93	62	183	110169
合计/平均	349	24.73	30.88（平均值）	7.26（平均值）	194.43	775	3872	1812847

表 1-8 云南省冬马铃薯高产创建万亩片示范统计

年度	片数（片）	面积（万 hm²）	测产结果（t/hm²）	比非示范区增产（t/hm²）	增产粮食（万 t）	涉及乡镇数（个）	涉及村数（个）	涉及农户数（户）
2013	67	4.53	31.51	10.30	46.66	208	1121	247408
2014	80	5.75	33.80	13.74	79.01	245	1149	354737
2015	106	7.36	32.66	9.43	69.40	217	1305	215279
2016	160	10.17	33.69	9.34	94.99	152	1167	206241
2017	53	3.67	29.94	3.11	11.41	113	476	144239
合计/平均	466	31.48	32.32（平均值）	9.18（平均值）	301.47	935	5218	1167904

表 1-9　云南省马铃薯整乡整建制推进情况统计

年度	其中:		当年完成马铃薯播种面积（万 hm²）	示范片实收测产（t/hm²）	比非示范区增产（t/hm²）	增产粮食（万 t）	涉及乡镇数（个）	涉及村数（个）	涉及农户数（户）
	整县推进县数（个）	整乡推进乡镇数（个）							
2013	0	9	1.12	26.23	4.15	4.65	—	—	—
2014	0	9	1.17	26.72	6.67	7.80	9	78	47482
2015	0	9	0.61	29.00	4.30	2.62	9	38	41587
2016	1	9	0.75	40.90	6.49	4.87	9	76	36000
合计/平均	1	36	3.65	30.71（平均值）	5.40（平均值）	19.94	27	192	125069

二、马铃薯产业发展

（一）种薯繁育体系建设

1. 种薯基地建设

马铃薯产量的高低和品质的优劣关键在于种薯。马铃薯用种量大，繁种周期长，种薯繁育体系建设在产业发展中占有重要地位。云南马铃薯繁种区域海拔 2200~3000m，气候冷凉、日照充足、空气清新、生态环境优越。1997 年，云南省政府为促进全省马铃薯种薯繁育体系建设，将脱毒马铃薯种薯纳入"良种工程"，投入财政资金 5000 多万元，实施"脱毒马铃薯良种繁育体系"建设。同年将"马铃薯抗病品种及脱毒技术推广"列入云南省 12 项重大农业科技成果推广计划。"十五"期间，全省已初步建成"以昆明为中心的脱毒核心苗生产、检测；以昆明、曲靖、昭通、丽江等州（市）为重点的脱毒苗扩繁、原原种生产；以寻甸、会泽、宣威、昭阳、玉龙等主产县（市、区）为配套的原种，一、二级种薯生产"的种薯繁育体系。2003 年全省累计建成马铃薯组培室 1650m²，温网室 2.55 万 m²，建设原种生产基地近 400 hm²，一、二级种薯基地 6700 hm²，形成年生产脱毒原原种 2000 万粒，各级种薯 20 多万 t 的生产规模。制订和颁布了云南省地方标准《脱毒马铃薯种苗（薯）》。全省脱毒马铃薯示范推广面积达种植面积的 34.2%。"十一五"期间，2008 年全省有组培室 2700m²，温网室 5 万 m²，年生产脱毒原原种 3000 多万粒，年均扩繁各级别种薯 3.4 万 hm²，总产量约 65 万 t，年均推广脱毒种薯约占马铃薯种植面积的 34.8%。有宣威、会泽、寻甸等多家地（市）县级脱毒马铃薯种薯基地和昆明爱德组培有限公司、泰尼科园艺（昆明）有限公司等原原种生产企业。2012 年丽江伯符农业科技发展有限公司、云南诚兴农业发展有限公司等 6 家马铃薯种业公司生产原原种 2000 万粒、原种 1 万 t、种薯 18.6 万 t。

2009年中央财政安排专项资金，启动实施马铃薯原种生产补贴，农业部（现中华人民共和国农业农村部）按照《全国马铃薯优势区域布局规划（2008~2015）》，在内蒙古、黑龙江、重庆、四川、贵州、云南、甘肃、宁夏、青海等国内种薯基地和马铃薯主产区开展试点。进一步强化种薯繁育体系建设，加快脱毒马铃薯种薯的生产和推广应用。2009~2015年云南省累计在昆明、昭通、曲靖、楚雄、大理、丽江、迪庆7个州（市）23个县（市、区）开展原种、"一、二级种薯"补贴10.27万hm²，补贴资金1.58亿元。补贴丽江伯符农业科技发展有限公司、宣威冚马铃薯种薯研发中心、昆明爱德组培有限公司等企业（部门）生产原原种6000万粒，补贴资金600万元。

2013年云南省科技厅启动实施马铃薯种业重大专项。云南省农业科学院经作所作为项目牵头单位，组织云南英茂集团有限公司、丽江伯符农业科技发展有限公司、云南诚兴农业发展有限责任公司、寻甸高原农业科技有限公司、昆明云薯农业科技有限公司5家种薯企业实施马铃薯种业重大专项，推进马铃薯种业合作，更新种薯企业核心种苗，建立了云南省马铃薯核心种苗库。2013~2016年示范推广马铃薯新品种44万hm²，增加产值15.8亿元。研究成果被列入"2016年云南十大科技进展"。

"十三五"初期，昆明云薯农业科技有限公司、云南英茂集团有限公司、寻甸高原农业科技有限公司、会泽县优质农产品开发有限责任公司、宣威马铃薯研发中心、陆良洪邦薯业发展有限公司、昭通千和农业科技开发有限公司和云南泵龙马铃薯种植有限公司等骨干原原种和原种生产企业，年可生产脱毒原原种约6500万粒，全省在会泽、宣威、寻甸、禄劝、昭阳、鲁甸、玉龙、剑川等重点县（区）建设原种基地1000hm²左右；以云南省农业科学院生物技术研究所为重点的种薯质量检测机构，年检测马铃薯样品8万份，全省脱毒马铃薯种薯的应用率达37.6%。会泽县近年在海拔2300m以上大桥、火红、驾车和五星等高海拔冷凉山区乡镇建立原种及一、二级良种基地1.35万hm²，年生产种薯50余万t。丽江市在海拔2700m以上的太安等乡（镇）建设原种、一级种薯生产基地，全市年均扩繁各级种薯约5000hm²，生产种薯10万多t，年均调出种薯8万t。

2. 资源引进和品种选育

云南省与南美洲安第斯山脉马铃薯起源中心的纬度（回归线附近）、海拔2000~3000m和气候（低纬高原气候）极为相似。在引进、利用马铃薯种质资源开展品种选育方面占有地缘优势。早在20世纪90年代初期，云南省已经从国际马铃薯中心（CIP）引进大量的实生种子组合和种质资源。由云南师范大学、云南农业大学、会泽县农技中心、大理州农科所等多家单位合作开展品种筛选。利用CIP资源选育出以"合作88""合作23""滇薯6号"为代表的系列品种。其中"合作88"是会泽县农技中心、云南师范大学从1990年引进的42个杂交组合中选育出的新品种，是迄今为止国内有CIP亲缘背景，最具代表性的品种之一。至今仍在推广应用（2013年全省种植面积达130千hm²）；2001年迪庆州农科所系统选育的"中甸红"、会泽县农技中心杂交实生种子选育的"会-2"通过云南省品种审定。这批新品种的推广应用，显示出了较好的抗病性和适应性，提高了马铃薯产量，产生了巨大的经济和社会效益。

"十五"期间云南省政府加大了对马铃薯品种资源整理、评价利用以及新品种遗传改良的支持力度。云南师范大学建立了具有500多份资源的无病毒马铃薯种质资源库。2001~2002年云南省政府与国际马铃薯中心达成为期10年的农业科技合作与交流协议，启动了资源引进、新品种选育等7项马铃薯科技合作项目。云南省农业厅从CIP引进24个马铃薯组合杂交实生种子（TPS），开展了优质马铃薯杂交实生种子的筛选及示范，筛选出4个综合性状较好的组合在丽江、昆明、曲靖示范670 hm²，第一代实生薯平均单产22.5t/ hm²。2003年昆明市农业科学研究所经过反复试验，在130多 m²的制种地块上生产出杂交种子1282.59g，初步探索出适合本地的杂交制种技术。2003~2004年云南省农业技术推广总站、昆明市农业技术推广站联合承建的第五届世界马铃薯大会品种展示园，共征集种植展示国内外马铃薯品种资源182个，包括云南省地方老品种32个。2000年后，云南省农业科学院、云南农业大学、云南师范大学等在与中国农业科学院、CIP和欧美等国内国际马铃薯科研机构，持续开展交流合作的基础上，引进大量马铃薯种质资源进行评价，自主配制杂交组合开展马铃薯品种选育。云南农业大学长期开展马铃薯抗晚疫病育种，近年育成了"滇薯701""滇同薯1号"等马铃薯新品种；引进"青薯9号""中薯18号"等高产抗病品种通过了云南省品种审定。

2000年以来，云南省农业科学院在全省马铃薯育种领域统观全局，开启了规模化马铃薯育种进程。先后与昆明、宣威、昭通、丽江、迪庆、会泽和德宏等州（市）及四川、贵州、广西、广东和福建等省（自治区）合作开展常规杂交育种。省农科院经济作物研究所历经十多年的开拓与发展，创建了"立足云南、面向中国南方及周边国家（地区）"的开放型马铃薯四季育种体系，加快了云南及周边省（区）的马铃薯育种进程。先后合作育成"云薯、黔薯、丽薯、宣薯、德薯、川凉薯"和泉云系列新品种50多个，其中主持选育品种30多个。"云薯101、云薯201、云薯103、云薯105、抗青9-1"通过国家审定；"云薯302、云薯502、云薯602、云薯603和紫云1号"获新品种权保护。丽江市农业科学研究所先后育成"丽薯"系列高产抗病品种10多个，其中"丽薯6号"多年来一直是云南省冬马铃薯产区的当家品种。新品种的选育和推广应用，推动了云南省及周边省区马铃薯品种的更新换代，填补了云南省加工型品种选育的空白，对产业发展做出了突出贡献。

近年云南省农业科学院、云南农业大学、云南师范大学、丽江市农业科学研究所、昆明市农业科学研究院、曲靖市农业科学院、会泽县农业技术推广中心和宣威市农业技术推广中心、昭通市农科院等重点骨干单位，先后育成"云薯""师大""丽薯""滇薯""昆薯""靖薯"和"昭薯"等系列品种。2000~2016年云南省审定通过马铃薯新品种81个，其中2010~2016年审定通过36个。包括鲜食、高淀粉、炸条、炸片、彩色和间套作等品种，自主选育品种达95%以上，育种规模处于国内领先水平。

（二）马铃薯加工与产销贸易

1. 马铃薯工业加工

马铃薯作为粮食作物有两个特点：一是体积大，二是贮藏期短。对马铃薯进行深加工是延长马铃薯贮存、增加产值的最佳途径。国内现代马铃薯加工业兴起于 20 世纪 80 年代后期，从欧美先后引进全套生产线，至 90 年代末，国内已拥有马铃薯淀粉、薯片、薯条和全粉的加工生产线。我国已经研发出 8 大类产品，主要包括马铃薯淀粉、马铃薯颗粒全粉、马铃薯雪花全粉、马铃薯复合薯片、马铃薯油炸薯片、速冻马铃薯薯条等产品。马铃薯淀粉及其变性淀粉一直是重要的工业原料。马铃薯淀粉用于食品原料，比其他淀粉更富有营养价值。2008 年国内有马铃薯淀粉加工企业 48 家，年设计加工能力约为 103.4 万 t，其中西南区域 6 家，年设计加工能力占国内淀粉产能的 13.5%。2008 年全国马铃薯淀粉实际产量达 50 万 t，占设计产能的 48.4%。2017 年全国马铃薯淀粉产量达 53.7 万 t。薯片分为天然薯片和复合薯片。天然薯片（鲜切薯片）是国内薯片主要加工品类，是专用薯片型马铃薯块茎直接切片油炸后得到的产品，能很好地保持马铃薯的风味，质地松脆，营养丰富。2008 年国内有天然薯片加工企业 10 多家，年产能约 16 万 t。2015 年国内天然薯片销量由 2010 年的 7.2 万 t 增加至 13.2 万 t。

"十五"期间，云南省是国内马铃薯加工业发展较快的省区之一。已拥有年加工鲜薯近 30 万 t 的生产能力，加工品类涉及淀粉、鲜切薯片、速冻薯条、粉丝和粉条等产品，加工能力在国内西南地区处于领先地位。2000 年云南润凯实业有限公司生产淀粉 2 万 t，2002 年生产销售"润凯牌"淀粉 1.3 万 t，特级率达 99.7%，产销率达 100%。云南淀粉品质优良，在国内外市场具有较高的知名度。早在 20 世纪 80 年代初，昆明联谊食品厂已从美国引进了生产线，转型成为现代化马铃薯加工企业。至 2001 年，昆明市已经拥有"天使、子弟、上好佳、嘉华"4 家薯片加工企业，近 10 条生产线，年生产薯片 2 万多 t。宣威鑫海食品有限责任公司以生产速冻薯条为主，年加工马铃薯速冻薯条 3000t，脱水土豆片 200t。2007 年全省马铃薯淀粉产量约 3 万 t，薯片 2 万多 t；粉丝、粉条和膨化食品产量超过 1 万 t。

云南省政府为促进马铃薯淀粉加工业的发展，2002 年引进荷兰马铃薯加工企业—艾维贝（AVEBE）在云南投资建厂。荷兰艾维贝与云南润凯实业有限公司合资组建了云南艾维贝润凯淀粉有限公司和云南艾维贝润凯农业发展有限公司，2002 年 12 月正式挂牌，注册资金 892 万美元，艾维贝公司控股股份占 51%，设计产能达 6 万 t。2003 年 2 月正式投入运营，发展目标为："年均收购加工马铃薯 13 万~14 万 t，生产精淀粉 2.5 万 t，2005 年实现生产精淀粉 6 万 t"。2003 年昭通市引进香港威宝国际有限公司投资成立云南昭阳威力淀粉有限公司，注册资金 2650 万元，设计淀粉产能 2 万 t。2008 年，润凯淀粉有限公司大理分厂（祥云县）建成试投产，全省淀粉加工设计产能超过 10 万 t。这一时期全省马铃薯加工能力在 5000t 以上的企业有 10 家，年可加工鲜薯 40 万 t，约占马铃薯产量的 5%。

"十一五"期间，云南省马铃薯淀粉加工企业原料马铃薯收购困难、加工设备开工率不足等问题较突出。淀粉加工企业面临专用品种缺乏、种植规模小、原料薯淀粉含量低、质量不稳定、加工成本高等诸多因素困扰，淀粉加工业一度陷入困境，加工企业处于停产或半停产状态。荷兰等欧美国家，99% 以上的马铃薯加工原料由农场或基地生产提供。国内马铃薯大部分是以散户种植为主，农场、基地等规模种植面积不到1%。与国外相比，无法保障稳定的原料供给和原料品质的标准化，带来的是加工制品产出率和品质差异较大，加工成本增加导致企业压价收购，价格低廉又导致原料短缺。云南省马铃薯种植区域由于环境差异大、种植规模小、品种多，原料标准化生产推进更加困难。国内多数淀粉加工企业采用直接排放等粗放处理，造成水体的严重污染。马铃薯薯渣更多地作为饲料，缺乏深层次的利用开发，淀粉加工面临环境污染压力。

2011年宣威市政府引进成立了云南云淀淀粉有限公司，公司累计投资1.26亿元，建设有薯渣干燥系统及占地16000 m²的污水处理车间，采用沉淀、厌氧、耗氧及生物净化等先进处理工艺，保证了污水达标排放，在省内率先解决了一直困扰马铃薯淀粉行业的薯渣及污水排放污染环境等问题。企业年加工鲜薯12.3万t，生产马铃薯精淀粉1.6万t。"云淀"牌马铃薯淀粉被认定为云南名牌产品，2018年"云淀牌马铃薯淀粉"荣获第十九届中国绿色食品博览会金奖。产品远销北京、上海、广东等20多个省（市）。出口东南亚等国家100t以上，出口金额90多万元。

近年全省马铃薯加工量约为总产量的8%，鲜切薯片作为云南省马铃薯加工的特色产业，年生产能力长期稳定在2万多t。云南天使食品有限公司、昆明子弟食品有限公司、云南理世实业有限公司等企业生产的"天使""子弟""噜咪啦"薯片已成为全国知名品牌。其中"子弟薯片"荣获中国食品工业协会"全国质量信得过产品"荣誉，被国家环保总局认证为有机食品。"噜咪啦"商标已连续四届荣获"云南省著名商标"，近年被评为"中国薯片十大品牌""中国最具影响力十大清真品牌"。

2. 马铃薯产销贸易

2006年全省外销商品马铃薯100多万t，销往全国22个省（市），并出口到港澳和泰国、越南、老挝等国家。2010~2013年年均外销量200多万t；近年年外销量约300万t。云南省冬马铃薯主要作为蔬菜进入鲜销市场，每年2~5月冬马铃薯收获上市期间，国内外客商云集盈江、建水、陆良、石屏、南涧等产区，田间地头进行现场交易或搭建临时收购网点，委托当地经纪人收购、分级和包装。除年际间价格波动外，鲜少发生滞销，长期以来鲜薯市场购销两旺。2005年8月宣威市建成省内首个规模化马铃薯批发市场—宣威市文东马铃薯批发配送中心，注册了"宣威土豆"商标。文东马铃薯批发配送中心是云南省重点龙头企业，农业部（现中华人民共和国农业农村部）认证的"农产品定点专业市场"，"宣威土豆"被评为云南名牌农产品。2006~2013年是文东马铃薯批发配送中心鼎盛时期，平均年销量超过40万t。2013年全省宣威、会泽、鲁甸、开远等46个县（市、区）有以马铃薯经营为主体的产销合作社（公司、协会）112家，马铃薯年产销量78万t，占当年马铃薯产量的8%。

据云南省商务厅统计：2007~2017年云南省新鲜或冷藏马铃薯出口量59.6万t，金额3.2亿美元。2007~2017年全省出口马铃薯种薯8881.7t，金额864万美元，其中2007年马铃薯种薯出口4972t，出口金额达150万美元。据中国海关信息中心及中商产业研究院数据：2010~2017年，云南省马铃薯贸易出口量和出口额平均占全国马铃薯出口量和出口额的10.4%和18.8%。2017年云南马铃薯出口量8.1万t，出口金额达

7601.7 万美元，分别占全国马铃薯出口量和出口额的 16% 和 27%，是国内马铃薯出口大省。

三、产业发展的政策措施及成效

（一）政策引导扶持产业发展

"九五"期间，云南省政府把马铃薯产业作为发展云南特色经济的重要产业来进行谋划和引导。首先从解决马铃薯种薯质量、建设优质马铃薯生产基地入手，每年拨出上千万专项资金，强化马铃薯生产与加工产业链建设。1998 年云南省政府在宣威市召开了"云南省马铃薯深加工产业发展专题会议"，从产业规划、资金扶持、投资环境和政策引导等方面加大对马铃薯产业链的支持力度，推进全省马铃薯产业发展。

"十五"以来，全省抓住中国加入 WTO、东盟自由贸易区、国家西部大开发和云南省建设绿色经济强省的历史机遇，对高原特色农业进行深层次开发。2002 年 8 月云南省政府召开全省农业产业化经营工作会议，出台了《中共云南省委，云南省人民政府关于推进农业产业化经营的意见》。云南省蔬菜、马铃薯、花卉、中药材、水果、咖啡等新兴骨干产业迅速崛起，成为农民增收新亮点。同年 12 月，云南省政府在马铃薯生产重点市——宣威市召开"全省马铃薯产业发展"专题会议，会议在总结产业发展成功经验和存在问题的基础上，制定了一系列优惠扶持政策，重点支持引进马铃薯大型加工企业，积极引进国外先进的加工设备和技术，马铃薯产品的深加工和综合效益显著提高。

2003 年 6 月云南省农业厅编制完成"云南省种植业优势产业发展实施规划"。规划引导全省马铃薯生产优势区域布局：滇东北和滇西北重点发展春播淀粉加工薯；滇中发展早春晚秋薯片加工原料薯；南部及河谷地区重点发展冬季马铃薯。围绕加工企业的原料供给，在昭通、曲靖等地配套建设了 2 万 hm² 马铃薯加工原料生产基地。2004 年云南省又将马铃薯列入 5 大重点发展的特色产业，同时提出了"将云南省建设成为全国最大的商品薯出口生产基地；全国加工成本最低的马铃薯加工基地；以及服务全省、面向全国和东南亚的种薯供应基地"的三大基地产业发展目标。

2008 年云南省按照《国家粮食安全中长期规划纲要（2008～2020 年）》要求，实施百亿斤粮食增产计划，以水稻、玉米、马铃薯、麦类四大粮食作物和优质杂粮为发展重点，推进粮食作物万亩高产创建，提高粮食单产和种植效益。2010 年云南省将马铃薯、甘薯、鲜玉米、鲜花生列入云南省享受绿色通道优惠政策的鲜活农产品品种目录，落实免收车辆通行费等政策。以德宏为例，每吨马铃薯成本降低了 100 多元。2011 年云南省出台"关于推进农业产业化发展扶持农业龙头企业的意见"，培育壮大农业龙头企业，提升全省农业产业化经营水平，加快了马铃薯种薯繁育企业化进程。

2013 年 4 月，云南省政府在石屏县召开了全省冬马铃薯推广现场会。会议围绕"把云南省打造成全国最大的冬马铃薯生产供应基地，把马铃薯产业打造成确保全省粮食安全和农民增收的重要产业之一"的产业发展目标,重点落实"高标准规范化基地建设、高产栽培技术措施、脱毒种薯繁育和监管体系建设、市场开拓和品牌培育、政策扶持和资金投入和产业社会化服务保障"6 项工作,推动全省马铃薯产业发展再上新台阶。2013~2014 年全省在大理、保山、德宏等地建设高标准、规模化、集约化冬马铃薯种植基地 3.34 万 hm²。

2015 年 1 月,云南省委省政府出台《关于强化改革举措落实加快高原特色农业现代化建设的意见》,意见强调要巩固并提升高原粮食,突出水稻、玉米、马铃薯等主要粮食作物生产,推进粮食作物"良种推广""间套种和测土配方施肥"等十大科技增产措施,加大粮食作物高产创建示范力度。

(二)扩大对外交流与合作

加强与 CIP 的科技合作:云南省委、省政府历来重视马铃薯产业的科技发展,多次派出代表团,专程到设在秘鲁首都利马的国际马铃薯中心(CIP)总部学习和考察,加强与 CIP 的科技交流合作。2000 年 12 月云南省政府与 CIP 签订了为期 10 年的《开展农业科学技术交流合作协议》。2001~2002 年由云南省农业厅安排专项资金,启动了"马铃薯晚疫病综合防治技术研究及应用""马铃薯亲本引进、杂交组合筛选及实生种子应用技术研究""特色马铃薯种质资源引进、收集、评价及产业化开发研究""加工专用型优质马铃薯品种引进及利用研究""马铃薯青枯病综合防治与应用"和"马铃薯贮藏病虫害的防治及应用研究"等 7 个合作项目,合作范围涉及资源评价、育种、病害防控、加工贮藏等多个领域。2002 年云南省与 CIP 再次签订了为期 9 年的科技人才培训与交流协议,开展了系列实质性科技活动和人才培训。2002 年 11 月,云南省政府拨出专款,由云南省政府与 CIP 共建的"东南亚薯类作物研究与培训中心"在云南农业大学挂牌成立,作为 CIP 开展薯类研究、试验示范,开展发展中国家人才培训的基地,促进了云南省与周边国家的合作与交流。在省政府的引导下,云南省科研机构、大专院校与国内相关领域和 CIP 等机构(国家)长期保持着科技合作与交流,促进了全省马铃薯科技水平的快速提高。

承办世界马铃薯大会:世界马铃薯大会,简称 WPC,由总部设在加拿大的世界马铃薯联合公司主办,是全世界范围内影响最大的马铃薯行业综合性大会。1993 年首届大会在加拿大爱德华岛举办。早在 1994 年,北京国际马铃薯中心办事处联络官员宋伯符教授,就已经向世界马铃薯大会联合公司总裁劳艾德·帕尔默表达了中国希望承办世界马铃薯大会的美好愿望。2000 年 9 月云南省农业厅、云南省政府办公厅、云南师范大学等单位组成代表团,参加了在荷兰阿姆斯特丹举办的第四届世界马铃薯大会,代表团与世界马铃薯大会董事局官员就中国云南承办第五届世界马铃薯大会等事宜进行了座谈磋商。原云南省农业厅厅长潘政扬在大会发言中全面介绍了云南省马铃薯产业资源优势、云南省政府对外开放、招商引资,以及知识产权保护等有关情况,吸引了国际马铃薯业界的广泛关注,扩大了云南的宣传影响力。在国家农业部和(现中华人民共和国农业农村部)云南省政府的不懈努力和鼎力支持下,大会如期移师中国云南，首次在亚洲国家举办。2004 年 3 月云南省凭借自身的生态优势和产业发展实力，成功地举办了"中国（昆明）第五届世界马铃薯大会"。大会促进了云南省马铃薯产业界与国内外科技界、企业界的科技交流和商贸合作，提升了云南马铃薯产业的知名度。大会以"科技交流和贸易合作"为主题，24 个国家、700 多家企业和组织集中展示了马铃薯科研、生产、加工、贸易等领域的最新成果；40 多名代表围绕马铃薯相关领域的科技前沿、发展战略、环境、消费等进行了学术交流。签订科技合作、基地建设、投资和加工等领域合作协议 58 项，约 6900 万美元。大会参会代表 1200 多人，规模创以往历届之最。

承办第二十届中国马铃薯大会：2018 年 7 月 8~10 日，昭通市人民政府、云南省农业厅和云南省农业科学院共同承办了第二十届中国马铃薯大会，会议的主题为"马铃薯产业与脱贫攻坚"。参会代表近 2000 人，来自全国 31 个省、自治区（直辖市）的相关部门（企业），以及美国、荷兰和日本等企业。云南省农业厅和昭通市政府围绕云南省、昭通市马铃薯产业发展现状与发展愿景做了大会报告。大会进行了遗传育种与生物技术、栽培技术与病虫害综合防治、种薯生产与质量控制、产后技术 4 个专题的学术交流。与会代表参观了云南理世（实业）集团有限公司薯片加工厂、昭通马铃薯原原种繁育中心和鲁甸县水磨镇种薯标准化繁育示范基地。会议期间昭通市政府举办了招商引资推介暨项目签约仪式、乌蒙山区马铃薯产业发展与脱贫攻坚论坛、马铃薯相关研究成果和产品展览展示。

（三）建设省级马铃薯产业技术体系

2007 年农业部（现中华人民共和国农业农村部）启动现代农业产业技术体系建设，选择水稻、玉米等 10 个产业开展技术体系建设试点。2008 年国家马铃薯产业技术体系成立，设 6 个功能研究室，在全国 24 个省（市、区）设 36 个综合试验站。国家体系在云南省丽江、曲靖、德宏和昭通等州（市）先后设立了马铃薯综合试验站，国家级马铃薯专家团队指导试验站开展技术研发和试验示范，对该区域及全省马铃薯技术水平的提高起到了较大地促进作用。

2009 年云南省政府安排专项资金 2700 万元，由云南省农业厅启动了水稻、玉米、马铃薯、生猪等 8 个省级现代农业产业技术体系建设。云南省马铃薯产业技术体系自成立以来，围绕马铃薯品种选育、种薯繁育体系建设、技术模式集成、晚疫病等病害防控和产业经济研究等产业发展关键环节开展了大量基础性研究、实用技术研发和试验示范工作，在补齐云南省马铃薯产业发展短板、攻克技术瓶颈等方面卓有成效。体系首创了全省马铃薯产业全方位经济学研究，从宏观、微观多个视野对云南省马铃薯消费构成、发展趋势潜力、市场结构及投入产出等方面进行深入研究分析，向政府提交年度产业发展报告，为政府决策、产业发展建言献策；开展马铃薯粉痂病（疮痂病、黑痣病）等土传病害及检疫性线虫、马铃薯甲虫等前瞻性研究与防控技术研发，提出了云南省防控预案；体系先后开展了病原菌生物学和致病性研究及发生危害评估；马铃薯粉痂病抗性资源评价筛选和黑痣病、疮痂病发生危害普查；建立了马铃薯晚疫病抗病评价体系和马铃薯细菌性病害（青枯病、环腐病）快速检测技术体系；完善了云南省马铃薯种薯周年繁育体系；集成"滇东北大春马铃薯净作高产攻关栽培技术""冬作马铃薯主要种植品种高产高效栽培技术"等系列高产高效栽培技术。2014年以来，云南省农业厅连续4年出台"全省马铃薯技术指导意见"，指导全省马铃薯生产。培训基层农技人员和种植户近10万人次，发放技术资料（手册）8000余份，培养了一批科技队伍和科技示范户。

（四）创建马铃薯产销对接平台

为加快全省马铃薯新品种的推广步伐，缓解种薯供需矛盾，推进全省马铃薯产业的持续健康发展。2005～2017年云南省农业厅在寻甸、宣威、丽江、盈江等马铃薯主要生产县（市），举办了8届马铃薯种薯供需洽谈和产销对接专题培训，创建了以种薯为主题的信息流通、商贸洽谈和技术合作的现场交流平台。以专题报告、现场技术观摩培训、优质种薯（新品种、新产品）展示，会议交流、自由洽谈等多种形式，吸引了省内外企业、客商和种植合作社、种植大户的踊跃参与。通过供需面对面洽谈交流，树立了信心，达成了共识，缩短了种薯企业的营销周期，降低了马铃薯种植户的购种风险，促进了全省乃至贵州、四川等周边省（区）马铃薯科研、生产、加工和销售等业界人士的信息交流和商贸合作，对产业发展起到了较好地促进作用。累计现场签署种薯和商品薯供需合同（协议）157项、科技合作33项。

2007年云南省农业厅在寻甸县举办第3届全省种薯供需洽谈会，本届会议以"种薯及产品供需"为主题，有来自全省及16个州（市）、38个县（市、区）农业局、农技推广中心，19家种薯、加工企业，5家马铃薯协会，以及重庆、四川、广西、贵州等省（市、区）农业部门和相关企业230多人参加会议。现场签订种薯等产销合同18项。种薯和商品薯订单1.3万t、1.95万t，销售金额分别为1285万元、1446万元。2017年，全省在盈江县举办的"云南省冬马铃薯现场培训暨产销洽谈培训"，促成20家企业、合作社，累计销售种薯2万t、收购商品薯50多万t，产销金额达16亿元。

四、种植发展的制约因素

（一）气象灾害

1. 干旱灾害

云南省全年降雨量80.0%集中在5～10月，冬春季节性干旱，蒸发量大、气温高、极易发生干旱灾害。干旱缺水是制约云南省马铃薯种植发展的一个主要障碍因素。近20年全省干旱频发，干旱灾害已常态化并有加重的趋势。2009～2012年全省连续4年干旱少雨，2009年全省降水量和平均气温，曾分别创下了上溯50年以来全省最少和最高的历史记录。全省16个州（市）农作物因干旱受灾面积达7347万亩次（因采用"万亩次"表述灾害发生，单位统一用"亩"，以下同上）。2010年，云南省小春播种面积达3700万亩，受灾面积达3148万亩，占已播种面积的85%，绝收面积超过1000

万亩。全省70%的秋冬马铃薯受灾。曲靖市是云南省小春马铃薯主要产区，2010年小春马铃薯种植35万亩，干旱受灾面积达100%，成灾30万亩，绝收22.6万亩，经济损失6.9亿元。南华、云县、盈江、陆良等10多个县（区）冬（小春）马铃薯受灾率达57%~100%，成灾率达8%~94%。干旱造成马铃薯出苗差、植株瘦弱、分支少；受干旱、高温影响，植株提早枯萎，对产量和品质均造成不利影响。

2. 霜冻灾害

霜冻是马铃薯仅次于干旱的主要自然灾害，云南省霜冻灾害11月至次年4月发生概率较大，其中1~4月较为频繁。霜冻发生时气温迅速下降，地表温度骤降至0℃以下，马铃薯植株遇0℃或0℃以下低温可发生冻害，严重时可造成植株死亡。随着全球气候变暖，云南省曾连续10多年出现暖冬天气，霜冻发生的范围有逐渐缩小的趋势，但云南省近年受大气环流异常的影响，霜冻灾害在不同区域、不同季节仍高频发生，极端霜冻天气并不罕见。近20年，云南省发生了多次全省性严重霜冻灾害，对马铃薯生产造成了极为不利的影响。1999年12月下旬至2000年初，受北方强冷空气和晴空辐射冷却的共同影响，全省16个州（市）遭遇了自20世纪70年代以来近30年最为严重的持续低温霜冻天气，甚至南部热区也发生了罕见的霜冻灾害。12月25~27日最低气温低于-2.2℃，部分地区气温低于-5℃，全省40%以上的小春作物和蔬菜受灾，尤其是金沙江河谷地区和南部地区的蔬菜、经济作物和林木受灾最为惨重。造成全省蚕豆、油菜、蔬菜（冬马铃薯）、甘蔗、花卉、香蕉、咖啡等作物受灾，受灾面积达1235.9万亩，成灾669.8万亩，直接经济损失55亿元。

2009年3月13~14日，云南曲靖、红河、文山、昭通等地区发生强低温霜冻灾害，60万亩小春粮食作物受灾，处于苗期的马铃薯、成熟期的蚕豆、油菜等小春农作物和已经开花挂果的果树均不同程度受害，全省经济损失过亿元。陆良县9万多亩小春马铃薯受霜冻影响减产50%以上，平均亩产仅972.4 kg。

2013年12月16~17日，全省受高空冷平流降温和地面晴空辐射降温共同影响，发生自1999年以来最为严重的低温霜冻。全省86个县（市、区）气温骤降至0℃以下，其中23个县（市、区）气温低于-4℃，部分地区霜冻后又发生雪灾。造成昆明、临沧、德宏、曲靖、保山、普洱、文山、红河、玉溪等11个州（市）291.8万亩农作物受灾，绝收面积达34.5万亩，农业经济损失达12.1亿元。经部分县（区）调研发现：马铃薯受灾主要集中在11月上旬播种的区域，如昭通市巧家县受灾8000亩，主要是小苗受冻；大关县因低温冰冻造成冬马铃薯缺塘率达15%以上；大理州南涧县马铃薯9月中旬至10月初播种，3500亩马铃薯全部受灾，产量较上年减少30%，商品率下降15%；文山州冬马铃薯生产每隔几年就遭遇一次重霜冻。2013~2015年连续3年在12月底、翌年1月突降雨雪，持续多天强霜冻，马铃薯幼苗遭受毁灭性冻害，部分绝收。

（二）晚疫病危害

马铃薯晚疫病是流行病害，其病原菌潜育期短，再侵染频繁，具有爆发性强、流行速度快等特点，一般可减产20%~70%。晚疫病是云南省马铃薯的主要病害，近年随着马铃薯产业的快速发展，晚疫病危害呈逐渐加重趋势。2010~2011年全省年平均发生晚疫病229.3万亩次，主要发生在曲靖、昭通、德宏、大理、昆明等马铃薯主产区以及陆良、马龙、昭阳、芒市、南涧、寻甸等20多个县（市、区），造成损失94295.6t。2014年全省马铃薯晚疫病发生287.7万亩次（马铃薯播种面积比2011年增加102万亩），其中昭通市为晚疫病重灾区，病害发生面积占全市马铃薯种植面积的44.6%，平均病田率达75%，平均病叶率达62%。发病程度4级以上的有52.7万亩次，占发病面积的42.7%；丽江、昆明、楚雄等州（市）晚疫病发病程度4级以上57.2万亩次。2017年全省马铃薯晚疫病发生366.2万亩次，其中昭通、曲靖、丽江及昆明晚疫病发生较重。与2011年相比，马铃薯播种面积基本持平，但晚疫病发生增加了136.9万亩次。

五、产业发展存在的主要问题

（一）脱毒种薯的应用率不高

马铃薯块茎繁殖系数低，不及粮食作物种子繁殖系数的1/10。马铃薯繁种周期长，生产过程中易受病毒侵害而降低质量；种薯块茎中含有大量水分，存贮、运输时易发生腐烂，耗损率较高。马铃薯用种量大，一般需3t/hm²。云南省种薯企业规模小、供种能力弱，优质种薯生产能力远不能满足生产上用种需求。传统大春马铃薯种植区域，农户自留马铃薯用于生产仍较普遍；冬马铃薯种植区域生产用种需从滇东北、滇西北等高海拔山区调入，由于马铃薯质量检测体系不够健全，种薯的质量难以保障。马铃薯种薯的生产与用种需求缺乏有效调控机制，适销对路品种供种区域较狭窄；受种薯产地气候、灾害等因素影响，种薯产量年际间易发生波动、导致种薯的价格上涨或下跌，供应量不足或不适销对路。云南山区耕地坡度大、地块狭小，难于进行机械化作业与标准化生产，劳动力成本增加，种薯种植成本加大。由于种薯企业经营风险较高、难以扩大种薯和生产规模，优质种薯的供用率不高，对产业发展造成不利影响。

（二）项目资金投入不足

近十年来，云南省马铃薯科技研发、示范推广等投入逐年增加，极大地促进了全省马铃薯产业的发展。云南省委、省政府持续加大对马铃薯繁种体系建设的投入，尤其在脱毒马铃薯技术运用和新品种推广中发挥了重要作用。但由于云南省马铃薯种植面积发展较快，农田基础设施薄弱、科技投入不足、信息滞后等问题仍然十分突出。各级政府普遍缺乏系统性、持续性的产业规划和稳定的扶持政策，项目资金投入不够持续稳定。科研与推广的有机联系和互促机制尚未建立，新技术、新品种推广应用速度慢、效益不高。规模化、集约化生产程度低，抗御自然灾害能力弱。

（三）产业配套不够完善

云南省马铃薯加工多以低附加值产品为主，产品利润空间小。现代化龙头加工企业数量少，产业带动能力较弱，云南省品种优势未能转化为加工优势。马铃薯产业社会化配套服务较薄弱，营销组织、专业合作社处于发展初级阶段，规模小、经营分散，竞争力不足，信息滞后，抗御市场风险能力较弱。订单农业发展规模小、规范程度不高，合同约束机制较松散。云南省马铃薯大多收获销售同时进行，部分地区仅在田间地头做短暂的贮藏，销售直接进入高峰期，价格波动较大；部分地区马铃薯生产与市场脱节的矛盾突出，农户增产不增收的现象时有发生。

六、产业发展规划与潜力

　　云南省马铃薯产业不仅生产规模大，而且在种薯生产、商品薯周年供应、加工与出口方面具有优势，在全国马铃薯产业发展中占有特殊的地位。2004 年 4 月，时任农业部部长杜青林在云南考察时，曾把云南喻为"马铃薯王国"。云南省马铃薯产业具有广阔的发展空间和发展潜力。一是产业发展基础较好，省委、省政府高度重视马铃薯产业的发展，始终把马铃薯产业作为特色支柱型产业来扶持培育，经过 10 多年的发展，产业基础设施、科研、生产水平均有了长足的进步，取得了丰硕的成果。产业发展思路和目标逐渐清晰，规划布局更为理性，为全省马铃薯产业发展和提质增效奠定了较好的基础。二是云南省中部和南部区域光、热、气资源优越，适宜利用水稻冬闲田发展露地冬马铃薯，冬马铃薯上市时间跨度长、规模效应突出。水旱轮作模式可有效降低马铃薯土传病害，有利于维护稻薯绿色生态系统，商品薯外观及内在品质好。三是独特的立体气候资源，马铃薯可多季上市，可形成较大规模的常年性原料生产基地，马铃薯加工生产周期长，加工企业设备利用率高，有利于降低生产成本。云南省确立了"十三五"期间马铃薯产业发展规划布局：以滇中和滇北部为主，加快马铃薯专用型品种和脱毒种薯扩繁和推广力度，积极发展晚秋马铃薯和间套种，建立加工型原料薯、菜用薯和种薯生产基地；在滇中部分县（市、区）大力发展薯片（条）等专用型品种，稳定春播面积，积极发展早春、晚秋和间套种，有效增加马铃薯种植面积，建立薯条、薯片和淀粉加工型马铃薯原料基地和菜用型商品薯生产基地；滇西北、滇东北重点发展种薯和优质菜用薯基地，利用该区域得天独厚的自然环境优势，发展优质菜用薯和种薯生产，扩大春播马铃薯面积，加强繁种基地建设，在满足省内产区种薯供给的同时，服务国内周边省区，出口东南亚；大力发展早春马铃薯，依靠科技提高鲜薯单产和商品率。在南部以及低热河谷区充分利用冬闲田开发，重点发展冬马铃薯；推广稳产品种、脱毒种薯、机械化作业、膜下滴灌、集雨技术、平播后起垄等节水抗旱增产措施，稳定增加马铃薯种植面积和提高产量。

（刘彦和　撰稿）

云南马铃薯机械化生产现状及对策

云南省是马铃薯种植大省，2016 年种植面积近 56 万 hm²，由于特殊的地理气候，马铃薯可多季种植、周年上市。云南 94% 的国土面积为山区、半山区，马铃薯大都种植于山地、坡地。受地理环境、农业生产基础设施和水利条件等制约，规模化程度不高，不利于机械化作业和推广。近年来云南农机人结合本省实际，在马铃薯机械化运用推广方面做出了很多尝试和努力，取得了显著成效。

一、云南马铃薯机械化作业现状

云南省马铃薯栽种前耕地翻犁、耙平等环节，已大部分实现了机械化。2017 年，全省完成马铃薯机播面积 1.49 万 hm²，机收面积 2.3 万 hm²，耕种收综合机械化率约为 41.55%。近年马铃薯农机具的推广运用增长速度比较快，2017 年全省新增马铃薯收获机 580 台，是上年增长数的 4.3 倍，是全省增长数量最多的农机具种类之一。其中德宏州新增 493 台，占全省马铃薯农机具新增数的 85%。由于统计指标的规定，应用较多的分段作业机械化播种作业未能统计到机播作业中，因此，未能客观地反映云南马铃薯播种机械化水平。

（一）马铃薯播种收获机械化

云南省马铃薯播种收获机械仍处于引进、试验和改型阶段，机械化播种尚未进行大面积推广。云南传统马铃薯种植习惯于人工播种，人工播种容易造成株距、行距不规范，深度不统一。机械化种植按农艺标准保证播种质量，相比传统种植不仅节约了时间，降低了成本，而且减轻了劳动强度。2011 年昭通市农机推广站引进山东青岛洪珠农业机械化实业有限公司生产的 3 台 2MB-1/2 大垄双行覆膜马铃薯播种机，进行播种试验，累计播种面积达 66.7hm²。通过近年推广，不仅马铃薯播种机数量有所增加，其他机械化生产机具也相继投入生产不同环节。近年来，云南各地根据丘陵山区的实际情况，推广使用田园管理机进行"机械开沟+人工放种施肥+机械覆土"的分段作业机械化播种技术。该技术既降低了劳动强度又满足了马铃薯高产种植的技术要求，得到了较好的推广应用。

马铃薯机械化收获的前提是机械化种植。云南省同时开展了马铃薯播种机和收获机的引进、试验及推广工作。传统收获方式人工刨薯不仅效率低、伤薯率高且劳动强度大。2011 年，昭通市农机推广站引进山东青岛生产的杀秧机、收获机各 1 台。2012年 10 月，易门县又引进与手扶拖拉机配套的马铃薯收获机开展现场试验和推广。马铃薯收获机具有生产效率高的特点，目前随着广大农户对马铃薯机械化收获技术认识的逐步提高，对马铃薯收获机的接受度也有了较大的提高。

（二）马铃薯种植基地全程机械化示范

近年来，马铃薯种植龙头企业十分重视机械化生产技术的应用，机械化发展较快。但从总体上看，云南马铃薯生产机械化整体发展速度仍较缓慢。2007年10月，云南农机部门在沾益县大坡乡与云南诚兴农业开发有限公司合作建设了一个占地200hm²的马铃薯种植生产示范基地，以生产种薯为主，拥有马铃薯播种机、马铃薯收获机、大型喷灌机、植保等机械60余台套，开展马铃薯播种、施肥、中耕追肥、浇水、打药、收获、分选等机械化作业示范，实现马铃薯全程机械化，成为全省第一家全机械化运作的规模化马铃薯种植基地，示范带动面积超过666.67hm²。丽江伯符农业科技发展有限公司2008年引进马铃薯机械化种植技术，经过试验示范，不断总结经验，改良机械性能，初步形成了集机械化深松改土、施肥、播种、中耕培土、植保、杀秧、收获为一体的马铃薯全程机械化生产技术，实施马铃薯全程机械化。2014年2月注册成立的大理英茂种业有限公司，用4～5年时间在大理州北部建设种薯基地3333.33hm²。目前，公司已投资140万元购置拖拉机、翻转犁、旋耕耙、播种机、收获机、植保无人机等农业机械设备，滴灌工程投资150万元建设灌溉设施，实现犁、耕、耙、播种、收获全程机械化作业，以及水肥一体化的灌溉系统管理。

二、马铃薯机械化生产存在的问题

（一）自然条件制约较大

云南是一个山区、半山区面积占94%的省份，马铃薯主产区大都集中在冷凉贫困山区，耕地坡度大，不利于机械化作业。贫困山区农民经济条件差、农村劳动力转移比例低、种植观念落后、种植模式单一，沿用传统的生产方式，以人畜力为主，对先进的机械化技术缺乏认识，也限制了机械化的发展。此外，黏性土壤分布整个云南，这种土壤虽然是一种矿产资源，但却对马铃薯机械的使用造成了困难。其特点是具有强塑性、吸水性、膨胀性和吸附性等。由于强塑性，分离破坏后具有恢复原来形状的趋势，要克服这种趋势，需要更大的机械动力。黏性土壤增大了马铃薯机械阻力，使机械行走时阻力大，功率消耗大，不平稳，震动强，对各部件刚性连接冲击强，机具磨损严重。机具整体使用过程中可靠性、安全性降低，容易出现故障。

（二）规模化种植程度低

云南马铃薯种植受地理环境限制，种植地块较小，农户承包地块零碎分散。马铃薯种植仍延续着一家一户的传统种植模式，生产规模小，规模化、集约化生产程度低，制约了农户对机械化技术的需求。生产规模小，机械作业的效率低，投资回收期较长，也导致农户购买马铃薯种植机械的积极性不高。绝大部分农户收入来源主要依靠经营所承包的责任田，农户对土地的依赖性较强，土地的流转还没有形成规模。精耕细作、追求单产的传统生产观念与规模化、高效率的机械化生产方式之间的矛盾仍没有找到有效的解决方案。

（三）农机农艺融合困难

云南一年多季都适宜种植马铃薯，应用的农艺栽培技术主要有间套种栽培技术、平播后起垄种植技术、地膜覆盖栽培技术、大垄双行栽培技术等。种植制度和农艺技术方面，更重视如何充分利用土地及田间精细管理，而对农机化技术操作要求则比较忽略。例如，间套种技术有马铃薯套玉米、烟草套马铃薯、甘蔗套马铃薯、蚕桑套马铃薯等多种模式。该技术能有效地减少地表径流，减少地下渗透量，使截获的太阳辐射量提高，增大边际效应，提高光能利用率；还能错开农时缓解前、后茬口矛盾，提高作物复种指数，使土地得到充分利用，被农民比喻为"间作套种配着种，一亩当作两亩用""把田拉长，把地拉宽"。但是该种植模式运用时，没有机械作业的空间，机械无"落脚之地"，限制了成熟、先进的机械化技术的应用；又例如：利用马铃薯的顶端优势培育大芽（短而粗壮的芽）直播，深栽种、浅盖土，出苗后及时浇水，多次培土增厚马铃薯结薯层，使匍匐茎及块茎数目增多，大中薯率提高。但该技术要求种薯催芽到芽长 1cm 时进行定向播种，机械化技术操作完成质量不高。

（四）播种机械整体适应性不强

马铃薯播种机一次可完成开沟、起垄、播种和覆土等工序。马铃薯机械播种具有省工、节种、节肥等优点，不仅可提高种植质量，还为马铃薯中耕培土、收获等作业实现机械化提供了条件。播种后深浅一致能够满足马铃薯种植的农艺要求，不仅能降低劳动强度，改善耕作环境，而且能有效提高生产效率和经济效益。机械化起垄播种，消除了传统平播行距、株距不均，播深不一致的弊端。目前，云南省的播种机械整体适应性还不是很强，云南种植行距为 50~60cm，株距 15~32cm，深度 8~25cm，差距较大。还有部分地区马铃薯实行套种，与当前推广的播种机规格不配套。马铃薯播种机在播种过程中主要存在漏播与重播的问题。一方面是因为马铃薯种子本身就存在形状不一，大小各异的情况；另一方面是因为播种器结构不完善。

（五）机械收获作业质量有待提高

马铃薯收获机一次可完成挖掘、升运、分离、铺条等工序。在收获过程中，根据云南黏性土壤的性质应尽可能减少损失率，同时土薯应尽可能彻底分离，要确定好最合适的挖掘深度，即掘起的土壤量最少且没有过多的伤薯和漏挖现象，以减少工作阻力。云南使用的收获机械对土壤含水率要求较高，含水量较高，易造成土壤结块；含水量较低，土块难震碎，二者都直接影响土壤和薯块的分离。各地区种植模式等农艺技术差异也会影响机械化收获的质量。此外，云南省内从事马铃薯机械研发的科研单位及生产厂家较少，研制开发力度不够，不能很好地适应云南省马铃薯实际生产情况。由于云南特殊的地理条件，一些外省引进的机具不能适应云南省马铃薯的收获要求，导致损失率、伤薯率高，明薯率低，分离效果不好，影响了机具的推广使用。

（六）农机具性能有待进一步完善

马铃薯机械普遍存在性能不稳定，制造质量欠佳，橡胶部件使用寿命较短等问题，特别是振动式收获机，给农机操作员提供的工作条件较差，农机驾驶员容易疲劳。云南冬马铃薯主要采收供鲜食菜用，使用机械收获对表皮的损伤较重，商品性较差，不能满足生产要求。大春马铃薯大都种植在红壤区，土壤黏性大，对收获机的性能和质量要求较高。使用中有的机型焊接不过关，作业中常有开焊发生，影响作业效果。由于人工播种较机械播种的马铃薯种植行距不统一，致使机械收获时出现破薯、漏薯等现象，影响了机具的推广使用。种薯切块由人工操作，大小不一致，小则造成播种勺播种双块或多块现象，大则出现种箱架空造成漏播。

三、马铃薯机械化发展对策

（一）加大政策扶持和财政投入力度

加大政策扶持和财政投入力度，推进马铃薯全程机械化快速发展。要充分发挥政策的导向作用，引导农村土地流转，重点培育龙头企业、农机大户、专业合作社、农机合作社等新型农业经营主体，促进马铃薯生产规模化、标准化、机械化种植。此外，主管部门要出台马铃薯机械化生产的奖（补）政策，加大财政投入力度，提高对农机大户、农机合作组织和专业合作社购买马铃薯机械的补贴力度，提高补贴比例。

（二）协调推进农机农艺融合

云南马铃薯种植制度复杂，农艺栽培技术多样，要处理好农机农艺技术相互促进，有机结合，共同发展的关系，兼顾产量与效益，促进马铃薯生产协调发展。一要提高播种、收获机具的制造质量，完善机具性能，提高机具的适应性、稳定性；二要农机农艺技术融合，做到农艺措施与相关机械配套，播种、收获机械化同步推广，在薯块切割、播种行距规划等方面提高机械的性能，提供满足生产需要的农机产品；三要对开展马铃薯机械化示范的科研单位、推广单位、生产企业给予必要的科研试制、推广经费，突破关键薄弱环节的制约。

（三）创建机械化生产基地开展试验示范

试验示范是推动马铃薯机械化种植最有效的方式。依托建立马铃薯种薯生产基地，同时开展机械化生产试验示范，建设马铃薯生产机械化示范基地，探索适宜的马铃薯全程机械化生产技术模式和机具配套方案。此外，依托农机大户、农机合作组织，加强技术指导和培训，对关键环节进行重点突破，做出成效，让农民群众亲身体验机械化生产的优势，引导农民使用农机化新技术。

（四）开发适应云南马铃薯生产的农机具

近年来，我省马铃薯机械化生产在德宏、曲靖、文山等州（市）得到了很好地推广应用。但云南马铃薯种植制度复杂，农艺栽培技术多样，土壤黏性大，收获季节土壤含水量高，引进外地的机械适应性差。农机推广部门要加大与马铃薯机械生产企业合作，对在云南推广的马铃薯机械进行适应性改进和技术二次研发，重点在生产工艺、制造材料上下工夫，提高先进适用马铃薯生产机械的应用率，研发适合云南省马铃薯种植和收获的农机具。根据云南山地多、地块小、土壤黏性较大等特点，结合农艺要求研发适合本区域的马铃薯生产机械。研制小型化马铃薯机具以适应山区小坡地作业，大中型机具为缓坡地和坝区平地提供规模化种植服务。根据不同黏性土壤的机械物理性质，有针对性地强化机具构件强度，将降低机械阻力作为研发的重要指标，提高机具的碎土和薯土分离效果。

1. 挖掘部件的改进：

（1）黏性土壤阻力对挖掘铲磨损大：挖掘铲可采用多片组合，铲尖磨损后容易更换，铲片与铲片之间留有间隙，既可以减少铲尖与土壤的接触面积，减小阻力，又减轻了部分挖掘铲的重量。根据云南作业区域的整体农艺要求分别确定统一的单垄、双垄挖掘幅宽，使改进后的收获机适应云南马铃薯的收获要求。

（2）挖掘铲与土壤的摩擦阻力较大：凹面铲应力主要分布在挖掘铲两侧与机架侧板接触的位置，应力随挖掘铲入土角增大而增大；平面铲应力主要分布在挖掘铲中间与固定板接触的位置，应力也随入土角增大而增大。入土角为 $15°$ 时，凹面铲最大应力值 $25.708Mpa$，平面铲则为 $33.456Mpa$，屈服极限强度同为 $235MPa$，采用凹面铲在受力特性方面要优于平面铲。

（3）黏性土对挖掘铲的受力特性确定合适的入土角：铲形可由常用的三角形改为梯形，梯形面与三角形面相比，面积更大，所受的磨损相对较小，既有利于切入土壤，又可保证铲尖强度及耐磨度。

（4）土壤黏性和重塑性：为了达到更好的碎土效果可根据需要加入一个液压机构，使之成为液压式振动起土铲，振动式入土较一般的平推式入土更易于将上下土层切开，碎土效果也相对更好，且机具所受到的阻力相对于平推式要小很多。

2. 分离部件的改进：

（1）振幅：由于云南土壤的黏性特点，导致引进的外省机具必须在原有的基础性能上提高振幅。振幅加大，虽然能够提升分离的效果，但是加大了机械的负荷和功率的消耗，且容易伤薯。应在研究云南黏性土壤特性和结合云南马铃薯机械农艺的基础上选择合适的振幅。

（2）长度：由于云南引进的外省机具普遍存在分离效果不好的情况，在引进的机具上加长升运链长度是非常必要的。增加长度虽然能够提高分离效果，但并不是长度越大越好，当升运链长度过大时，土薯经过前端的分离，黏附的土壤大部分已经被筛下，末端的振动就不能起到筛选分离的作用，反而会伤害薯块。此外，升运链一般都有一定的角度，长度决定着末端抛薯的离地高度，高度过高抛出的薯块在落地时也容易损伤。

（3）速度：包括机具的行进速度和升运链输送马铃薯的速度。机具的行进速度取决于外界的条件，例如土壤的湿度。在较湿的土壤环境下可以适当提高机具的行进速度以提高效率。在干燥的土壤环境下则要适当地降低行进速度，以免增加行进的阻力、机具的功耗和挖掘铲的磨损。升运链输送的速度为了不增加额外的动力一般是与机具的行进速度匹配或者是固定的，在升运链长度增加的情况下，输送速度的大小决定了筛选时间的长短，速度太大则不利于土薯分离，且决定了末端的抛薯速度，而速度过小则会出现升运链末端伤薯。

（4）栅条形状：可以采用"U"形圆截面栅条，避免了一般圆截面栅条易变形的特点，"U"形栅条受力均匀，保证了分离装置工作状态的稳定且工作时对薯块损伤较小。分离部件的振幅、长度、速度、栅条形状是影响分离效果的重要因素，必须对这些影响因素重新权衡，通过大量的试验与运动仿真，确立一套适合云南实情的指标。

（五）扶持马铃薯专业合作社建设

加大扶持马铃薯生产专业合作社建设，充分发挥良好的示范带动作用。在马铃薯机械化生产实践中不断探索规模化发展、集约化经营、公司化运作的农机化生产新路子，加大工作力度，强化马铃薯专业合作社建设，提高广大农民主动发展马铃薯机械化生产的积极性，形成真正意义上的马铃薯商品化生产。突出农机合作社的机械优势，开展各种形式的代耕代种、联耕联种和土地托管，发挥马铃薯机械化节本增效的作用。

（可斌　撰稿）

云南马铃薯产销形势分析

一、马铃薯生产规模

云南省马铃薯面积和总产均居全国第 4 位。常年种植面积在 53.33 万 hm² 左右、总产约 900 万 t。马铃薯种植主导品种有合作 88、丽薯 6 号、青薯 9 号、威芋 3 号、宣薯 2 号等。大春马铃薯面积前 10 位的主产县（市）为：宣威市、会泽县、镇雄县、昭阳区、彝良县、巧家县、永善县、威信县、大关县、鲁甸县，面积占全省大春面积的 50%。冬马铃薯主产县（市）：盈江、建水、陆良、会泽、宣威、开远、陇川、石屏，面积占冬马铃薯面积的 30% 左右。

二、马铃薯销售价格与市场行情

（一）云南马铃薯上市时间

云南马铃薯鲜薯可周年供应，但大部分集中在三个时间段。大春马铃薯大部分 8~9 月收获。部分州（市）最早于 7 月或迟至 10 月收获；云南省秋作马铃薯 11~12 月份收获；云南省冬马铃薯从东南部热区至滇中地区，播种期可从头年 10 月一直延续到 1 月，2~5 月进入收获期，最早 2 月中下旬可上市，如德宏、红河、文山、玉溪等州（市）。全省大量上市集中于 3~4 月，部分于 5 月上市，最迟 6 月份上市。

（二）马铃薯销售价格

云南省马铃薯大春收获从 7 月开始，市场主要面向四川、江西、重庆、广东、广西、浙江和深圳等地区。市场价格从 6 月中旬的高价位慢慢回落，7 月中旬到 10 月中旬收购价基本维持在 1~1.8 元/kg，10 月下旬因冬作种薯调运需求，促进价格稍有上涨。秋作马铃薯从 11 月下旬陆续上市至次年 1 月上旬，价格稳定保持在 2.2 元/kg 左右。冬马铃薯收获期大都早于全国其他地方，市场形成空档期，市场好，价格也较高。2 月份冬马铃薯刚上市时，价格较高，2.5~4 元/kg，品质好的甚至可以卖到 4.5 元/kg，一直到 3~4 月集中上市这段时间价格平稳略有下降，价格平均在 2~3.5 元/kg，进入 5 月份后，价格回落至 1.5~2 元/kg。

（三）马铃薯市场行情

近几年我省马铃薯外销量稳步扩大，特别是冬马铃薯，超过 80% 外销到全国 27 个省（市、区）。云南省鲜薯种植随行就市，冬马铃薯鲜薯市场销路畅、流通快、销售渠道稳定、经纪人盈利情况年际间时有波动。云南冬、小春马铃薯鲜薯约10%供给本省消费市场，其余90%销售到北京、上海、四川、西藏、重庆、广西、陕西、山西、河北、山东、新疆、湖南、香港、澳门等地，并远销越南、缅甸、老挝等东南亚国家。红皮黄心品种"合作88"主要销往西藏、重庆、成都、贵州、广西、西安、湖南、江西等地。白皮淡黄心品种"丽薯6号"销往北京、上海、武汉、山东、广州、西安等地。

2015年以来国家大力推进马铃薯加工主食化战略，发展马铃薯产业是"镰刀弯"地区结构性调整和云南省贫困地区精准扶贫战略的不二选择。2015~2018年我省马铃薯价格呈先高后低再回升的趋势。2015年平均价格为2.11元/kg，2016年价格最高，年平均价格达到2.8元/kg，尤其是冬马铃薯的价格突破历史新高。2017和2018价格基本持平，年平均价格下跌至1.89元/kg。冬马铃薯在云南是高投入高产出作物，种植技术水平高，产量高，即便是在行情低迷的情况下，种植户也有效益。例如：2018年开远市中和营镇种植冬马铃薯2000多 hm²，种植品种有合作88、丽薯6号、云薯902等。黑果山片区以丽薯6号为主，从播种、施肥、盖膜到收获，基本实现全程机械化操作，大大降低了人工成本。每亩产量3~4t，按照2018年市场收购价格2元/kg，每亩产值可达6000~8000元。

2018年云南省马铃薯生产面积在持续下滑2年后有所增加，当年马铃薯总产值达118亿元，比2016年总产值减少了16亿元，减幅11.9%。原因主要有两方面：一是全国市场行情低迷，北方主产区风调雨顺产量稳定，库存量较大，导致运往西南、南方的马铃薯数量也有所上升，市场消化能力有限，低价蔬菜市场种类丰富，鲜薯消费量受到挤压；二是马铃薯集中在2~4月份上市，南方冬作区马铃薯鲜薯进入销售市场，进入5月份，山东、河北、河南、陕西等北方产区春季早熟马铃薯同时上市，对我省马铃薯市场造成一定冲击。

三、马铃薯产销对接

（一）发展订单生产

2012年全省冬马铃薯订单面积达13.107万 hm²，占总种植面积的66.5%。2013年冬马铃薯订单面积达14.667万 hm²，占总种植面积的72.6%。省农业厅2014年和2017年两次召开全省马铃薯产销对接会，发布种植区域、种植品种、上市时间、产量信息，邀请全国重要销区的客商和产区的生产者洽谈，以促销售，成效显著。以马铃薯营销企业、农民合作社与专业协会为重点，立足市场优势，加强扶持引导，构建"营销网络+专业合作社和协会+农户"的发展模式。如芒市2014年共签订马铃薯订单0.147万hm²，其中与昆明子弟食品有限公司签订合作88品种马铃薯订单数量达0.067万 hm²。商品化生产、订单农业、促进农民增收成为冬马铃薯基地建设项目的最大亮点。

（二）加工企业实力增强

本省加工企业收购的原料 30% 来自省外，70% 来自省内，货源充足，原料收购价格维持在 0.6～0.85 元/kg，精淀粉价格为 5000～6000 元/t。加工企业实力增强，品牌影响快速提升云南的天使、子弟、理世等薯片加工企业，转型升级加快，企业实力大为增强，带动农民和基地建设能力提升，3 家企业已成为全国知名品牌，云南云淀淀粉有限公司，2018 年加工鲜薯 10 万 t，生产马铃薯精粉 1.5 万 t，公司获评"中国马铃薯淀粉龙头企业"，成为五家行业标杆企业之一。

（三）贸易出口量和出口额位居前列

据中国海关信息中心及中商产业研究院数据，2017 年云南省马铃薯出口量达 8.14 万 t，出口金额达 7601.68 万美元，在全国占比分别增长 15.96% 和 27.04%；从 2010 到 2017 年，云南省马铃薯贸易出口量和出口额平均占全国的 10.37% 和 18.75%，均据全国第二位，是全国马铃薯出口大省。目前，云南省每年 8 万多 t 马铃薯出口到泰国、越南、缅甸、老挝等国和中东地区。

四、产业优化布局拉动市场的主要做法

（一）优化种植区域功能布局

以滇中和滇北部分地区为主，加快专用型马铃薯品种和脱毒种薯扩繁和推广力度，积极发展晚秋和间套种，建立加工型原料薯、菜用薯和种薯生产基地；在滇中地区大力发展薯片（条）专用型品种，积极推广早春、晚秋间套种，建立薯条、薯片和淀粉加工型马铃薯原料基地和菜用型商品薯生产基地；滇西北以优质菜用薯和种薯生产为重点，大力发展早春马铃薯，依靠科技提高单产和鲜薯的商品率，建立优质菜用薯和优质种薯生产基地；南部及地热河谷区重点利用冬闲田发展以菜用型为主的冬季和小春马铃薯种植。

（二）推进马铃薯种植时空布局和品种结构调整

推进马铃薯种植时空布局和品种结构调整。以市场为需求，推进供给侧结构性改革，在品种、栽培技术上做典型示范，推进马铃薯时空布局调整和品种结构调整，引导春作种植区农民进行轮作，减少大春作马铃薯种植面积，提高马铃薯种植水平，从而提高种植效益；利用气候优势，扩大秋作、冬作和早春马铃薯生产，使云南马铃薯在时空布局和品种结构上得到一定程度优化，在市场竞争方面赢得了一些主动权。

（三）提高机械化水平

通过近几年省农业厅对马铃薯机械化生产的示范推广和积极宣传，我省马铃薯机

械化生产水平不断提高，改变了马铃薯全部由人工种植的局面，马铃薯机械化播种的行距与马铃薯机械化收获行距相同，马铃薯机械化收获的作业效果更好。2015 年全省马铃薯机械化播种面积 0.623 万 hm^2，机械化收获面积 0.867 万 hm^2，2018 年全省马铃薯机械化播种面积达 2.461 万 hm^2，比 2015 年增加 1.838 万 hm^2；机械化收获面积达 3.014 万 hm^2，比 2015 年增加 2.147 万 hm^2。马铃薯机械化播种、中耕培土、马铃薯机械化收获既能减轻劳动强度，又能节本增效。

（平秀敏　撰稿）

云南推广"一分地工程"的效益模式：

永安模式——脱毒马铃薯推广方式的创新

作为我省特色农产品之一，马铃薯种植在推动全省农业农村经济发展和农民增收致富中的作用愈加重要。2010 年全省马铃薯种植面积 988.3 万亩，鲜薯产量 1060 万 t，产值 105 亿元。

云南省发展马铃薯产业具有气候、土壤、地理区位和品种资源等诸多优势，是我国最适宜种植马铃薯的地区之一。但是，由于种薯退化、混杂，导致单产低、品质不高，已成为马铃薯产业做强做大的"瓶颈"。建立一套成本低、容易推广的马铃薯脱毒种薯扩繁体系，昭通市探索创新了"一分地工程"推广模式。

"一分地工程"，是一种化整为零的马铃薯脱毒种薯扩繁方式，在马铃薯主产区，通过推广优质脱毒马铃薯品种，以继代繁殖的方式，让每一户农户每年都种植一分地脱毒马铃薯原种（脱毒微型薯），第二年可生产 1 亩地原种，第三年可生产 10 亩地一级种，即可满足第四年 100 亩地的大面生产用种。

一、"一分地工程"的改变

2005 年，昭通市农科所在紧靠永善县永安村的昭阳区靖安乡西魁村开始集中繁殖脱毒微型薯，永安村群众看到，由微型薯繁殖的原种及其一、二级种薯增产效果特别显著。在村主任李贤正的带领下，村民主动与邻村买种。2006 年，市农科所在永安村进行示范繁种，对积极性非常高的村干部和党、团员进行技术培训，然后把微型薯发给干部、党员自己繁种，率先带头干，示范给群众看。就这样，昭通市拉开了"一分地工程"的序幕。

"我们 2006 年开始搞'一分地工程'。当年我家种了一亩地脱毒微型薯，一年后扩繁种薯 10 亩，2010 年用扩繁的部分种薯种了 20 亩地，收获 50t 马铃薯，收入近 5 万元。"坐在村委会办公室，说起脱毒马铃薯种植，永安村支书兼主任李贤正喜滋滋的。

李贤正接着说："以前种米拉、河坝洋芋，品种退化、晚疫病等严重，品质差，卖样不好，严重时收成都没有。2004 年，农技推广部门来扶贫，拉来脱毒良种推广，抗病，产量好，农民很喜欢。但面积扩大后，一、二级种供不上，调种成本又高，我们就搞'一分地工程'，每年循环轮作，自家的种子也有了，余下的还可作二级种薯或商品薯出售。"

殷家沟村组组长钟再文谈起"一分地工程"，也是乐呵呵的，"我家 5 口人，2006 年种了 300 来粒微型薯，越种胆子越大。这几年，我家 20 亩的洋芋种薯每年都靠自己解决，大部分洋芋作种薯或商品薯卖掉，2010 年的收入将近 5 万元。"

据介绍，永安村 22 个村民小组，827 户人家，马铃薯种植 15000 亩，靠政府补贴和"一分地工程"，2010 年全部实现脱毒种薯种植，按每亩毛收入 1500 元计，户均收入 27000 多元，人均收入 6600 多元。

二、"一分地工程" 的推广

要把"一分地工程"的效应在全市放大，昭通市逐步建立了脱毒马铃薯组培技术及完善的设施，为"一分地工程"的实施提供技术支撑。昭通市共投资 824.12 万元进行脱毒马铃薯良种繁育体系建设，建成组培楼和仓库 2760m² 以及 5200m² 的防虫网室，购置病毒检测仪器设备 39 台（件）、农机具 16 台，脱毒微型薯年生产能力可达 500 万粒。

昭通市农科所编写了《脱毒微型薯原种生产技术》，并组织县乡农技人员培训，配合县乡农技部门对永安村村干部、党团员、科技示范户进行入户指导，确保种一户成功一户。同时又把他们作为示范带动周边的农户，以点带面、示范引导，使"一分地工程"稳步地在全市铺开。

虽然广大农户都看到了脱毒种的好处，但一分地要使用 500 粒左右的微型薯，每粒微型薯 0.35 元，每分地需要 175 元，对于一些农户来说，这也是一笔不小的开支。昭通市采取"每粒脱毒微型薯由市政府补贴 0.1 元、生产脱毒种的农科所补助 0.05 元、县政府补助 0.1 元、农民出 0.1 元"的措施，每户农户只用出 40~50 元就可以解决自己的生产用种。自从 2009 年国家把马铃薯脱毒种薯纳入良种补贴以来，农民繁殖脱毒马铃薯积极性就更高了。

通过"一分地工程"的实施，在交通不便的广大山区，避免了大规模异地调种、运种，减少种薯碰损和运输成本；由于省去三级集中繁种的仓储和生产费用，脱毒种薯扩繁的生产成本大大降低；微型薯一步到户，减少中间环节，由农户自繁自留自用，大幅度提高了微型种薯的繁育效率。

据统计，2008 年，昭通共推广种植脱毒微型薯 150 万粒；2009 年推广 252.45 万粒，扩繁原种 504 亩，涉及农户 4500 多户；2010 年共推广种植脱毒微型薯 450.11 万粒，扩繁原种 900 亩，涉及种植农户 8100 多户；目前该成果在昭阳区各专业合作社大面积应用。

"一分地工程"把农业新技术由抽象的理论转化成农民群众看得见、摸得着、形象直观的现实，避免了种薯市场混乱，打破了农户只能通过异地串换种薯、一味靠扩大种植面积、低水平循环求增产的无奈选择。"一分地工程"的实施，让科技之光照进了山峦阻隔的贫困山区，实现了高技术成果与农户田地的对接，让"小洋芋"成长为助农增收的"金蛋蛋"。

（道金荣　撰稿）

[第二部分]
州（市）马铃薯产业发展

昆明市马铃薯产业发展

一、马铃薯种植发展

（一）种植布局

马铃薯是昆明市仅次于玉米的第二大粮食作物，2016 年全市马铃薯种植面积 3.9 万 hm^2，平均单产 22.5t/ hm^2，种植面积居全省第三位。马铃薯种植分布较广，全市所辖 14 个县（市、区）均有种植，主要集中在寻甸、禄劝、东川、石林等县（区），种植面积约占全市马铃薯播种面积的 90%。昆明市生态气候适宜马铃薯四季种植，其中春播（大春）马铃薯占全年马铃薯播种面积的 70%，主要分布在海拔 1900~2500m 的高寒山区；冬播马铃薯主要分布在海拔 1700~2100m 的坝区，约占全年播种面积的 20%；秋播马铃薯主要在海拔 1800~1900m 的坝区和半山区种植，占 9% 左右；在海拔 1800~2000m 的半山区有少量夏播马铃薯零星种植。

近年随着昆明市农业产业结构的调整优化，马铃薯产业呈现出分区域、分重点推进的区域发展新格局：北部生态特色农业产业区，马铃薯种植面积增长较快，由 2001 年的 2.54 万 hm^2 增加到 2013 年的 3.3 万 hm^2，增长 30.6%，马铃薯种植面积占该区域耕地面积 9.01 万 hm^2 的 36.78%；中部生态农业产业区，马铃薯种植面积逐年调减，至 2013 年该区域马铃薯种植面积仅为 0.19 万 hm^2，占该区域耕地面积 2.97 万 hm^2 的 6.3%；东西部区域的宜良县和石林县，马铃薯种植面积略有扩大，主要增加了冬季种植面积，2013 年马铃薯种植面积 0.334 万 hm^2，占该区域耕地面积的 7.9%。

（二）种植面积及产量

"十一五"期间，昆明市马铃薯加工业快速崛起、马铃薯消费市场急剧扩大，促进了昆明市马铃薯规模化、商品化生产，进而带动了经济欠发达、交通不便的高海拔山区、半山区马铃薯种植面积的快速增长。2008 年以来，昆明市马铃薯种植面积平均每年增加 1247 hm^2，至 2016 年种植面积达 3.9 万 hm^2，年平均递增 7%。

昆明市是全省马铃薯平均单产水平较高的州（市）之一，近 10 多年来，随着马铃薯脱毒种薯的推广应用和栽培技术的不断进步，昆明市在马铃薯种植面积逐年递增的情况下，整体单产水平仍然保持稳定并不断提高。马铃薯总产量由 2001 年的 46.4 万 t 增加到 2016 年的 87.7 万 t，总产量比 2001 年增长了 88.9%。近年马铃薯主要种植品种有"合作 88、会-2 号、青薯 9 号、威芋 3 号、昆薯 2 号、滇薯 6 号、丽薯 6 号和宣薯

2 号"。2013 年农业统计资料显示，品种"合作 88"占全市播种面积的 29.4%，"会-2 号"占播种面积的 8.3%。（见表 2-1）

表 2-1　2001~2018 年昆明市马铃薯生产统计表

年　份	种植面积 （hm²）	产量 （万 t）	单产量 （t/hm²）	主要种植品种
2001	22346	46.41	20.80	合作 88、会-2
2002	21074	44.45	21.10	合作 88、会-2
2003	24067	50.54	21.00	合作 88、会-2
2004	24181	51.98	21.50	合作 88、会-2
2005	25069	51.37	20.50	合作 88、会-2
2006	26935	55.19	20.50	合作 88、会-2
2007	28176	59.17	21.00	合作 88、会-2
2008	29048	63.88	21.90	合作 88、会-2
2009	30440	66.94	22.00	合作 88、会-2、威芋 3 号
2010	33319	71.62	21.50	合作 88、会-2、威芋 3 号、昆薯 2 号
2011	36773	84.56	23.00	合作 88、会-2、滇薯 6 号、昆薯 2 号
2012	40265	90.60	22.50	合作 88、会-2、威芋 3 号、昆薯 2 号
2013	38994	91.60	23.50	合作 88、会-2、宣薯 2 号、威芋 3 号、丽薯 6 号
2014	37376	81.20	21.50	合作 88、会-2、威芋 3 号、宣薯 2 号、青薯 9 号
2015	38690	88.12	23.00	合作 88、会-2、宣薯 2 号、青薯 9 号、丽薯 6 号
2016	39026	87.66	22.50	合作 88、会-2、昆薯 2 号、宣薯 2 号、青薯 9 号
2017	36452	83.37	22.87	合作 88、会-2、昆薯 2 号、宣薯 2 号、青薯 9 号
2018	37505	85.94	22.91	合作 88、会-2、昆薯 2 号、宣薯 2 号、青薯 9 号

注：数据来源于《昆明统计年鉴》。总产和单产为鲜薯产量

（三）秋冬马铃薯生产

受市场推动作用，昆明市冬马铃薯种植面积逐年增加，2016 年昆明市秋冬两季马铃薯种植面积达 1.35 万 hm²，平均鲜薯产量达 21.6t/ hm²。其中冬马铃薯种植面积

2003~2016年增长了76.5%。主要分布在东川、禄劝、寻甸、石林、宜良等地，该区域种植秋冬季马铃薯1.25万hm²，占全市秋冬马铃薯播种面积的92.6%。主要种植"合作88、会-2号、威芋3号、昆薯2号"等品种。2003~2008年以"会-2"和"大西洋、合作88"为主，2008年至今后主要种植"会-2号、紫云1号、昆薯4号、青薯9号、合作88"。（见表2-2）。昆明市秋季马铃薯播种时间为8~9月，12月份至次年1月收获；冬季马铃薯12月至次年1月份播种，次年4~5月份收获，收获时间正处于马铃薯上市供应的淡季，经济效益较好。昆明市秋季马铃薯种薯来源于冬季收获的马铃薯，种薯产量有限且价格较高，秋季马铃薯播种期和苗期又刚好处于雨季，晚疫病发生较重。由于秋马铃薯种植成本高、减产风险大，导致昆明市秋马铃薯种植面积及产量常年徘徊不前。

（四）种植技术演进

昆明市马铃薯种植技术演进主要体现在良种与良法的融合与配套。通过选择高产、抗病、广适、熟期适宜的马铃薯品种和优质的脱毒种薯，配套整合了市、县行政、科技、种子、植保、农机、教学、推广等部门的资源和力量，将马铃薯新品种推广、高产栽培技术模式、植保综合防治技术、抗旱节水技术、测土配方施肥技术等单项技术集成为一体化综合配套技术，逐步形成了适宜昆明市不同区域抗灾减灾、节本增效的高产栽培技术模式，充分发挥良种良法的增产潜力。

二、科技项目实施

（一）马铃薯高产创建

自2008年昆明市实施科技增粮项目以来，项目已覆盖全市辖区的14个县（市、区）。2008~2016年，昆明市在寻甸、禄劝等10个县（市、区）累计实施部级、省级和市级马铃薯高产创建示范104片，项目开展涉及130个乡（镇）、1125个村、64.8万人。马铃薯高产创建示范种植面积达7.63万hm²，其中大春马铃薯5.12万hm²，冬马铃薯示范2.51万hm²。新增马铃薯113.0万t，以当地平均价格1.5元/kg计算，新增产值16.9亿元。示范品种有合作88、会-2号、威芋3号、昆薯2号、青薯9号、滇薯6号、丽薯6号等品种（见表2-3，表2-4）。

项目开展取得显著成效：一是良种良法配套，提高化肥、农药利用率，实现减肥减药节本增效；增施有机肥，对保护土地资源和改善生态环境起着重要的作用；二是高产创建以万亩为单位连片推广，扩大了生产规模，吸引农村经合组织及企业加入其中，形成一条"产前+产中+产后"服务的"便捷通道"，带动了马铃薯产业的发展，利于打造当地特色作物品牌；三是通过高产创建，农技专家对农户进行"面对面，手把手"的培训方式，提高了农民学科学用科学的兴趣，科技素质进一步提高，为建设现代和谐新农村、发展生产注入了新的活力和动力。

表2-2 2003~2016年昆明市秋冬马铃薯种植情况

年份	秋冬种植			冬季种植						秋季种植		
	种植面积(hm²)	平均单产量(t/hm²)	主要种植品种	种植面积(hm²)	平均单产量(t/hm²)	1. 冬种面积(hm²)	2. 小春面积(hm²)	3. 早春面积(hm²)	主要种植品种	种植面积(hm²)	平均单产量(t/hm²)	主要种植品种
2003	8897	16.5	合作88、会-2	7381.3	18.2	3406.3	2843.5	1131.5	合作88、会-2	1516.1	14.9	会-2、大西洋
2004	9289.1	17.1	合作88、会-2	7866.1	18.9	3841.4	2995.5	1029.2	合作88、会-2	1423.1	15.4	会-2、大西洋
2005	9862.7	17.9	合作88、会-2	8296.6	19.6	4095.9	3045.8	1154.9	合作88、会-2	1566.1	16.1	会-2、大西洋
2006	10531.3	19.0	合作88、会-2	9070.0	20.9	4466.9	3165.3	1437.8	合作88、会-2	1461.3	17.0	会-2、大西洋、昆薯4号、紫云1号
2007	10881.6	19.7	合作88、会-2	9267.6	20.5	4642.4	3379.9	1245.3	合作88、会-2	1614.0	19.0	会-2、大西洋、昆薯4号、紫云1号
2008	11667.6	19.3	合作88、会-2	10304.3	20.4	5198.0	3763.4	1342.9	合作88、会-2	1363.3	18.2	会-2、大西洋、昆薯4号、紫云1号
2009	12137.5	20.0	合作88、会-2、威芋3号	10670.8	21.5	4592.7	4512.7	1565.4	合作88、会-2、昆薯3号	1466.7	18.5	会-2、昆薯4号、紫云1号
2010	11733.5	21.4	合作88、会-2、威芋3号	10456.8	24.0	4697.1	4229.9	1529.7	合作88、会-2、昆薯3号	1276.7	18.7	会-2、青薯9号、昆薯4号、紫云1号
2011	13864.4	21.1	合作88、会-2、滇薯6号	12073.1	22.4	5957.1	4667.3	1448.7	合作88、会-2、滇薯6号、昆薯2号	1791.3	19.7	会-2、青薯9号、昆薯4号、紫云1号

续表2-2

年份	秋冬种植			冬季种植						秋季种植		
	种植面积 (hm²)	平均单产量 (t/hm²)	主要种植品种	种植面积 (hm²)	平均单产量 (t/hm²)	主要种植品种	1. 冬种面积 (hm²)	2. 小春面积 (hm²)	3. 早春面积 (hm²)	种植面积 (hm²)	平均单产量 (t/hm²)	主要种植品种
2012	12002.0	21.8	合作88、会-2、威芋3号	10845.3	23.0	合作88、会-2、昆薯2号	6673.1	2681.7	1490.6	1156.7	20.7	会-2、昆薯4号、紫云1号
2013	11839.3	20.9	合作88、会-2、威芋3号	11002.7	21.6	合作88、宣薯2号、威芋3号	6472.4	2885.1	1645.2	836.7	20.2	会-2、昆薯4号、紫云1号
2014	12554.1	21.4	合作88、会-2、威芋3号、青薯9号	11601.7	22.7	合作88、宣薯2号、威芋3号、青薯9号	7042.5	3046.5	1512.7	952.4	20.2	会-2、昆薯4号、紫云1号
2015	13308.2	21.6	合作88、昆薯2号、宣芋3号、青薯9号	12191.8	22.1	合作88、宣薯2号、威芋3号、青薯9号	7368.9	3239.8	1583.1	1116.4	21.3	会-2、昆薯4号、紫云1号
2016	13500.0	21.9	合作88、昆薯2号、威芋3号、青薯9号	12368.0	23.2	合作88、宣薯2号、威芋3号、青薯9号	7374.5	3354.7	1638.7	1132.0	21.3	会-2、昆薯4号、紫云1号

表 2-3 2008～2016 年昆明市春种马铃薯高产创建建统计表

年度	片数	示范面积 hm²	占当地种植面积 %	测产结果（单产）t/hm²	比非项目区（每公顷增产）t/hm²	涉及县（区）（个）	涉及乡（个）	涉及村（个）	涉及农户（户）	涉及人口数（人）	品种
2008	1	800.0	2.95	36.3	14.3	1	1	30	3034	12136	合作 88、会-2 号
2009	4	2942.5	9.54	36.1	14.1	2	5	61	7066	28264	合作 88、会-2 号
2010	6	4259.7	13.29	38.8	17.3	3	6	95	9550	38200	合作 88、威芋 3 号、滇薯 6 号
2011	9	6479.9	22.65	37.7	14.6	6	10	118	15692	62768	合作 88、威芋 3 号、滇薯 6 号、昆薯 2 号
2012	10	7006.7	25.72	39.4	16.9	5	9	124	13253	53012	合作 88、威芋 3 号、滇薯 6 号、昆薯 2 号
2013	16	12691.0	42.14	39.2	15.7	5	13	153	14737	58948	合作 88、紫云 1 号、昆薯 2 号、6 号、9-7、滇薯 6 号、丽薯
2014	10	7050.9	22.76	38.6	15.1	6	20	103	10231	40924	合作 88、青薯 9 号、丽薯 6 号
2015	7	4726.3	14.32	39.1	15.4	4	7	108	9876	39246	合作 88、青薯 9 号、威芋 号、昆薯 2 号、3 号
2016	7	5251.8	15.13	39.0	14.3	4	12	96	10411	42657	合作 88、青薯 9 号、威芋 号、昆薯 2 号、3 号
合计	70	51208.8	—	—	—	36	83	888	93850	376155	—

表2-4 2008~2016年昆明市冬马铃薯高产创建统计表

年度	片数	示范面积（hm²）	占当地种植面积 %	测产结果（单产）t/hm²	比非项目区（每公顷增产）	涉及县（区）（个）	涉及乡（个）	涉及村（个）	涉及农户（户）	涉及人口数（人）	涉及品种
2010	3	2309.0	22.08	35.3	11.3	3	8	87	10791	43164	合作88、会-2号、昆薯4号
2011	3	2136.6	17.69	36.4	13.9	3	5	63	7417	29668	合作88、威芋3号、丽薯7号
2012	5	4082.5	37.64	34.8	11.8	3	10	92	10896	43584	会-2、合作88号 9-9、昆薯2号、威芋3号
2013	4	2898.0	26.33	42.2	20.6	3	11	80	8614	34456	合作88号、会-29-7、昆薯2号
2014	7	5559.7	47.92	35.4	12.6	6	14	100	10243	40972	会-2、合作88号 9-9、昆薯2号、威芋3号
2015	6	4049.6	38.7	35.7	13.1	4	10	97	9876	38761	会-2、合作88号青薯9号、昆薯2号、威芋3号
2016	6	4067.8	39.2	34.4	12.4	5	12	102	10437	41973	会-2、合作88号青薯9号、昆薯2号、威芋3号
合计	34	25103.2	—	—	—	27	70	621	68274	272578	—

（二）马铃薯间套种与地膜覆盖

昆明市近年年均示范推广马铃薯间套种 0.8 万 hm^2，占全市马铃薯间套种面积的 10%，平均比非项目区增产 1.95t/hm^2，新增马铃薯 1.6 万 t；年平均示范大小春马铃薯地膜覆盖 1.33 万 hm^2，占全年马铃薯地膜覆盖面积的 34%，平均比非项目区增产 3t/hm^2，新增马铃薯 4 万 t。以当地平均价格 1.5 元/kg 计算，新增产值 2343.9 万元。

三、种薯繁育体系建设

（一）开展品种选育

自 20 世纪 90 年代末以来，昆明市农科所长期开展马铃薯新品种选育、新品种试验示范、加工型原料薯商品薯基地建设等多项工作。自 2008 年组建成立了昆明市农科院，昆明市农科院累计从国内外引进保存了 500 多份马铃薯种质资源及组合，与国际马铃薯中心（CIP）和省内大专院校等有关单位合作开展了"马铃薯杂交种子的推广应用""加工型马铃薯品种资源的引进""马铃薯晚疫病综合防治技术研究及示范推广""马铃薯中早熟抗晚疫病品种的选育"等马铃薯科研推广示范项目。取得了较好的成效。审定了"昆薯2号""昆薯4号""昆薯5号"等马铃薯新品种。

（二）种薯基地建设

昆明市、县、区农业科研部门建有 4.2 万 m^2 马铃薯脱毒苗扩繁组培室和脱毒原原种生产温网大棚繁种基地，全市马铃薯组培苗年生产能力达 200 万苗，年可生产马铃薯原原种 500 万粒。禄劝、寻甸、东川等高海拔地区主要开展原种至二级种薯扩繁，初步完善了的全市种薯基地建设，极大地提高了昆明市马铃薯产量和品质。

四、科技队伍建设

近年来在省、市各级部门的关心支持下，昆明市马铃薯科技队伍整体实力不断增强，取得了较好的成绩。目前全市专业从事马铃薯科研推广工作的科技人员有 50 多人，市级从事马铃薯科研推广的有 6 人；辖区内 14 个县（市、区）的农技推广部门每个县有 2~3 人从事马铃薯推广工作。由于受机构编制及岗位调整等方面制约，科技人员整体结构老龄化严重，人才总量不足。2017 年昆明市成立由省市马铃薯育种、栽培、植保、农机、土肥、推广等方面相关专家组成的"昆明市马铃薯专家工作站"，着力解决马铃薯生产关键性技术问题，帮助企业解决技术创新中的实际问题和战略发展相关问题，逐步构建统一高效的马铃薯种植专业技术服务和咨询平台，促进科技成果转化。

五、加工及产销情况

昆明市马铃薯加工业在国内起步较早、发展较快，早在20世纪80年代中期，云南省农垦局下属的昆明联谊食品厂从美国引进第一条油炸土豆片生产线，生产"天使牌"土豆片，畅销省内外。90年代中期一批私营、外资企业纷纷投资马铃薯加工业，油炸薯片的生产企业有天使、子弟、上好佳3家企业；华澳生物技术有限公司等企业以生产薯条、薯饼、薯泥为主，从事马铃薯淀粉加工的有大甸淀粉加工厂。全市14条生产线，年设计加工能力为20万t。

昆明市马铃薯可多季种植，周年生产，鲜销马铃薯的上市时间长达10个月。2~5月份冬、早春马铃薯上市，外地客商纷至沓来大量收购，销往广东、广西、四川、重庆等地。与云南省毗邻的东南亚国家和地区，终年气候炎热，长期向云南进口农作物种子和马铃薯等蔬菜。昆明市寻甸、禄劝、石林等县（区）每年向越南等东盟国家出口大量马铃薯。香港、澳门、新加坡等地区和国家每年通过广东、福建口岸向中国大陆进口大量商品薯，其中超过四分之一从昆明收购。昆明作为云南省唯一的核心城市和西南地区第三大城市（仅次于成都、重庆），是西部地区重要的中心城市和旅游、商贸城市，亦是中国面向东南亚、南亚、东盟开放的重要枢纽城市。全市常住人口为600多万人，庞大的人口数量将带来绝对数量的农产品消费，为昆明市提供了马铃薯稳定的消费市场和发展空间。

六、发展存在的主要问题

（一）基础设施落后、机械化程度低

昆明市马铃薯主要种植在海拔2000m以上高寒山区，70%以上为山坡旱地，无灌溉设施，抗灾能力弱，种植粗放，马铃薯产量波动较大。适合马铃薯种植的中小型机械种类单一、保有量少、适应性差，制约了昆明市马铃薯机械化技术运用和推广。

（二）种薯退化、缺乏足量的优质种薯

目前全省审定的马铃薯新品种较多，但广适性和市场化率不高；昆明市种薯基地总体规模较小，新品种种薯扩繁远远跟不上生产需求，全市较大面积的马铃薯生产仍使用自留种，种薯退化严重。缺乏完善的种薯分级标准、种薯质量检测和认证体系，造成了种薯质量参差不齐，代数不清、价格混乱。种薯质量、优质种薯数量不足是制约昆明市马铃薯生产水平提高的关键因素。

（三）种植规模化、产业化水平较低

昆明市马铃薯主产区大多是高寒山区，交通不便，商品薯运输成本较高。企业对

马铃薯产业发展的带动力不足，马铃薯生产仍处于农民一家一户独立经营，生产投入分散与企业及市场没有形成真正的利益共同体，产业难以形成整体规模，分散生产不利于高产栽培技术的快速推广。市场信息不通畅，导致部分品种供不应求，而部分品种又供过于求。由于没有完善的社会化服务体系，农户增产不增收甚至增产减收的现象时有发生。

（四）产业发展扶持政策缺乏、资金投入少

以昆明市农业科学研究院为代表的科研机构自 1989 年开展马铃薯研究，近 15 年来，先后开展了马铃薯新品种选育、种薯扩繁基地建设、高产栽培技术研究、新技术试验示范、推广等一系列工作。申报部省（市）农业部门、市科技局等相关部门马铃薯新品种选育、商品薯种薯基地建设、种质资源收集利用保存等科研课题多项。项目经费累计 898 万，其中中央财政 80 万元，省级项目经费 405 万，市级项目经费 413 万。随着昆明市经济结构的调整优化和城市建设规模不断扩大，饮用水源保护区内的坡耕地全面退耕还林，滇池湖滨带实行"四退三还"等环境整治，滇池流域的粮食生产逐步东移、北扩，马铃薯种植布局也逐渐转移，主要集中在昆明市北部山区板块的"大农村、大山区、大贫困"区域，扶持政策缺乏，同样受到农业总体投入减少的影响，长期以来基础设施薄弱、产业化经营层次低、综合生产能力不高的特征较明显。

七、产业规划及发展重点

2016 年昆明市发布的《昆明市"十三五"高原特色都市现代农业发展规划（2016~2020 年）》中将石林、寻甸、禄劝作为重点，引导发展适度规模经营 0.334 万 hm^2，马铃薯优质种薯基地建设 0.2 万 hm^2。年推广马铃薯膜下滴灌 0.134 万 hm^2。

（一）脱毒种薯繁育体系建设

以扩大马铃薯脱毒原原种扩繁为突破口，加快脱毒种薯扩繁。在寻甸县、禄劝县等海拔 2300m 以上地区建设马铃薯脱毒种薯扩繁基地，每年确保 0.2 万 hm^2 马铃薯种薯繁育规模，完善脱毒种薯生产、质量检测和供应体系，逐步提高脱毒种薯覆盖率。除满足市内用种需求外，逐步扩大向省内、外供种。

（二）商品薯生产基地建设

以寻甸县六哨乡、凤合镇、禄劝县马鹿塘乡为中心，建设高淀粉、菜用型商品薯基地，重点改善生产基础设施，配套相关水利设施、改善道路运输条件、农机具购置等，推广标准化栽培技术，提高单产水平和商品薯质量。在水肥条件较好、有灌溉条件的坝区，大力发展小春马铃薯种植，重点发展优质菜用型品种，推广无公害栽培技术和机械化耕作技术、膜下滴灌水肥一体化技术，树立品牌优势，提高市场竞争力。

（三）马铃薯种薯标准体系

昆明市已经制定了"高原马铃薯种薯质量""马铃薯品种真实性和种薯纯度鉴定DNA分子标记"两个地方规范，对马铃薯种薯生产和经营进行合法监管有了一定的依据，但就整个马铃薯产业发展来看，需对种薯生产各个环节形成规范的生产技术标准，保证种薯符合相应的质量标准，促进昆明市马铃薯种业健康持续发展。

（四）专业市场及营销体系

加快马铃薯产地预选分级、加工配送、包装仓储等基础设施建设，在马铃薯种植比较集中的地区进行大型仓储设施、交易大棚、场地硬化及相关等设施建设，用于储藏马铃薯种薯和加工专用薯，减少原料损失，确保马铃薯加工基础原料的稳定供应。培育发展一批从事马铃薯经销的运销公司、专业协会、贩运大户。引导马铃薯产业链各相关企业在原有市场营销体系框架基础上，实施"互联网+"行动计划，参与平台建设和运营，推动智慧型马铃薯产业发展。

（朱维贤　刘卫民　邹万君　撰稿）

昭通市马铃薯产业发展

　　马铃薯是昭通第二大粮、经作物，是市委、市政府确定的八大农业优势产业之一，栽培历史悠久，市场前景广阔，发展空间巨大。2017 年，马铃薯种植面积达 19.01 万 hm^2，鲜薯总产量达 336 万 t，实现农业产值 42 亿元，分别比 2012 年增 30.78%、21.56%、35.48%。主产区建档立卡的贫困人口，人均收获商品薯折价净收入 1200 元以上。近年来，在市委、市政府的高度重视下，昭通市马铃薯产业得到了较大的发展。

一、马铃薯种植发展情况

（一）马铃薯种植布局

　　昭通市马铃薯可分为春、秋、冬、小春四季播种，属于国内西南单、双季混作区。通过多年发展，产业布局逐步向优势区域集中，种植面积 4 万 hm^2 以上的有镇雄县，种植面积在 1 万~2 万 hm^2 的有昭阳、永善、巧家、威信、彝良、鲁甸 6 个县区，大春、晚秋、冬马铃薯种植结构比为 75.9∶12.9∶11.2。到 2020 年，全市马铃薯种植面积发展到 21.44 万 hm^2、鲜薯产量达 640 万 t、农业产值 89 亿元。以建设一批面向川渝及沿海地区的商品薯基地、面向中国南方和东盟最大优质脱毒种薯基地为目标，依托马铃薯加工营销企业，科学布局商品型、加工型马铃薯产业带，昭阳、鲁甸、永善、大关、镇雄以加工型马铃薯生产为主，巧家、镇雄、彝良、威信以外销型及食用型优质马铃薯生产为主，在巧家、永善、盐津、大关、彝良、威信等地主要布局冬早马铃薯生产及晚秋种薯扩繁，交通不便的高二半山以上地区发展高产饲料型品种，依托市农科院、云南师范大学等高校、昭通农业投资公司、昭通市千和农业科技开发有限公司、昊环实业有限公司技术和设备支撑，"十三五"期间，年生产脱毒微型种薯 800 万粒以上，建设昭阳、鲁甸、永善、镇雄、巧家、彝良等县区为主的优质脱毒种薯生产基地，使种薯生产的质量和产量达到较高水平。

（二）种植面积及单产

表 2-5　2001~2018 年昭通市马铃薯生产情况表

年份	种植面积 （hm^2）	产量 （万 t）	单产量 （t/hm^2）	主要种植品种
2001	97504	130.98	13.43	会-2

续表2-5

年份	种植面积（hm²）	产量（万t）	单产量（t/hm²）	主要种植品种
2002	100854	138.49	13.73	会-2
2003	104204	145.40	13.95	会-2
2004	105673	149.88	14.18	会-2
2005	108058	135.89	12.58	会-2
2006	109340	158.40	14.49	会-2、合作88、威芋3号
2007	109849	166.08	15.12	会-2、合作88、威芋3号
2008	113396	178.35	15.73	会-2、合作88、威芋3号
2009	117185	196.33	16.75	会-2、合作88、威芋3号
2010	121668	217.26	17.86	会-2、合作88、威芋3号、丽薯6号
2011	126352	240.82	19.06	会-2、合作88、威芋3号、丽薯6号
2012	145790	276.51	18.97	会-2、合作88、威芋3号、丽薯6号
2013	148235	294.46	19.86	会-2、合作88、威芋3号、丽薯6号、青薯9号
2014	147908	286.13	19.35	会-2、合作88、威芋3号、丽薯6号、青薯9号
2015	154747	279.47	18.06	会-2、合作88、威芋3号、丽薯6号、青薯9号
2016	159837	274.35	17.16	会-2、合作88、威芋3号、丽薯6号、青薯9号
2017	190652	336.11	17.63	会-2、合作88、威芋3号、丽薯6号、青薯9号
2018	152733	240.62	15.75	会-2、合作88、威芋3号、丽薯6号、青薯9号

产量为鲜薯产量。

昭通是最适宜种植马铃薯的地区之一，十年来，马铃薯产业得到了较快的发展。全市马铃薯种植面积由2007年的10.98万hm²增加到2017年的19.06万hm²，马铃薯总产量由2007年的166万t提高了2017年的336万t，马铃薯平均单产由2007年的15.12t/hm²提高到2017年的17.63t/hm²。

（三）冬早马铃薯生产

昭通市主要在巧家、永善、盐津、大关、彝良和威信等地发展冬早马铃薯生产，据测算，全市平坝、二半山区有2万hm²的马铃薯冬作发展潜力。随着马铃薯生产的发展，冬早马铃薯生产面积也逐渐增大，种植技术主要选用优质马铃薯品种，保证灌溉条件，采用地膜覆盖，适时提早播种节令等。从良种选用、催芽处理、科学施肥、合理密植、双行垄作，加强田间管理及病虫害防治等技术措施上不断优化，促进了冬早马铃薯的发展。

表 2-6　2001~2017 年昭通市冬马铃薯生产情况表

年份	种植面积（hm²）	产量（万 t）	单产量（t/hm²）	主要种植品种
2001	6677	5.02	7.52	会-2
2002	7343	5.53	7.53	会-2
2003	8132	6.16	7.58	会-2
2004	11652	9.27	7.96	会-2
2005	12821	10.36	8.08	会-2
2006	15039	13.43	8.93	会-2、合作 88
2007	17478	16.48	9.43	会-2、合作 88
2008	17049	13.98	8.20	会-2、合作 88
2009	18459	18.57	10.06	会-2、合作 88
2010	17076	16.72	9.79	会-2、合作 88
2011	22759	23.76	10.44	会-2、合作 88
2012	17398	18.02	10.36	会-2、合作 88
2013	15122	19.87	13.14	会-2、合作 88、丽薯 6 号
2014	14898	19.74	13.25	会-2、合作 88、丽薯 6 号
2015	15235	20.26	13.30	会-2、合作 88、丽薯 6 号
2016	15590	21.44	13.75	会-2、合作 88、丽薯 6 号、青薯 9 号
2017	15893	25.62	16.12	会-2、合作 88、丽薯 6 号、青薯 9 号

产量为鲜薯产量。

二、种植技术的演变改进

（一）种植技术的改进

规范化双行垄作：通过规范化操作可比常规牛犁点播增加种植密度达到合理密植，在高寒阴雨湿度大的地区可改善排水条件。马铃薯双行垄作主要是在二半山以上马铃薯净作区域推广，一般双行垄作比常规牛犁点播可每 667m² 增鲜薯 100kg 至 200kg，增产率在 10% 至 20% 之间。

规格化间套作：马铃薯间作玉米是昭通海拔 2200m 以下的一般山区、坝区的主要种植模式，该模式采用高矮两种不同作物间作，改善作物的通风透光条件，增加兴合效率，同时实现玉米马铃薯互为轮作。通过增加种植密度及减少病害获得增产，与常规净作相比每 667m² 增单产 30% 至 40%，推广率已达 95%。

地膜覆盖：地膜覆盖马铃薯种植技术全市从 2009 年开始示范推广，马铃薯地膜覆盖栽培具有明显的增湿、保墒、保肥、保全苗、抑制杂草生长、减少虫害等重要作用，是防灾减灾稳产增产的有效措施，覆膜种植亩较露地种植可实现每 667m² 增鲜薯 1000kg 左右。马铃薯地膜覆盖栽培技术已成为昭通增加马铃薯单产，支撑增粮的重要措施，全市适宜覆膜面积 13.4 万 hm² 左右，现已推广面积 3.69 万 hm²，推广空间较大。

（二）主要种植技术模式

选择优良高产品种：马铃薯品种主要采用"宣薯 2 号、青薯 9 号、云薯 401、丽薯 6 号、会-2 号"等。选用小整薯播种，大种薯需要切块时，切刀须消毒。

精细整地：马铃薯宜选择耕作层肥厚、疏松的非重茬地块（砂壤最佳），进行深耕细耙，捡除残渣石块。

适时播种、合理密植：于 3 月上中旬播种，播种可采用净种和间套种两种模式。净种模式双行起垄栽培，播种密度以 3500～3800 塘/667m² 为宜，1～1.1m 幅带开沟起垄，每垄种植两行洋芋，大行距 60cm，小行距 40cm，塘距 35cm。间套作模式播种密度以 2110～2240 塘/667m² 为宜，1.7～1.8m 幅带开沟起垄，每垄种植两行马铃薯，大行距 1.3～1.4m，小行距 40cm，塘距 35cm。

科学施肥：马铃薯底肥每 667m² 施优质农家肥 1500kg 以上，普钙 50kg，尿素 10kg，硫酸钾 10～15kg，苗出齐后追施尿素 10kg，硫酸钾 8～10kg。间套种模式用肥量可根据地力减半或三分之一。

晚疫病防治：示范区重点加强晚疫病的预防，初蕾时每 667m² 用代森锰锌 120g 兑水 50kg 喷雾一次。10d 后每 667m² 用 72% 克露或 58% 甲霜灵锰锌 100g 兑水 50kg 喷雾，每隔 7～10d 喷药一次，喷施 2～3 次。如高湿多雨利于发病，应加大用药量，每 667m² 用药 150g 兑水 50kg 喷雾。

加强中耕管理：于不同生育期，即苗期、蕾期、盛花期，根据苗情及植株长势，把锄草、松土、追肥、培土等措施结合起来。

三、高产创建实施成效

（一）高产创建实施情况

表 2-7　昭通市大春马铃薯高产创建实施情况表

年度	示范面积（hm²）	占当地种植面积（%）	测产结果（单产）（t/hm²）	比非项目区（增产 t/hm²）	涉及县、乡、村（个）			涉及农户、人口数（户、人）	
					县	乡	村	农户	人口
2008	820	3.97	18.98	5.55	2	7	8	6183	11389

续表2-7

年度	示范面积（hm²）	占当地种植面积（%）	测产结果（单产）（t/hm²）	比非项目区（增产 t/hm²）	涉及县、乡、村（个）			涉及农户、人口数（户、人）	
					县	乡	村	农户	人口
2009	4604	10.16	24.22	7.42	3	5	20	12941	41983
2010	9772	21.93	20.66	4.16	4	13	55	8288	45622
2011	14285	28.41	23.06	5.34	8	20	75	61025	222042
2012	11629	23.83	23.56	2.05	8	17	65	56102	206727
2013	27464	29.29	25.62	3.83	9	40	238	186966	687391
2014	18118	18.81	21.44	1.95	9	26	141	78052	283510

表 2-8 昭通市冬马铃薯高产创建实施情况表

年度	示范面积（hm²）	占当地种植面积（%）	测产结果（单产）（t/hm²）	比非项目区增产（t/hm²）	涉及县、乡、村（个）			涉及农户、人口数（户、人）	
					县	乡	村	农户	人口
2010	1407	22.00	13.08	2.17	2	4	15	7405	26385
2011	3010	44.69	20.13	2.15	4	12	41	18495	59065
2012	3004	38.78	20.09	1.81	4	11	41	20884	63833
2013	3539	34.69	20.03	2.63	6	15	62	22451	75109
2014	2674	38.36	25.69	3.03	5	14	55	19211	62281

近十年来，马铃薯高产攻关项目对昭通市马铃薯生产及农业经济发展具有较好促进作用的，主要表现在以下几个方面：一是产量较好的新品种示范后，其他农户主动自由窜换，扩大了新品种的种植面积，提高了马铃薯单产水平。二是农户施肥水平有所提高，特别是复合肥的用量增大，部分农户增加了钾肥的应用。三是思想认识得到提高。有些措施，目前农户虽然未自觉应用，但从思想上有了进一步的认识，如马铃薯晚疫病的防治，如果不组织进行统一防治，农户不会主动进行防治，但通过宣传并组织统防，农户已逐步认识到应该加强病虫害的防治了。

（二）增产增收典型

案例1：鲁甸县2012年应用组装配套的马铃薯高产栽培技术进行高产示范，在水磨镇拖麻村实施了马铃薯高产攻关示范734m²，品种为"云薯401"，设同田常规种植对照334m²，品种为"会-2"。2012年9月17日，鲁甸县人民政府召开了马铃薯高产攻关实产验收现场会，经昭通市农科所、鲁甸县统计局共同对水磨镇拖麻村小拖麻社马铃薯高产攻关示范进行现场实收，实收产量除去1.5%杂质后，高产攻关示范平均产量达 48.09t/ hm^2，同田常规种植对照平均产量 15.5t/ hm^2，高产攻关示范比同田对照增产 32.59t/ hm^2，增产 210%。通过马铃薯高产攻关示范的实施，增强了干部、农户依靠科学技术获丰收的信心，取得了较好的示范作用。

案例 2：2015 年，昭阳区在靖安镇松杉村西魁梁子，规模化、集中化、高技术、高规格重点打造一片面积为 33.5 hm^2 的高产高效示范基地，品种包括"宣薯 2 号" 28 hm^2、"云薯 801" 0.67 hm^2、"威芋 5 号" 3.34 hm^2、新品种、新技术试验示范 1.34 hm^2。实测产量结果："宣薯 2 号"平均产量达 47.17t/ hm^2；"威芋 5 号"平均产量 48.46t/ hm^2；"云薯 801"平均产量达 38.27t/ hm^2；试验其他品种平均产量达 33t/ hm^2，合计 33.5 hm^2 示范基地平均产量为 47.09t/ hm^2，比非示范区未采用集成技术（采用老品种会-2 号脱毒 4 级种）、未实行规范化双行垄作（牛犁点播）、未防晚疫病、未采用地膜覆盖、未防治晚疫病平均产量 23.34t/ hm^2，增加产量 23.75t/ hm^2。实现单产量翻番。基地所产鲜薯，品质好，单价高（平均 1.25 元/kg，对照会-2 号平均 0.7 元/kg），平均产值达 5.89 万元/ hm^2，比非示范区对照平均产值 1.66 万元/ hm^2，增加 4.23 万元/ hm^2。高产创建增产增收成效十分显著。

四、种薯繁育体系建设

（一）品种选育及审定

品种是提高农业综合生产能力的重要基础，也是农业增产增收的首要因素，近年来昭通市选育了马铃薯新品种"昭薯 2 号""昭薯 3 号"，合作选育了"云薯 401""云薯 203""合作 69"，引试推广了马铃薯新品种"会-2""合作 88""云薯 401""丽薯 6 号""丽薯 7 号""青薯 9 号"。

（二）种薯基地建设

昭通市现有云南农垦昭通农业投资发展有限责任公司、昭通市农业科技开发有限公司、昭通昊环绿色产业公司生产脱毒微型薯，其中前两家企业种薯扩繁从组培苗一直延伸到大田种薯生产，后一家企业主要从事微型薯生产。全市组培苗生产能力已达 1000 万苗。建有防虫网室 10000m^2，年生产能力可达 1000 万粒。近年配套建设了以昭阳、鲁甸、永善、镇雄、巧家、彝良等县区为主的脱毒种薯生产基地，种薯生产的质量和产量有了较大的提高。全市脱毒马铃薯良种覆盖率达 31.6%。

（三）科技队伍建设

建成技术推广队伍，实现农技推广最后一公里目标，增加县（区）推广人员 100 人；打破行政区域界限，在主产片区设立区域推广服务站 30 个，每站平均 5 人，人数达 150 人；增加市级推广技术人员 10 人。合计 260 人。这支队伍要抓好本市区域内的种薯就位、技术指导和培训、信息服务等工作，辐射带动大面生产，组织实施高产创建、整乡推进、现代农业产业技术体系建设、科技推广示范县等工程项目。

五、加工及产销情况

（一）具有较大的原料生产规模

近年来，在市委、市政府的高度重视下，我市马铃薯产业化不断推进，效益不断提升。作为云南省马铃薯的主产区，2017 年全市种植马铃薯 19.07 万 hm^2（位列全省种植面积第二），年产鲜薯 336 万 t，外销鲜薯 135 万 t，商品率达到 40.18%。其中销往四川、重庆、昆明、广东等大中城市约 110 万 t，企业加工收购 25 万 t。全市在马铃薯秋冬作和小春作上还有约 3.35 万 hm^2 的发展潜力，有充足的加工原料供应，且能实现周年上市，十分有利于加工企业组织周年生产，提高生产效率和生产设备的利用率，降低生产成本，增加企业效益。

（二）具有得天独厚的自然条件优势

昭通立体气候特征明显，一年四季除 5~6 月份外均可进行马铃薯播种，全市全年大部分时间均有鲜薯上市，为种薯（质量好，退化慢）、菜用薯和加工薯生产提供了巨大的商业空间，也为马铃薯原料加工企业提供了很好的资源平台，降低了加工企业的贮藏成本。

（三）初步具备了良好的加工产业基础

全市马铃薯加工企业现有 3 家（昭阳威力淀粉有限公司、鲁甸理世实业有限公司、红土地淀粉加工厂），年加工鲜薯能力 25 万 t，种薯企业有 3 家（云南农垦昭通农业投资发展有限责任公司、昭通昊环绿色产业开发有限公司、昭通市千和农业科技开发有限公司），具有一定规模（基地规模大于 13 hm^2）的专业合作社有 7 家（昭通市昭阳区万州种植专业合作社、昭通市昭阳区西魁种植专业合作社、昭通市丰硕马铃薯专业合作社、大关县农业科技推广农民专业合作社、鲁甸县圆农马铃薯专业合作社、鲁甸县康源种植专业合作社、鲁甸县新兴马铃薯专业合作社），初步形成了以龙头企业带动马铃薯产业化发展的良好局面。

六、相关扶持政策和项目开展

马铃薯是昭通市传统优势特色产业，历来受到市委、市政府的高度重视，在《中共昭通市委、昭通市人民政府关于加快高原特色农业发展的决定》中，将其纳入全市高原特色农业重点发展的特色产业。2009 年以来，昭通市开始实施马铃薯良种扩繁惠农项目，2009 至 2010 年实施马铃薯良种繁育"一分地"工程，2011 年至 2013 年实施马铃薯原种生产补贴试点项目，累计补贴资金 1000 多万元。2013 年省级下达昭通市冬马铃薯基地建设项目计划 2010 hm^2，其中巧家县 670 hm^2、大关县 670 hm^2、彝良县 670 hm^2，省级财政投入专项资金 600 万元。2017 年，市政府出台《中共昭通市委、昭通市人民政府关于加快发展马铃薯产业助推脱贫攻坚的意见》，着力解决良种、良法、组织化、标准化、市场化以及机制创新、政策保障、责任主体等方面的问题；由各县区整合资金 7.72 亿元，启动实施马铃薯良种全覆盖工作。全市马铃薯产业投入资金主要有高产创建及整乡推进资金、良种补贴资金、现代农业马铃薯体系建设等项目资金，年资金总量约 8000 万元。

七、产业发展存在的突出问题

（一）农业基础设施薄弱

全市山区比例达 96.4%，农田水利有效灌溉率不到 40%，中低产田地比例大，基础设施脆弱，抵御多变频繁发生极端自然灾害能力低，靠天吃饭，大灾大减产、小灾小减产的状况仍然没有从根本上改变，马铃薯增产稳产基础不稳固。

（二）产业发展资金投入不足，农技推广体系不健全

由于受财力等多方面因素制约，马铃薯产业资金投入基本靠上级项目资金，缺乏稳定性。全市基地建设资金没有单列投入，科研经费很少，在乡镇一级大多数十余年都没有新品种、新技术试验示范专项经费，基本靠上级项目支持，工作比较被动和滞后。基层农技推广服务体系改革不彻底，机构设置不规范，管理混乱，基层农技人员严重不足，结构不合理，知识、年龄老化现象突出。

（三）品种老化、结构单一

全市良种繁育体系不健全，优质产品替换步伐缓慢，全市良种繁育体系不健全，优质产品替换步伐缓慢，引进"会-2、威芋3号、合作88"等马铃薯品种已经推广了十多年，种性退化严重，云薯401、丽薯6号等优质品种比例不到10%，制约单产水平提高。

（四）种薯数量、质量未能满足生产需求

由于缺乏全市马铃薯产业链的统筹规划，种薯生产链尚未完整建立，目前不同程度存在种薯质量不高，现有种薯数量和质量均难以满足种植需求，农民难以获得优质的一级种薯，良种良法的生产方式难以推广。种薯销售中存在以次充好现象，农民对脱毒种薯购买力弱，从一定程度上限制了脱毒良种的推广。

（五）加工企业少、带动能力弱

全市有马铃薯加工企业 4 家，加工能力不强，带动效应不明显，加工企业年加工

量为 26 万 t，占全市马铃薯总产量的 7.3%。原料不能满足加工业质量要求、加工专用型品种选育跟不上加工业发展需要、原料基地与加工企业布局不配套、产业链短、加工产品单一、对种植业的带动作用不够等问题，制约了产业的进一步发展。

（胡祚　李周　胡明成　撰稿）

曲靖市马铃薯产业发展

曲靖地处云南省东北部，海拔 695~4017.3m，年平均降雨大于 1000mm，年平均气温 14.5℃，自然条件优越，土壤、气候等非常适合马铃薯生长，一年四季均可种植马铃薯。马铃薯是曲靖市重要的粮、经、饲作物，常年种植面积达 200 千 hm²左右，产量约 500 万 t，播种面积占云南省马铃薯播种面积的 1/3，产量占马铃薯总产量的 45.0%，是云南省重要的种薯和商品薯生产基地，也是西南地区和东南亚重要的种薯、商品薯供应基地。

一、马铃薯生产情况

（一）种植布局

曲靖市马铃薯种植多分布在海拔 1900~2300m 区域，年均温 11~14℃，年降雨量 900~1200mm。2001 年，曲靖市委、市政府确立并提出了全市薯类经济发展战略目标，优化区域生产布局，在全市重点打造了 31 个传统马铃薯种植乡镇。其中会泽县大桥、五星、金钟、驾车等乡镇以优良种薯繁育为主；宣威市东山、落水、榕城、宝山、热水、板桥等乡镇以生产加工型马铃薯为主；陆良县马街、三岔河、小百户、师宗县五龙、高良，罗平县罗雄、板桥等乡镇以生产鲜食菜用薯为主；马龙县纳章、月望、通泉，沾益县白水、炎方、菱角，富源县后所、墨红、富村、中安，麒麟区茨营、东山、越州、潇湘等乡（镇）以商品薯生产为主。此外，以宣威、会泽、沾益、陆良为重点，配套完善种薯繁育中心建设，提高原原种繁育能力，扩大原种和一级种扩繁面积，在宣威、会泽、沾益、陆良、马龙、师宗配套建设二级种薯基地，为全省马铃薯生产提供充足的优质种薯。

（二）面积和产量

多年来，通过曲靖市委、市政府及农业部门科技人员的不懈努力，曲靖马铃薯产业有了较大的发展。2001 年曲靖市全年种植马铃薯 8.93 万 hm²，平均产量 20.3t/ hm²，至 2017 年，全市全年马铃薯面积扩大至 20.05 万 hm²，平均单产量提高到 24.7t/ hm²，2017 年与 2001 年相比，马铃薯种植面积增加 11.12 万 hm²，平均产量增加 4.42 t/ hm²。

表 2-9　2001~2018 年曲靖市马铃薯生产情况表

年份	种植面积 （hm²）	产量 （万 t）	单产量 （kg/hm²）	主要种植品种
2001	89352	181.54	20.32	脱毒米拉、会-2、合作 88、85 克疫、中甸红、88P55-30
2002	91400	186.50	20.40	脱毒米拉、会-2、合作 88、85 克疫、中甸红、88P55-30
2003	94000	196.20	20.87	脱毒米拉、会-2、合作 88、85 克疫、中甸红、88P55-30
2004	106867	226.84	21.22	脱毒米拉、会-2、合作 88、85 克疫、中甸红、88P55-30
2005	127067	252.27	19.85	脱毒米拉、会-2、合作 88、85 克疫、中甸红、88P55-30
2006	144230	296.94	20.59	合作 88、会-2、米拉、宣薯 2 号、威芋 3 号、滇薯 6 号
2007	152427	339.24	22.26	合作 88、会-2、宣薯 2 号、威芋 3 号、滇薯 6 号
2008	164464	379.32	23.06	合作 88、会-2、宣薯 2 号、威芋 3 号、滇薯 6 号、丽薯 6 号
2009	172862	362.18	20.95	合作 88、会-2、宣薯 2 号、威芋 3 号、滇薯 6 号、丽薯 6 号、靖薯 1 号、靖薯 2 号
2010	180451	366.49	20.31	合作 88、会-2、宣薯 2 号、威芋 3 号、滇薯 6 号、丽薯 6 号、靖薯 1 号、靖薯 2 号
2011	171901	424.08	24.67	合作 88、会-2、米拉、宣薯 2 号、威芋 3 号、滇薯 6 号、丽薯 6 号、靖薯 1 号、靖薯 2 号
2012	195216	468.15	23.98	合作 88、会-2、宣薯 2 号、威芋 3 号、滇薯 6 号、丽薯 6 号、靖薯 1 号、靖薯 2 号
2013	192907	486.07	25.20	合作 88、会-2、宣薯 2 号、威芋 3 号、滇薯 6 号、丽薯 6 号、靖薯 1 号、靖薯 2 号
2014	196200	508.66	25.93	合作 88、会-2、米拉、宣薯 2 号、威芋 3 号、滇薯 6 号、丽薯 6 号、靖薯 1 号、靖薯 2 号、靖薯 4 号
2015	197867	484.80	24.50	合作 88、会-2、宣薯 2 号、青薯 9 号、丽薯 6 号、靖薯 1 号、靖薯 2 号、靖薯 4 号、云薯 801、滇薯 6 号
2016	197707	476.15	24.08	合作 88、会-2、宣薯 2 号、青薯 9 号、丽薯 6 号、靖薯 1 号、靖薯 2 号、云薯 801、滇薯 6 号
2017	200533	496.15	24.74	合作 88、会-2、宣薯 2 号、青薯 9 号、丽薯 6 号、靖薯 1 号、靖薯 2 号、云薯 801、滇薯 6 号
2018	176187	368.56	20.92	合作 88、会-2、宣薯 2 号、青薯 9 号、丽薯 6 号、靖薯 1 号、靖薯 2 号、云薯 801、滇薯 6 号

产量为鲜薯产量。

二、种植技术的演变改进

(一) 种植技术演进

2000 年以前，曲靖市马铃薯种植以满天星、单垄单行、套种为主，单产及商品率较低。2001 年，曲靖市农业科技人员针对马铃薯种植密度偏低、种植不规范、施肥不科学、病害发生较重、干旱突出和效益低等问题，强化了马铃薯栽培技术的研究。经过多年的探索研究及试验示范，探索总结出了马铃薯系列抗逆高产栽培技术。"低纬高原大春马铃薯抗旱集成技术" 2016 年被云南省农业厅列为主推技术，此项技术的应用已占曲靖市大春马铃薯种植面积的 80% 以上。"低纬高原秋马铃薯全程病虫害控制防旱栽培技术""低纬高原大春马铃薯地膜覆盖窝塘集雨抗旱防涝栽培技术" 和 "低纬高原冬作马铃薯防御霜冻栽培技术"，2017 年被列为全省主推技术在生产中得到大面积推广应用，经济效益、社会效益和生态效益显著。

(二) 主要种植技术

1. 大春马铃薯地膜覆盖窝塘集雨抗旱防涝栽培技术

精细整地，深耕 25~30cm，两犁两耙，做到土壤疏松，土垡细碎；选择脱毒健康种薯，薯块重 50~100g，提倡整薯播种。最好选择单株结薯个数达到 5~7 个、80g 以上商品率达 74% 以上的薯块。土壤湿度大于 30% 则可根据实际情况在 2 月中下旬及早春播种，若土壤湿度小于 30% 则应在 3 月中下旬播种。净种采用 （80cm＋40cm） /2×30cm 的规格进行双行种植，6 万株/ hm² 左右；套种采用玉米间套马铃薯 2：2 的模式，复合带 2m 宽，株距 30cm，3.3 万株/hm² 左右；人工打塘 （深度 15~20cm）、播种、施底肥、覆土 （覆土后有 3~4cm 深的窝塘）、覆膜对塘破口 （压紧、压严膜四周，利于保温保湿）、盖塘土 （在窝塘正上方的膜上盖 1~2cm 厚的土，保证膜上有 1~2cm 的窝塘，有利于集雨和马铃薯植株破膜出苗），遇第一次透雨后，起垄防涝。施足底肥、早施苗肥，施充分腐熟的农家肥 22.5~30t /hm²、马铃薯专用复合肥 1200~1500kg /hm²，两种肥料作底肥一次性施入，苗齐后视苗情可早施追肥 （尿素） 150~225 kg /hm²。出苗后及时破膜放苗，用细土压严植株周围，及时锄草，及时排除雨后沟内积水。马铃薯现蕾至开花期用 600~800 倍液的甲霜灵锰锌、雷多米尔、大生 M-45、银发利和安泰生进行防治，每隔 7~10d 喷施一次，连续喷施 3~5 次。适时收获。

2. 冬马铃薯防御霜冻栽培技术

冬马铃薯种植一般 2m 开墒，墒面 1.8m，实现打塘种植，每个墒面种植 5 行，播种 67500~75000 株/hm²，打塘深度以摆放种薯和施入农家肥后，农家肥与塘口齐平为宜，略盖土为最好。播种时间 12 月 20 日~翌年 1 月 10 日左右，农家肥 22.5t/ hm²，N：P_2O_5：K_2O 为 13：9：7 配方肥 1950kg/ hm²。通常选 2m 宽、厚 0.008μm 地膜进行覆盖。马铃薯播种后 15~20d 开始出苗，及时破膜放苗，防止马铃薯顶膜后烧苗。霜降季节开始至翌年 3 月 30 日。如果白天天气晴朗，傍晚过热，夜间下霜，应及早在田间堆秆桔秆物，夜间 1~2 点，开始放火熏蒸，对防止霜冻十分有效；马铃薯不管在哪个时期受冻，气温及土壤中水分温度较低，易造成马铃薯冻害，此时应抓紧开沟排水，以便提高田间土壤温度，同时田间放入河水及水库水，利用水交换热量原理，提高地温，可挽回损失 25%；马铃薯遭受霜冻后，抓紧调节营养和药剂护理。轻者叶片淡黄，心叶萎缩，表现出缺锌、缺硼等现象，应抓紧补充锌肥和硼肥，施锌肥 15kg/ hm²，硼肥（硼砂）不低于 7.5kg/ hm²；马铃薯遭受严重霜冻后，植株茎叶枯死，如仅茎基部主茎侧芽还有生命迹象，应剪去主茎及叶片，用赤霉素 15~20ppm 溶液对塘喷施，促进侧芽早生快发。侧芽萌发后，及时补充作物营养，追施尿素 150kg/ hm²，可实现比不作冻害处理的马铃薯亩增产 25% 左右。

3. 秋马铃薯病虫害控制防旱栽培技术

以高垄双行免耕浅播技术为核心，集成应用脱毒良种、适时播种、合理密植、测土配方施肥、适时中耕培土及追肥、病虫害综合防治，做到"良种、节令、药剂浸种、种植规格、施肥、病虫害防治"六统一。7 月 15 日~8 月 15 日播种，一般选用 30~50g 的脱毒整薯番种，需切块的则切刀应用 75% 酒精或 3% 高锰酸钾溶液严格消毒处理，切块伤口用草木灰或用 600 倍银法利处理晾干后方可播种。采用高垄双行种植，在烟墒、玉米墒上免耕打塘浅播或玉米收获后旋耕整地打塘浅播，塘深 8~10 cm，种植密度 6.75 万~7.5 万株/ hm²。套种施马铃薯专用肥 900~1200kg /hm²，净种田块施马铃薯专用肥 1.2~1.5 t/ hm²。马铃薯出苗后及时拔除桔秆，清除残膜、杂草，提沟、追肥、培土。根据马铃薯生育进程及天气情况用 600~800 倍的醚菌酯或甲霜灵锰锌交替适时进行防治，每隔 7d 防治一次，共防治 3~5 次。一般 11 月份早霜到来时收获。

三、秋冬马铃薯生产

自 2001 年以来，曲靖市调整优化马铃薯种植结构，秋冬马铃薯进入快速发展时期，2017 年全市秋冬马铃薯种植已覆盖曲靖市各县市区，全市适宜种植面积 9.4 万 hm²。种植区域逐年扩大，栽培品种多元化，栽培技术逐渐规范化。经过多年试验示范，目前小春马铃薯抗旱防霜冻栽培技术、秋马铃薯免耕浅播病虫害全程控制栽培技术在曲靖市马铃薯生产中应用率达 100.0%。科技进步促进了曲靖市秋冬马铃薯的发展，但水利、市场、政策法规、种植比较效益、种薯、自然灾害及病害等因素对秋冬马铃薯持续发展仍存在较大影响。

表 2-10　2001~2017 年曲靖市秋冬马铃薯种植情况表

年份		种植面积（hm²）	产量（万 t）	种植分布（县、市）	主要种植品种
2001	秋	2775	3.16	陆良、宣威、师宗、会泽、师宗	合作88、会-2、米拉
	冬	5952	6.31	陆良、宣威、陆良、师宗、会泽	合作88、会-2、米拉
2002	秋	3114	3.78	陆良、陆良、师宗、会泽	合作88、会-2、米拉
	冬	6418	7.66	宣威、陆良、师宗、会泽	合作88、会-2、米拉
2003	秋	3340	4.17	陆良、宣威、师宗、会泽、师宗	合作88、会-2、米拉
	冬	7020	7.74	陆良、宣威、师宗、会泽、师宗	合作88、会-2、米拉
2004	秋	5545	9.32	陆良、宣威、师宗、会泽、师宗	合作88、会-2、米拉
	冬	8938	12.68	陆良、宣威、师宗、会泽、师宗	合作88、会-2、米拉
2005	秋	8933	13.86	陆陆良、宣威、师宗、会泽、师宗	合作88、会-2、米拉
	冬	12894	20.65	陆良、宣威、师宗、会泽、师宗	合作88、会-2、米拉
2006	秋	12764	18.93	陆良、宣威、师宗、会泽、师宗	合作88、会-2
	冬	16354	29.14	麒麟、师宗、富源、会泽、宣威、沾益、陆良	合作88、会-2、米拉、宣薯2号、威芋3号
2007	秋	18868	34.78	陆良、富源、会泽、宣威、师宗	合作88、会-2
	冬	14275	19.74	麒麟、师宗、富源、会泽、宣威、沾益	合作88、会-2
2008	秋	14530	22.61	陆良、富源、会泽、宣威、师宗、马龙	合作88、会-2
	冬	19846	44.59	麒麟、师宗、富源、会泽、宣威、沾益	合作88、会-2

续表2-10

年份		种植面积（hm²）	产量（万t）	种植分布（县、市）	主要种植品种
2009	秋	16843	19.48	陆良、富源、会泽、宣威、师宗	合作88、会-2
	冬	21586	39.96	麒麟、师宗、富源、会泽、宣威、沾益	合作88、会-2
2010	秋	21479	27.89	陆良、富源、会泽、宣威、师宗、马龙	合作88、会-2
	冬	21879	33.89	麒麟、师宗、富源、会泽、宣威、沾益	合作88、会-2
2011	秋	20142	27.51	陆良、富源、会泽、宣威、师宗、马龙	合作88、会-2
	冬	22584	48.77	麒麟、师宗、富源、会泽、宣威、沾益、马龙	合作88、会-2、丽薯6号
2012	秋	20000	31.49	陆良、富源、会泽、宣威、师宗、马龙	合作88、会-2
	冬	23907	58，39	麒麟、师宗、富源、会泽、宣威、沾益、马龙	合作88、会-2、丽薯6号
2013	秋	19267	17.25	陆良、富源、会泽、宣威、师宗、马龙	合作88、会-2
	冬	26237	55.10	麒麟、师宗、富源、会泽、宣威、沾益、马龙	合作88、会-2、宣薯2号、丽薯6号
2014	秋	24000	36.00	陆良、富源、会泽、宣威、师宗、马龙、沾益	合作88、会-2
	冬	31467	82.13	麒麟、师宗、富源、会泽、宣威、沾益、马龙	合作88、会-2、宣薯2号、丽薯6号
2015	秋	22813	37.00	陆良、富源、会泽、宣威、师宗、马龙、沾益	合作88、会-2、宣薯2号、丽薯6号
	冬	33533	61.50	麒麟、陆良、富源、罗平、会泽、宣威、师宗、马龙、沾益	合作88、会-2、宣薯2号、丽薯6号、青薯9号

续表2-10

年份		种植面积（hm²）	产量（万t）	种植分布（县、市）	主要种植品种
2016	秋	25333	50.50	陆良、富源、会泽、宣威、师宗、马龙、沾益	合作88、会-2、宣薯2号、丽薯6号
	冬	33240	65.65	麒麟、师宗、富源、会泽、宣威、沾益、马龙、罗平	合作88、会-2、宣薯2号、丽薯6号、青薯9号
2017	秋	26667	52.00	麒麟、陆良、富源、会泽、宣威、师宗、马龙、沾益	合作88、会-2、宣薯2号、丽薯6号
	冬	35187	69.15	麒麟、师宗、陆良、富源、会泽、宣威、沾益、马龙、罗平	合作88、会-2、宣薯2号、丽薯6号、青薯9号

四、项目开展与资金投入

（一）项目实施及投入

曲靖市围绕马铃薯产业发展，先后实施了国家及省级马铃薯产业体系试验站建设、马铃薯研发中心建设、部省市马铃薯高产创建示范、优势农产品基地建设、马铃薯种薯补贴、马铃薯间套种地膜覆盖等基地建设和农技推广示范项目。马铃薯种薯研发中心建设资金投入9000多万元、国家及省马铃薯产业技术体系试验站资金投入830万元、高产创建资金6620万元、良种补贴资金3050余万元、救灾资金155万元、优势农产品基地建设资金95万元、科技增粮资金1500多万元。随着科技项目的推进及国家马铃薯主食化发展战略的实施，一定程度上加快了马铃薯产业发展的步伐。马铃薯商品薯的平均单价从2003年的0.5元/kg，上涨到2017年的1.5元/kg，马铃薯平均增加产值2.25万元/hm²以上，大大激发了农户种植马铃薯的积极性，推进了曲靖马铃薯产业的快速发展。2003~2017年，曲靖市累计实施马铃薯间套种89.61万hm²，总产2652.4万t；累计实施马铃薯地膜覆盖种植51.47万hm²，总产1880万t。

（二）高产创建成效

曲靖市自2008年开展马铃薯高产创建示范工作以来，2008~2017年共实施部、省、市级高产创建核心示范331片，累计完成马铃薯高产创建示范331片20.82万hm²，涉及自然村1300个，农户128.9万户，平均产量31.7t/hm²，平均增产6.5t/hm²，增产25.98%。通过国家农机购置补贴项目扶持，全市马铃薯机械化生产取得显著成效。目前已拥有部分904型、804型和704型大型耕作机械，354型、404型和554型等中型耕作机械和6.3~6.5kW型微耕机，在生产上被广泛应用。机械播种和收获由市级和县级农机推广部门组织示范推广。

表 2-11　曲靖市马铃薯高产创建统计表

年份	种植面积（hm²）	占当地种植面积（%）	测产结果（单产）（kg/hm²）	比非项目区（增产kg/hm²）	涉及县、乡、村（个）	涉及农户数（户）
2008	14647	8.87	23761.50	4027.50	92	99685
2009	16520	9.62	24094.50	4377.00	103	102803
2010	15273	8.83	26331.00	5094.00	121	117490
2011	18980	9.91	27543.00	6222.00	117	108517
2012	2112	10.88	35725.50	9394.50	49	34170
2013	18393	9.56	34146.00	11814.00	96	65515
2014	28820	14.75	34462.50	12109.50	168	127794
2015	31020	15.89	34446.00	2854.50	193	110078
2016	36680	19.01	41098.00	730.50	245	477010
2017	25707	13.10	35074.50	8685.00	116	46868

　　增产增收典型案例：2015 年会泽县迤车镇采用"脱毒种薯+整薯深播+高垄双行+膜下滴灌+测土配方施肥+增施农家肥+病虫害综合防治"高效节水抗旱丰产栽培技术。会-2 号品种净种 0.67 hm²，1 月 2 日播种，施腐熟农家肥 3.0t/ hm² 以上、马铃薯专用复合肥 1.5t/ hm²（N：P：K 比为 13：6：16）、含 P_2O_5 为 12% 的普通过磷酸钙 450kg，做基肥一次性施入；播种后起垄，铺设滴灌带（1 带 2 行），及时覆盖地膜；根据土壤墒情，择时滴灌，盛花期（块茎膨大期）加强肥水管理，5 月 20 日收获。折合产量 49.9t/ hm²，以 1.6 元/kg 计算，产值 7.98 万元，利润 5.34 万元/ hm²，投入成本 2.58 万元/ hm²。其中化肥 1500 元、种薯费 9375 元、地膜费 750 元、滴灌设备费 4500 元、人工成本 5250 元、土地机耕机耙费 1500 元）；迤车镇小春马铃薯平均产量 37.5t/ hm²，产值 5.99 万元/ hm²，成本 2.1 万元/ hm²，利润 3.44 万元/ hm²。

五、体系建设和科技成果

　　曲靖市从事马铃薯选（繁）育科技人员有 45 人，其中研究员 1 人，高级农艺师 21 人，农艺师 22 人，建成国家级综合试验站 1 个，省试验站 2 个，院士工作站 1 个，专家工作站 3 个。育成马铃薯新品种（系）60 个，繁育高中代材料 3000 余份，通过审定品种 21 个。建成宣威、会泽、沾益三个脱毒种薯繁育中心，现有温网室 50000m²，年生产脱毒种薯 4920 万粒，年生产脱毒种薯 61 万 t，建成原原种生产基地 2000hm²、原种生产基地 0.6 万 hm²、一级种生产基地 1.33 万 hm²，二级种生产基地 4 万 hm²。

2003~2017 年，曲靖市共获得地级以上奖励 20 余项，其中地级科技进步奖 9 项、省科技进步奖 3 项、省农技推广奖 7 项、农业农村部丰收奖 1 项。

六、马铃薯加工及产销

曲靖市通过招商引资，引进、培育了年产精淀粉约 2 万 t 的云淀淀粉厂；年产薯片 1 万 t 的宣威延东薯片、宣威天使薯片、宣威市爱心相伴食品有限公司 4 个马铃薯龙头企业，年营销、加工马铃薯约 40 万 t。全市马铃薯种植面积 2 hm²以上的种植大户 8764 户，运销户 710 户，建立专业合作组织 10 个，马铃薯种植区劳动力占当地劳动力 40%，全市马铃薯年外销量达 200 多万 t，云南广汇种植有限公司、宣威市元宝农产开发有限公司等 7 家马铃薯鲜薯营销企业，年销鲜薯达百万 t。

（钱成明　陈建林　钱彩霞　撰稿）

楚雄州马铃薯产业发展

楚雄州地处滇中腹地，位于东经 100°43′~102°28′、北纬 24°13′~26°30′之间，东靠昆明市，西接大理州，南连普洱市、玉溪市，北临四川省攀枝花市、凉山州，西北隔金沙江与丽江市相望。全州辖 9 县 1 市，103 个乡（镇）。耕地 158907 hm²，其中水田 82633 hm²，是典型的农业州。气候冬夏季短、春秋季长、日温差大、年温差小，年平均气温为 14.8~21.9 ℃，最冷月（1 月）平均气温 7.4 ℃，最热月（6 月）平均气温 21.4 ℃，州内大部分地区无霜期 221~275d。降水量偏少，年均降水量 800~1000mm，且主要集中在 7 至 10 月。马铃薯作为粮、饲兼用作物在楚雄州种植历史悠久，是边远、贫困、高寒山区少数民族的主要粮食和经济作物。

一、马铃薯生产概述

马铃薯主要分布在南华、武定、大姚、楚雄、双柏等 6 个县（市）、33 个乡（镇），是楚雄州冷凉半山区、高寒贫困山区传统种植的主要粮食和经济作物。在以解决温饱为目标的 20 世纪 80~90 年代，全州马铃薯种植生态类型以大春季种植为主，当时州内高产良种推广、科学种植技术比较滞后，马铃薯生产无论是相对于州内其他粮食作物，还是相对于省内马铃薯主产区，在种植技术、产量水平等方面均存在着一定的差距。1996 年以来，在省、州、县各级政府的支持下，楚雄州以全省"马铃薯脱毒高产良种推广"等项目为契机，先后开展了马铃薯"配方施肥、地膜覆盖、高垄双行"等先进种植技术的示范推广。在州农业、科技部门的长期指导扶持下，脱毒马铃薯良种及配套高产栽培技术得到了普及推广应用，种植水平有了较大地提高，并涌现出了高产典型。1997 年，大姚县县华乡松子园村农户种植马铃薯品种"中心 24"0.18hm²，实收折合鲜薯产量 93.18/hm²，创造了这一时期全国马铃薯单产记录。2000 年以来，全州马铃薯种植面积逐年增加，种植效益大幅提升。马铃薯也由单一的大春季种植拓展为冬季、小春季、大春季、晚秋季多季节种植，一年四季都有鲜薯供给市场。楚雄州马铃薯产业的发展对全州马铃薯生产区域的农户脱贫解困和改善生活水平发挥着积极作用，同时也满足了城乡居民的消费需求。

（一）种植面积和产量

2001 年楚雄州马铃薯种植面积 0.489 万 hm²，鲜薯总产量 9.45 万 t，鲜薯单产量 19.30t/ hm²；2007 年马铃薯种植发展到 0.723 万 hm²，鲜薯总产量 17.26 万 t，鲜薯单产量提高到 23.85t/ hm²，主要种植品种有"CFK-691、中心 24、会-2、合作 88、五选

75

2 号"等。至 2016 年全州马铃薯种植面积发展到 1.387 万 hm²，鲜薯总产量达 35.77 万 t，平均鲜薯产量 25.78t/hm²，种植品种主要有"丽薯 6 号、丽薯 7 号、青薯 9 号、合作 88、会-2"。2016 年与发展初期的 2001 年相比，全州马铃薯种植面积扩大了近 3 倍，总产量增加近 4 倍，单产量增加 6.48t/hm²。

表 2-12　2001~2018 年马铃薯种植统计表

单位：hm²、t/hm²、万 t

项目 年份	全年合计			大　春		冬　作		小　春		晚　秋	
	面积	单产	总产	面积	总产	面积	总产	面积	总产	面积	总产
2001	4893	19.31	9.45	2167	3.35	173	0.44	1960	4.74	593	0.92
2002	4080	19.11	9.35	2073	3.29	140	0.32	1520	3.81	347	0.63
2003	4747	19.97	9.48	2593	4.41	240	0.59	1673	4.03	240	0.45
2004	5680	20.76	11.79	2733	4.93	600	1.47	2073	4.92	273	0.47
2005	6067	21.96	13.32	2780	5.46	513	1.32	2547	6.12	227	0.42
2006	6640	23.9	15.87	3433	8.08	287	0.71	2240	5.88	673	1.20
2007	7233	23.86	17.26	3340	8.19	407	1.02	2847	6.96	633	1.09
2008	7353	24.48	17.99	3380	8.36	520	1.33	2833	7.30	613	1.01
2009	7833	24.37	19.09	3460	8.44	447	1.16	3353	8.45	580	1.04
2010	11607	23.89	27.72	5807	14.43	453	1.21	3920	9.77	1427	2.31
2011	12493	24.94	31.15	6007	15.47	587	1.61	4480	11.68	1413	2.38
2012	14273	25.28	36.09	6507	17.44	993	2.32	5167	13.49	1606	2.82
2013	12920	25.22	32.58	6373	16.65	860	2.21	4207	11.15	1480	2.57
2014	14187	25.42	36.06	5840	15.65	1027	2.72	5173	14.06	2147	3.63
2015	12800	25.85	33.08	5420	14.25	1240	3.15	4680	12.59	1460	3.09
2016	13867	25.8	35.77	6260	16.75	1160	3.00	4833	12.91	1613	3.11
2017	13827	26.58	36.75	6800	18.35	1080	——	5600	——	347	0.69
2018	7200	20.56	14.80	3500	7.45	1020	2.37	2440	4.35	240	0.63

产量为鲜薯产量。

（二）高产创建实施成效

2008 年至 2014 年，楚雄州实施马铃薯高产创建 39 片，项目投入资金 615 万元。大春季马铃薯高产创建 20 片，项目累计覆盖 61 个乡（镇）、280 个村委会，惠及 21321 户、49881 人，面积 1.277 万 hm²，占实施县 2008 年至 2014 年马铃薯种植面积的 34.8%；平均单产 27.015t/hm²（折合亩产 1801kg），比非项目区平均每公顷增 1.965t（亩增 131kg），累计增产鲜薯 2.51 万 t，按每千克 1.2 元市场价计算，增加农民收入 3010.68 万元，平均每户增收 1412 元，人均增收 603.6 元。

冬早（含冬季和小春季）马铃薯高产创建实施 19 片，项目累计覆盖 62 个乡（镇）、258 个村委会，惠及 29259 户、67209 人，面积 13113.6 hm²，占实施县 2008 年至 2014 年冬季、小春季马铃薯种植面积的 37.2%，平均单产 31.425t，比非项目区平均每公顷增 5.81t，累计增产鲜薯 7.62 万 t，按每千克 1.5 元市场价计算，增加农民收入 11424.57 万元，平均每户增收 3904.6 元，人均增收 1699.8 元。

二、种植技术演进和产业发展

（一）种植技术的改进

2000 年以前，楚雄州马铃薯以大春正季种植为主，种植面积小、产量低，1991 年开始试验示范马铃薯脱毒种薯。早在 1995 年楚雄州就已经引进脱毒良种"会−2、合作88"进行示范推广，但生产上主要种植品种仍以长期种植的老品种"米拉、克疫、威芋 3 号、CFK691、中心 24"为主。种植方式多为牛耕（跟牛）打塘种植，以净种模式为主。通常前茬作物收获后，马铃薯 4~5 月播种，10~11 月收获，种植密度 3.45 万~4.2 万塘/hm²，种植流程为打塘、播种、盖农家肥和覆土。2000 年以来，随着"会−2、合作 88、丽薯 6 号、丽薯 7 和青薯 9 号"等新品种的引进示范成功以及"地膜覆盖栽培、测土配方施肥、高垄双行栽培"等配套高产栽培技术的大面积推广，全州马铃薯科学种植水平跃上了一个新台阶。示范推广"双行规格化打塘"等种植技术，使马铃薯种植密度增加到 5.55 万~6 万塘/hm²，单位面积产量和种植效益逐年提高，调动了家户的种植积极性，促进了全州马铃薯规模化经营发展，全州鲜薯价格由发展初期的 0.5~0.8 元/kg，提高到近年的 1.5~2 元/kg。

（二）种植模式的改革

2000 年以来，随着楚雄州种植业结构调整的力度加大，种植结构和种植模式进一步得到优化。马铃薯生产区域开始出现大春季水稻改种玉米或玉米改种马铃薯；小春季麦类作物改种小春马铃薯或萝卜；秋冬季种植萝卜翌年 1~2 月种植早春马铃薯的种植模式变革。对全州增加马铃薯种植面积、增产增收、脱贫解困发挥了较好的作用。例如海拔 2300m 的南华县沙桥镇石桥河、于栖么村，由于气温偏低，常年种植水稻产量仅 4.5~5.25t/hm²，产量低、效益差。长期以来当地农户生活处于温饱线以下。2001 年开始示范大春季改水稻种玉米，小春改麦类种地膜小春马铃薯，至 2007 年两个村 87hm² 水田均改成"玉米——马铃薯"种植模式，在提高单位土地面积效益的同时，农民生活水平有了很大提高。该种植模式还辐射到镇内其他村委会和县内五街镇等类似生态区域，五街镇平均海拔 2430m，推广小春、早春马铃薯（1~2 月种）——秋冬萝卜（8~9 月种）种植模式，10 多年来，该模式已经发展成为当地马铃薯的主要种植模式，同时稳定打造了早春马铃薯和秋冬萝卜 2 个市场，对当地马铃薯面积增加、产

云南省马铃薯产业发展概述
YUNNAN SHENG MALINGSHU CHANYE FAZHAN GAISHU

量提高、种植效益增加和新农村建设发挥了积极作用。

(三) 扶持培育冬马铃薯生产优势区域

楚雄州属高原季风气候，年温差小、日温差大，干湿季分明、霜期短、日照足，年降雨量偏少，无工业"三废"污染。近年在充分利用气候资源优势和优良品种栽培特性的基础上，通过多年市场对接，全州逐步培育形成了冬季和小春季二大马铃薯优势种植区域。冬马铃薯优势种植区域包括楚雄市、南华县和双柏县马龙河沿线低热河谷；小春马铃薯优势区域以南华县沙桥镇、五街镇；大姚石羊镇和龙街乡；永仁县永定等乡镇；武定县狮山镇和插甸乡等乡镇为发展重点。冬季和小春季马铃薯生产效益好，比常规冬季作物麦类、蚕豆可增收纯收益 2.7~3 万元/ hm^2。2016 年楚雄州冬马铃薯种植面积 5993hm^2，鲜薯产量达 15.91 万 t、平均单产 26.5t/hm^2，平均地头价格 1.8 元/kg，产值达 2.86 亿元。部分地区由于多年种植小春季马铃薯，农村经济水平大幅提升，种"小土豆"成了山区农民致富的大产业。南华县沙桥镇石桥河村委会是南华县乃至全州典型的马铃薯专业村，2013 年全村有 355 户 1481 人，种植小春季马铃薯 116.8hm^2，马铃薯鲜薯产量 5256t，产值 788.4 万元，人均产值 5323 元。该村成了远近闻名的富裕村，全村有 76 户农户建盖了洋房，254 户农户建盖了砖瓦房；326 户均 1 辆农用车和摩托车，78 户农户购买了家庭小轿车。

(四) 新技术推广为产业发展提供支撑

1. 地膜覆盖栽培技术普及

地膜覆盖栽培具有增温、保湿和促进膜内土壤理化反应加速的作用，能有效解决前后茬茬口矛盾，提早上市的马铃薯价格比常规栽培上市价格高，从而提高种植效益。这一技术在楚雄州小春季马铃薯种植中发挥了重要作用。海拔 2340m 南华县沙桥镇石桥河村、于栖么村就是典型，州内小春季马铃薯种植基本都运用了该项关键技术，收到了很好的增收效果。

2. 脱毒高产良种示范推广

楚雄州从 1995 年开始连续 10 年引进脱毒微型薯"会-2、合作 88"示范、扩繁、推广，逐步取代沿用多年老品种米拉、克疫等。2004 年以来，随着各级政府对马铃薯产业发展投入增加和国家级、省级马铃薯高产创建项目的实施，种薯（物化）补贴力度加大，促进了脱毒高产良种"丽薯 6 号、7 号和青薯 9 号"的推广，使马铃薯单产水平又上一个新台阶，据统计全州脱毒良种覆盖率达 95%以上。

3. 测土配方施肥技术运用

2008~2014 年在南华、武定、大姚马铃薯主要种植地区采集土样 330 个，化验结果：土壤有机质含量为 0.48%~8.59%、平均值 3.5%，碱解氮 14~644mg/kg、平均值 160.5mg/kg，有效磷 0.1~151mg/kg、平均值 36.4mg/kg，速效钾 24~460mg/kg、平均值 120.6mg/kg，有效锌 0.47~12mg/kg、平均值 2.9mg/kg，水溶态硼 0.02~0.92mg/kg、平均值 0.35mg/kg。化验结果表明：马铃薯种植主产区的土壤普遍缺硼，大部分土壤缺锌，土壤肥力相差很大。在海拔 1900～2600m 黄棕壤、紫色土区域的中等肥力地区，建议施肥量为：生产 1000kg 鲜薯需纯氮 6.2kg、P_2O_5 3.3kg、K_2O 10.2kg。N：P：K = 1：0.53：1.65。

表 2-13 马铃薯目标产量与施肥量

目标产量（t/hm²）	施有机肥（t/hm²）	氮、磷、钾施肥量（kg/hm²）
25.5～30	施厩肥 30	N232-$P_2O_5$123-K_2O382
33～37.5	施厩肥 30	N232-$P_2O_5$123-K_2O382
37.5～45	施厩肥 30～37.5	N279-$P_2O_5$148-K_2O459

马铃薯施肥应以基肥为主，占总用肥量的 90%，或全部作基肥一次性施用，剩余部分结合苗情酌施偏肥，在出苗后 40d 内施用。州内马铃薯产区测土配方施肥面积达 95% 以上，对促进马铃薯产业发展发挥了积极作用。

（五）马铃薯生产基础设施进一步改善

2004 年中国（昆明）第五届世界马铃薯大会召开后，各级政府对楚雄州马铃薯产业发展投入力度不断加强，多渠道增加财政资金投入，先后建设了一批温室大棚、仓储设施，对脱毒马铃薯新品种推广发挥了很好作用。

1. 大姚县昙华乡种薯仓库、温室大棚建设项目

2007 年楚雄州发展和改革委员会，楚发改投〔2007〕94 号文件批准建设"楚雄州农科所昙华乡马铃薯种子仓库"，投入资金 54 万元、建成 306m² 标准种薯仓库，可存储种薯 100t。2010 年大姚县财政局、农业局用"农业综合开发"项目资金 95 万元建设大姚县昙华乡"马铃薯温室大棚"，建筑面积 860m²，项目建成后年均生产合作 88、爱德 53 原原种 5 万粒。

2. 南华县脱毒马铃薯良种繁育基地项目

项目由国家农业农村部 2010 年立项建设，投资规模 686.86 万元。在县城龙川镇建设完成 1146m² 综合楼 1 幢，包括恒温恒湿库、质量检测、挂藏等工作室；在五街镇建设和维修常温仓库 583.96m²，建设温室大棚 1600m²；购置了工作所需质检设备、组培仪器、制冷设备 250 台（套）。项目建成以来年均生产脱毒微型薯 150 余万粒，繁育品种主要是丽薯 6 号、丽薯 7 号、爱德 53。

马铃薯新品种"五选二号"（滇审马铃薯 200602 号）于 2007 年 2 月 12 日通过云南省农作物品种审定委员会审定。1991 年南华县五街镇农技中心罗思福在芹菜塘村本地马铃薯老品种"马驮"中发现一株天然变异株进行单株繁殖，1992～1996 年在州植保站及相关专家指导下，用繁殖的"马驮"为母本，与本地品种"克疫"进行杂交，收获实生籽选育而成。1997～1999 年在该镇农科站基地进行品比试验，产量均居参试种第一位。2003～2005 年参加云南省马铃薯新品种（系）冬作组区域试验，7 个试点平

均单产 32.9t/hm²，较对照种"中甸红"增 0.5%，在八个参试种（系）中居第一位，最高单产达 51.6t/hm²。

三、制约产业发展的因素

（一）政府对产业发展投入不足

楚雄州 9 县 1 市中有 2 个国家级贫困县、6 个省级贫困县，州级、县级财力薄弱，没有足够经费投入产业发展，即便是争取上级列项建设的脱毒马铃薯基地项目，建成后由于没有后续项目经费支撑，已建成基地项目难以正常运行或发挥到设计规模。对新品种示范推广经费投入也难以保证，在一定程度上制约了楚雄州马铃薯产业的发展。

（二）种植农户科技意识淡薄

楚雄州马铃薯面积大多在山区、半山区，虽种植历史悠久，但由于这些地区多为少数民族贫困地区，经济发展相对滞后，农民群众对优质马铃薯新品种认知不强，科学种植、管理技术普遍较低。加之新品种单位面积种薯成本较高，大多农户无经济能力或不愿购买脱毒新品种。近年多数年轻人纷纷外出务工，村中劳作主力年龄偏大，由于文化偏低，对新品种认知不足，影响了新品种引进、示范、推广。

（三）产业化经营程度不高

马铃薯产业化经营涉及政府、科技、生产加工等各部门的长期协调发展，仅靠一两个部门支持难以持续发展。马铃薯销售市场发育缓慢，产供销衔接不紧密，专业市场建设滞后，流通网络辐射能力较弱。贮藏设施建设滞后，交易市场吞吐能力有限，交易延续时间短，存在一定程度的供求矛盾。马铃薯种植（营销）协会、农村合作组织结构松散、覆盖范围小、市场管控能力不强。目前州内马铃薯加工企业仍然空白，马铃薯生产、加工、销售 3 个环节相互脱节，组织化、规模化、专业化程度较低，商品化生产力低，市场竞争力不强，难以形成品牌优势和规模效益。

（四）社会化服务体系建设滞后

公益性服务存在一定程度的缺位，在经营性服务领域，民间力量进入不足。行业协会组织在技术、信息、流通方面的服务功能未充分发挥。科技人才资源利用不足，先进技术推广和科技成果转化缓慢，信息服务、信息分析和市场预测滞后。

（张绍武　高廷科　撰稿）

玉溪市马铃薯产业发展

玉溪市地处云南中部，北纬 23°19′~24°58′，东经 101°16′~103°09′。东接红河，南连普洱，西邻楚雄，北靠昆明，中心城区距省会昆明 83.6km。地势西北高，东南低，山地、峡谷、湖泊、平坝、高山交错分布，山区、半山区占 90%。全市海拔 328~3137m，年降水量 561.8~1364.1 mm，年平均气温 12~23.8℃，多数地区≥10℃的有效积温 3200~8700℃，年日照 1600~2200 h，兼有北热带、亚热带、南温带三种气候类型，立体气候和自然生态区域明显。全市耕地 25.33 万 hm²，占土地面积的 16.9%。

一、马铃薯生产情况

玉溪市种植马铃薯历史悠久，全市 8 县 1 区均有分布，包括春作、秋作、冬作和早春作。其中冬、早春作马铃薯更具发展优势。长期以来，玉溪市委、市政府对马铃薯等旱粮生产极为重视，一直把发展马铃薯作为冬季农业开发、稳定粮食生产的重要措施之一，通过引进新品种、高产创建示范、推进"专业合作社+基地+农户"生产模式和大力发展订单农业，马铃薯生产得到了持续稳定的发展，全市马铃薯生产已初步形成"基地化种植、规模化生产、产业化经营"的发展新格局，冬马铃薯已发展成为玉溪市高原特色农业的亮点之一。

（一）种植布局

玉溪市马铃薯种植区域相对较为集中，因资源禀赋逐渐形成大春、秋、冬早春优势种植区域。江川、新平和华宁等马铃薯主产区各具发展优势，种植规模在 666.7 hm²以上，全市形成了江川县以秋冬作、新平县以冬春作、华宁县以大春作为特色的马铃薯种植区域格局。种植面积超过 333.4hm²的有易门县、通海县、元江县和红塔区，其余县区种植面积约在 133.3hm²左右。全市马铃薯均以菜用鲜销为主，主要销往省内外及东南亚地区。

玉溪市大春马铃薯种植区域，主要分布于高海拔地区，区域内大面积耕地为旱地，种植较为分散，马铃薯是当地农户的粮食和蔬菜作物。马铃薯 4~5 月播种，8~9 月收获。山区半山区秋马铃薯种植区域，生态条件差异较大，玉米等大春作物和秋马铃薯交错种植，马铃薯一般与大春作物间套种或空闲地净种，8~9 月播种，11~12 月收获。玉溪市冬、早春马铃薯种植区域区位条件优越，主要在平坝地区，水热资源好，集中分布在江川、新平、易门、通海、华宁等水稻产区。通常与水稻实行水旱轮作，技术管理上精耕细作。商品薯产量高，薯块均匀、外观好。冬马铃薯收获期正好处于省外鲜销薯上市的空当期，市场容量大、价格高、效益好，农户种植冬、早春马铃薯积极性较高。冬薯通常上年11~12月播种，翌年3~4月收获；早春马铃薯1~2月播种，4~5月收获。2016年全市冬、早春马铃薯占当年马铃薯播种面积的61.18%。

（二）面积及单产

玉溪市历来把马铃薯作为粮食作物统计。2001年全市粮食播种面积10.59万 hm²，2017年粮食播种面积11.23万 hm²，10多年来，全市粮食播种面积总体上保持稳定。分阶段看：2001~2005年，玉溪市粮食播种面积总体呈减少趋势，至2006~2017年粮食播种面积又逐渐增长。与此同时，全市马铃薯播种面积波动幅度较小，发展平稳。2001~2016年，玉溪市马铃薯播种面积占全市粮食播种面积的比例为3.59%~4.54%。2001年玉溪市马铃薯播种面积0.39万 hm²，2005年播种面积0.31万 hm²（种植面积最少年份，因该年气候干旱少雨所致），2016年马铃薯播种面积0.49万 hm²（面积最大年份）。从整体上看，玉溪市马铃薯播种面积稳步上升，冬、早春马铃薯播种面积增长较快。

2016年玉溪市鲜薯产量10.28万t，折合粮食产量为2.06万t，占全市粮食总产量的3.29%。2012年鲜薯产量最高达11.36万t，2010年产量最低，鲜薯产量7.75万t。2001~2016年全市马铃薯平均单产19.96~27.91t/ hm²，单产总体呈现下降趋势，主要由于主产区干旱频繁、水利和灌溉等基础条件设施不健全，马铃薯新扩大种植区域自然生态条件不太适宜等因素影响。全市马铃薯适宜新品种更新较慢、品种结构较为单一，2001~2009年种植的品种主要有合作88、会-2、大西洋、米拉等，2010~2016年品种为合作88、丽薯6号、米拉、青薯9号等。

表2-14　2001~2018年玉溪市马铃薯生产情况

年份	种植面积（hm²）	产量（万t）	单产量（t/hm²）	主要种植品种
2001	3963	10.89	27.49	合作88、会-2、大西洋、米拉
2002	3937	10.83	27.50	合作88、会-2、大西洋、米拉
2003	3924	10.80	27.52	合作88、会-2、大西洋、米拉
2004	3487	9.64	27.63	合作88、会-2、大西洋、米拉
2005	3144	8.78	27.91	合作88、会-2、米拉
2006	3377	8.60	25.47	合作88、会-2、米拉
2007	3730	9.31	24.96	合作88、会-2、米拉
2008	3658	8.74	23.88	合作88、会-2、米拉
2009	3759	8.90	23.67	合作88、会-2、米拉
2010	3883	7.75	19.96	合作88、会-2、米拉、丽薯6号

续表2-14

年份	种植面积（hm²）	产量（万t）	单产量（t/hm²）	主要种植品种
2011	4560	10.94	23.98	合作88、丽薯6号、米拉
2012	4586	11.36	24.76	合作88、丽薯6号、米拉
2013	4612	10.73	23.27	合作88、丽薯6号、青薯9号、米拉
2014	4485	10.62	23.68	合作88、丽薯6号、青薯9号、米拉
2015	4715	10.21	21.65	合作88、丽薯6号、青薯9号、米拉
2016	4870	10.28	21.11	合作88、丽薯6号、青薯9号、米拉
2017	4564	9.63	21.11	合作88、丽薯6号、青薯9号、米拉
2018	4693	9.85	20.99	合作88、丽薯6号、青薯9号、米拉

产量为鲜薯产量。

（三）秋冬马铃薯生产

2001~2016年玉溪市秋冬马铃薯种植面积0.211万~0.312万hm²，年平均种植0.266万hm²，其中秋马铃薯252.8hm²、冬马铃薯2406.3hm²；平均鲜薯总产量6.4万t，其中秋马铃薯0.64万t，冬薯5.78万t；秋冬种植品种较为单一，秋作以合作88为主，冬、早春作种植品种有合作88、会-2、米拉和丽薯6号等。秋作分布在江川、红塔、易门和元江等县区，有间套种和空闲地净种两种种植模式。冬马铃薯种植区域主要集中在江川、新平、易门、通海、华宁等县区。

玉溪市冬马铃薯生产所需种薯，主要从省内高海拔州（市）调入。玉溪市按年度种植面积估算，每年需调入种薯1.2万t以上，但种薯生产体系建设基本上处于空白，自2013年起，玉溪市农科院与省农业技术推广总站马铃薯技术中心合作，在全市海拔相对较高的新平县建设马铃薯原种扩繁适应性试验基地，开展"合作88、青薯9号、丽薯6号、丽薯10号"及云薯、宣薯系列品种原种、一级种扩繁试验示范，对本地化种薯生产进行了有益的探索。

表2-15　玉溪市秋冬马铃薯生产情况

年度	秋冬马铃薯面积（hm²）	秋冬年度总产（t）	秋作马铃薯			冬作马铃薯		
			种植面积（hm²）	单产量（t/hm²）	总产量（t）	种植面积（hm²）	单产量（t/hm²）	总产量（t）
2001	2656	71690	234.73	28.50	6690	2420.87	26.85	65000
2002	2647	71292	228.33	28.65	6542	2418.33	26.77	64750
2003	2648	71411	239.20	28.68	6861	2409.13	26.79	64550

续表2-15

年度	秋冬马铃薯面积（hm²）	秋冬年度总产（t）	秋作马铃薯			冬作马铃薯		
			种植面积（hm²）	单产量（t/hm²）	总产量（t）	种植面积（hm²）	单产量（t/hm²）	总产量（t）
2004	2310	63550	220.60	27.88	6150	2089.87	27.47	57400
2005	2108	58908	194.33	27.83	5408	1913.73	27.96	53500
2006	2210	56948	218.87	24.89	5448	1990.80	25.87	51500
2007	2378	61900	253.67	23.06	5850	2123.87	26.39	56050
2008	2311	55266	252.60	23.82	6016	2058.67	23.92	49250
2009	2465	59821	242.80	22.53	5471	2221.73	24.46	54350
2010	2491	46300	260.93	22.42	5850	2230.40	18.14	40450
2011	3096	73725	274.53	24.34	6683	2821.40	23.76	67042
2012	3011	71486	295.20	26.72	7889	2716.00	23.42	63597
2013	3108	70202	282.07	24.69	6963	2825.93	22.38	63239
2014	2951	67900	287.67	24.97	7184	2662.87	22.80	60716
2015	3044	65337	283.40	24.30	6887	2760.20	21.18	58450
2016	3113	61444	275.73	23.55	6494	2837.00	19.37	54950
平均值	2659	64199	252.79	25.42	6399	2406.30	24.22	57800

二、种植技术演进

（一）新品种应用步伐加快

近年开展了云薯、丽薯和宣薯等系列的马铃薯新品种引进筛选及新技术试验示范，筛选出适宜于本地区高产、适宜性强的马铃薯新品种及配套栽培技术。玉溪市推广应用的马铃薯品种有："合作88、丽薯6号、青薯9号、新马尔科、会-2、宣薯2号、云薯401、中甸红、大西洋"等品种。这些品种适应性广、抗逆性强、产量高、品质好，深受广大农户的欢迎和消费者的喜爱。

（二）推广高产高效集成栽培技术

近年主要推广稻薯水旱轮作、间套种、脱毒马铃薯、马铃薯起垄双行栽培、马铃薯稻草覆盖栽培、马铃薯控氮减磷施肥、马铃薯测土配方施肥、夜间覆盖遮荫网抗冻、地膜覆盖和马铃薯膜下滴灌节水抗旱等高产高效栽培技术。推广"脱毒高产抗病品种+宽墒密植覆膜栽培+晚疫病防控+人工收获+残膜回收"等绿色高产高效集成技术模式。

一是选择脱毒高产抗病优质品种；二是适时播种。三是合理密植，宽幅精播；四是科学合理施肥技术；五是地膜覆盖，间苗定苗；六是病虫害综合防治和覆盖遮荫网抗冻措施；七是适时成熟收获。

三、高产创建实施成效

2010~2014 年玉溪市实施冬马铃薯高产创建 17 片，其中部级 11 片，省级 6 片，投入项目资金 285 多万元，市级及以下地方财政部分配套项目资金，农户投工投劳参与项目。全市马铃薯高产创建 1.3 万 hm^2，涉及 52 个乡镇、244 个村委会，农户 11.03 万户、44.13 万人。示范区马铃薯平均单产 41.83t／hm^2，比非示范区增加产量 11.43t/hm^2，增幅 27.33%，新增鲜薯产量 1487.5 万 t。

玉溪市马铃薯高产创建以粮食增产、农民增收和农业增效为目标，采取政、技、物相结合的方式，集成马铃薯高产栽培技术，主攻单产，提高品质。通过马铃薯高产创建示范区的建设，树立典型，进一步增强示范辐射作用，积极推广新品种、新技术及冬马铃薯集成技术，全面提升农户的生产技术水平。

表 2-16 玉溪市马铃薯高产创建实施情况

年度	县区	示范面积（hm^2）	占当地种植面积（%）	平均单产（t/hm^2）	单产比非示范区增减（t）	乡镇（个）	村委会（个）	农户（户）	人口数（人）
2010	江川县	829	44.41	44.55	2.82	1	9	6163	24652
		831	44.54	34.02	0.03	2	8	5927	23708
2011	江川县	810	40.50	48.61	10.43	2	8	4927	19708
	峨山县	750	93.79	35.87	5.99	8	45	10217	40868
2012	江川县	822	41.10	50.18	10.82	5	12	9067	36268
	易门县	687	68.67	31.86	19.50	2	7	3042	12168
	新平县	755	51.45	34.09	17.97	2	9	9167	36668
	市农科院	768	38.40	44.26	20.26	2	4	4539	18156
2013	红塔区	815	76.43	24.76	10.03	10	71	14027	56108
	江川县	880	42.56	44.62	22.44	2	9	6610	26440
	通海县	532	61.37	43.44	3.00	1	6	2324	9296
	新平县	673	45.91	41.55	21.39	2	6	4179	16716
	市农科院	777	37.58	51.34	5.18	2	4	4422	17688

续表2-16

年度	县区	示范面积 （hm²）	占当地 种植面积 （%）	平均单产 （t/hm²）	单产比非示 范区增减 （t）	乡镇 （个）	村委会 （个）	农户 （户）	人口数 （人）
2014	易门县	669	66.87	34.76	8.93	5	23	9198	36792
	新平县	735	50.10	54.45	16.77	2	6	3856	15424
	江川县	934	40.01	45.36	8.75	2	13	7930	31720
	市农科院	763	32.7	47.34	10.02	2	4	4722	18888
平均值	—	814.38	54.77	44.44	12.15	3.25	15.25	6894.81	27579.25
合计	—	13030	876.39	711.06	194.33	52	244	110317	441268

四、加工及产销情况

"十一五"末，玉溪市农业标准化稳步推进，通海、江川、华宁、新平4县已完成无公害农产品产地认定整体推进建设，项目县95%的种植基地，通过无公害农产品产地认定，制定了主要农产品无公害生产技术规程135个，为农业标准化发展奠定了良好的基础。农产品质量安全水平不断提升，全市共有45家企业的83个产品持有"三品一标"证书，其中：无公害农产品46个、绿色食品34个、有机食品1个、绿色生产资料产品1个、地理标志农产品1个。共有15家企业的21个产品被认定为名牌农产品，其中：国家级1个、省级20个。2013年全市马铃薯生产无公害认证面积达1813.3 hm²，产量3.18万t。

玉溪市马铃薯多为菜用型鲜销薯，加工型马铃薯种植面积较小。冬、早春马铃薯市场价格较好，加工企业收购原料薯成本高、难度大，制约了马铃薯加工生产企业的发展。全市目前仅有1家加工企业：云南聚宝源生物有限公司，年设计鲜薯加工量为3.1万t，主要生产木薯淀粉和葛根、芭蕉芋粉等产品。全市有相关专业合作社3个，742人，经营面积达826.67 hm²。2014年销售额达9945.8万元，拥有"滇中早春""冬早洋芋"等一批在省内外市场具有影响力的品牌。

五、产业发展存在的主要问题

（一）基础条件较差、抗自然风险能力弱

玉溪市马铃薯基本种植在山坡旱地上，灌溉设施不健全，生产基础条件差，抗旱、抗霜冻等抗灾能力弱，一旦发生自然灾害，极易造成马铃薯大幅度减产，甚至绝收情况时有发生，生产不稳定，马铃薯年际间的产量波动较大。

（二）病虫害危害突出、种植效益下降

玉溪市马铃薯生产中易发生病毒病、环腐病、早疫病和晚疫病等病害；此外，马铃薯癌肿病及斑潜蝇、蝼蛄和小地老虎等危害时有发生。造成马铃薯产量减少、品质变劣、商品率降低，马铃薯种植效益下降。

（三）种薯质量检测不健全、市场服务配套不完善

马铃薯种薯质量控制体系建设不健全，对调入的马铃薯种薯无法进行生产、经营、种薯质量检测等规范化管理和有效监管。马铃薯相关产业信息流通不畅，生产和销售基本上处于相互封闭的状态，农户马铃薯生产与销售市场脱节，不能准确掌握价格行情及市场需求信息。市场发育不健全，收购网点数量少，分布不合理，商品薯收购和销售市场信息不灵。

六、产业发展对策措施

按照"十三五"玉溪市马铃薯产业发展思路：全市马铃薯种植面积稳固发展 0.67 万~0.8 万 hm^2，鲜薯总产达 20 万~24 万 t。重点发展冬早春作马铃薯，扩大大春和秋马铃薯，扩大烟后套种马铃薯、玉米套种马铃薯和林下间套种马铃薯种植规模。将玉溪市建设成为冬早春马铃薯外销和出口的重要生产基地，将马铃薯产业发展成为玉溪市农业经济发展的重要支柱产业。发展对策措施有：一是建立社会化服务体系，强化技术合作与科技创新。通过优化产供销服务平台，提高马铃薯种植和销售质量实现稳定面积、增产增收。二是加大马铃薯高产优质配套技术的研发和推广应用。通过开展间套种技术试验示范，有效利用地表径流水，提高光能利用率，解决前、后茬种植节令的矛盾，提高作物复种指数，通过加大冬早春马铃薯地膜覆盖技术应用力度，促进马铃薯生长发育，缩短生育期，提早马铃薯的上市时间。采用适宜的耕作栽培措施防治和减少马铃薯的病虫害为害，对症使用低毒低残留生物农药等综合防治技术措施，加大马铃薯绿色、高产高效配套栽培技术的推广应用力度。三是建立健全规范的种薯供给体系，建立健全马铃薯质量技术标准和检验检测技术标准，加强种薯质量监测和检测。四是加强马铃薯生产技术合作和科技创新。充分发挥科研、生产、加工企业、教学、相关职能部门等各自优势，联合攻关，最大限度的调动和整合马铃薯产业发展中育种、栽培、植保、生物技术、食品保鲜及加工等优势资源，创造良好的合作环境，鼓励科技创新，市级农业部门和县乡镇农业部门三级联动，发挥各自的职能效应，促进马铃薯产业快速发展。

（张钟　杨绍聪　张艳军　撰稿）

红河州马铃薯产业发展

红河哈尼族彝族自治州位于东经 101°47′~104°16′，北纬 22°26′~24°45′之间，地处云南省南部，北靠昆明，南接越南，与越南有 848km 的边境线，有河口、金水河两个国家一级口岸。辖区面积 32931km²，东西最大横距 254.2km，南北最大纵距 221km，最高海拔为金平县西隆山 3074.3m，最低海拔为河口县红河与南溪河交汇处 76.4 m（云南省海拔最低点），山区面积占总面积的 88.5%，总耕地面积为 66.79 万 hm²。红河州马铃薯种植历史悠久。冬季光热充足、降雨量少，具备水利灌溉条件的耕地，非常适宜发展种植冬季马铃薯，马铃薯病虫害少、产量高、品质优。

一、马铃薯生产情况

（一）马铃薯种植布局

2001~2017 年 16 年间，红河州马铃薯生产呈现"三增"，即面积增、单产增、总产增。种植面积从 2001 年的 0.497 万 hm² 增加到 2017 年的 2.957 万 hm²；单产从 3.3t/hm² 增加到 24.9t /hm²；总产从 1.62 万 t 增加到 73.49 万 t。红河州马铃薯种植主要以石屏、建水、开远等县（市）坝区和元阳、红河等县河谷区秋冬作及个旧、弥勒、泸西等市（县）中高海拔区域早春作为主，主要种植品种为合作 88、丽薯 6 号。其中，河谷、坝区秋冬作为大春水稻收获后每年的 9~12 月份播种，主要分布在海拔 300~1500m 水稻主产区；泸西、弥勒海拔 1800~2300m 高海拔山区，早春马铃薯 1~2 月份播种。2001 年全州冬早春马铃薯 0.404 万 hm²，占全州马铃薯面积 80%，秋马铃薯 926hm²。近年来红河州实施农业供给侧结构性改革，优化产业结构调整，推进科技增粮措施，在云南省农业生产发展专项资金的支持下，经过"十五"至"十二五"的稳步发展，至 2017 年，全州马铃薯种植面积发展至 2.957 万 hm²，其中冬早春马铃薯 2.077 万 hm²，秋马铃薯 0.881 万 hm²。总产量 73.49 万 t，平均产量 24.85t/ hm²，主要种植品种包括"丽薯 6 号、合作 88、云薯 105、云薯 902"等，打造了冬作马铃薯示范带（即：石屏—建水—红河—元阳—个旧—开远—弥勒）、早春马铃薯核心区（泸西、弥勒等）和秋马铃薯分布区（红河、元阳等）。

（二）种植面积与产量

表 2-17　2001~2018 年红河州马铃薯生产情况表

年份	种植面积（hm²）	产量（万 t）	单产量（t/hm²）	主要种植品种
2001	4966	8.12	16.40	合作 88
2002	5086	8.67	16.90	合作 88
2003	5363	9.65	18.00	合作 88
2004	6079	10.58	17.40	合作 88
2005	7555	12.61	16.70	合作 88
2006	9624	15.01	15.60	合作 88
2007	11047	17.56	15.90	合作 88
2008	13815	21.55	15.60	合作 88
2009	15721	27.83	17.70	合作 88
2010	17482	31.81	18.20	合作 88
2011	20147	37.47	18.60	合作 88
2012	24787	48.33	19.50	丽薯 6 号、合作 88
2013	27486	56.07	20.40	丽薯 6 号、合作 88
2014	30507	63.45	20.80	丽薯 6 号、合作 88、宣薯 2 号、青薯 9 号
2015	31380	66.52	21.20	丽薯 6 号、合作 88、青薯 9 号
2016	31907	68.92	21.60	丽薯 6 号、合作 88、云薯 105
2017	29573	73.63	24.90	丽薯 6 号、合作 88、云薯 902、云薯 105
2018	33009	67.00	20.30	丽薯 6 号、合作 88、云薯 902、云薯 105

产量为鲜薯产量。

（三）冬马铃薯发展

冬马铃薯是红河州马铃薯产业的主要部分，全州海拔在 1500m 以下的冬闲稻田、旱地、坡地、果园都可种植冬、小春马铃薯。红河州气候雨热同季特征明显，5~10 月降雨量占全年降雨量的 80%以上，连续降雨主要集中在 6~8 月，10 月至翌年 5 月降雨量小、积温高，适宜种植冬马铃薯，收获期可错开国内马铃薯大量上市时期，马铃薯种植效益较好。近年来，全州冬马铃薯发展迅猛，2014 年发展超过 2 万 hm²，2017 年种植面积 2.08 万 hm²，近年冬马铃薯种植面积趋于稳定。主要技术措施有高产创建、地膜覆盖栽培、测土配方施肥、机播机收、水肥一体化、间套种、单垄双行和墒作多行高密度种植等。

二、种植技术的演变改进

（一）种植技术的改进

2000年以前，红河州马铃薯种植面积小，生产以农民自发种植为主，布局零星而分散，未形成优势生产区域，生产管理方式粗放。坝区农民利用"自留地"种植，作为增加自己餐桌上的一道菜，种植管理没有形成规范的栽培技术，打塘播种或耕牛开沟人工点播，农家肥施用面小量少；马铃薯出苗后，施氮肥作提苗肥，结合中耕培土，有条件的地块引水灌溉，无条件的地块靠天吃饭。马铃薯以山区山地种植为主，生产用种薯一般为农户自留种，品种抗性差、产量低、商品薯率低。病虫害发生较为普遍，严重制约了马铃薯产业的发展。随着冬季农业开发的深入发展，全州马铃薯新技术的推广应用和技术创新水平有了较大的提高。

1. **改平作为起垄栽培**

红河州马铃薯栽培以平作为主，近年由平作改为垄作或高垄栽培，技术环节有：整地、开塘、起垄、播种、重施底肥、中耕、培土及病虫害防治。播种前半个月深耕晾晒，促进土壤疏松、改善耕作层土壤团粒结构熟化。

2. **播种方法改进**

播种前先淘汰不健康种薯，然后按种薯发芽长短分批次播种，最好能顶芽集中区域播种。试验研究发现，播种方式与出苗整齐度、出苗状况关系重大，通过催芽、分种、芽向上的播种方式，出苗质量得到全面改善。

3. **改粗放用肥为配方施肥**

马铃薯生产上普遍用肥不足，肥料品种搭配不合理，施肥时期和方法均不到位。测土配方技术普及后改为施足底肥，栽培和管理施用配方肥，马铃薯施肥技术得到很大改进。

4. **地膜覆盖技术应用**

马铃薯地膜覆盖，不仅出苗整齐，而且具有增温、保湿、节水、防草等效果。既可提高马铃薯单产，又可促进马铃薯提前上市，获得好的收益。

5. **改单项技术为集成技术**

2010年红河州农技推广中心牵头，抽调州、县两级相关的技术骨干组成红河州马铃薯高产攻关协作组，先后实施了"冬马铃薯高产栽培技术调查研究""冬马铃薯高产攻关""冬马铃薯高产栽培集成技术研究""冬马铃薯高产栽培集成技术推广运用"等项目。同时，结合国家、省级科技增粮措施中冬马铃薯高产创建等项目的实施，全面加大对农民的技术培训和服务，并从品种筛选、种薯调运、栽培管理、市场销售等环节上严格监控，极大地改变了农民传统种植马铃薯的方式和思想观念，有效推动了全州马铃薯产业化发展进程。培育农民以市场化的理念谋划马铃薯，以规范化的技术种植马铃薯，以产业化的方式发展马铃薯。近年来，红河州冬马铃薯产业发展迅猛，促农增收效益显著，农民种植积极性空前高涨，马铃薯栽培技术水平快速提升。红河州马铃薯高产攻关协作组研究总结出了《冬马铃薯"十统一"高产栽培技术措施》，通过 5 年实践，初步形成"红河州冬马铃薯高产创建集成技术"。

（二）主要种植技术模式

红河州冬马铃薯主要推广"十统一"技术+水肥一体化、"十统一"技术+单垄双行和"十统一"技术+墒作密植三种技术模式。水肥一体化包括微喷和膜下滴灌，单垄双行主要针对坡地和易浸水地块，墒作密植主要应用于平坝干燥地块。

"十统一"技术要点：统一良种。以"丽薯 6 号、合作 88、宣薯 2 号、青薯 9 号"为主。统一精细整地。前茬作物收获后，及时排水翻犁，精耕细整地，耕作层不低于 30cm，做到墒平、土细、土层疏松，沟直相通，能排能灌。土壤消毒处理后：①双行垄播：起垄按照每畦包沟 120cm，畦面宽 80cm，沟宽 40cm 的规格分畦，每畦种植 2 行，行距 30cm，畦边留 25cm，株距 25cm；②墒作四行：2m 开墒，墒宽 1.6m，沟宽 40cm，每墒种植 4 行，行距 25cm，墒边留 22cm，株距 30cm。统一种薯处理①催芽：清除烂薯、病薯，播种前 7～10d，将种薯放在通风阴凉处自然催芽，幼芽长至 0.5cm 时即可播种；②切种：种薯每个 50g 左右可直接播种，超过 80g 进行切种，每个薯块最少带一个芽，顶芽薯块集中播种；③种薯消毒：种薯切好后在播种前可采用 0.5%高锰酸钾液、多菌灵等药物浸种或拌种进行种子消毒，减少种薯病源菌，降低田间病害，促进种薯早生快发。统一播种盖膜。11 月上旬至 12 月底播种，盖全膜或半膜，盖全膜的出苗整齐后破膜压土，盖半膜的出苗整齐后把膜揭掉；机械做垄、做墒，采用全覆膜、覆土 3～4cm，无需人工破膜，马铃薯苗自然生长破膜。统一合理密植。每 667m² 种植密度 4500～5000 塘。①单垄双行（4500 塘）规格：30×（80+40）cm，株距 25cm，畦边 25cm；②墒作四行（5000 塘）规格：25×（160+40）cm，株距 30cm，畦边 22cm。统一合理施肥。马铃薯喜欢疏松高有机质土壤，属喜钾作物，需氮、磷、钾及微肥配合施用，外增施钾肥。①底肥：每 667m² 施腐熟农家肥 2000kg、过磷酸钙 100kg、三元复合肥（15：15：15）30～45kg，理墒前作底肥施用；②追肥：出苗后 10d 用清粪水加尿素每 667m² 追施 10kg，苗期结合中耕培土追施尿素 10kg、硫酸钾 10kg，开始现蕾后进入薯块膨大期结合大培土增施硫酸钾 20kg，同时，用磷酸二氢钾 200g 兑水喷施，每 7d 喷施一次，共喷 2～3 次。统一水分管理。初花期开始需水量增大，土壤持水量可达 60%～70%。统一中耕锄草、培土。马铃薯一般进行两次中耕培土，第一次在齐苗后适当深耕中培土，同时除草；第二次在现蕾封行前进行大培土，尽量培宽培厚，以利于结薯。统一病虫害防治。红河州的冬马铃薯主要病害包括早疫病、晚疫病、疮痂病、青枯病；虫害主要是地老虎、斑潜蝇等。

三、高产创建实施成效

2013～2017 年，省云南省农业厅的关心支持下，红河州实施部级、省级冬马铃薯高产创建 51 片，投入省级资金 1020 万，州级资金 17 万元；省、州、县、乡农业部门四级联动，积极开展技术培训和田间指导等服务，农民增产增收效果十分显著。2013 年 4 月，云南省政府在石屏县召开全省冬马铃薯现场会，在异龙镇高家湾和豆地湾两个村进行现场测产，平均单产达 75.5t/hm² 和 76.1t/hm²。同年 4 月 24 日，由省、州、县专家组成的冬马铃薯高产创建测产验收小组，到建水县甸尾乡铁所村赵云芬家承包地进行实测实收。现场实测面积 332.17m²，经开挖、过磅，收获鲜薯 2743.8kg，折合 667 m² 产鲜薯 5507.09kg。分级包装：0.3kg 以上大薯 4849.76kg，0.1~0.3kg 中薯 462.83kg，0.1kg 以下小薯 162.57kg，大薯率达 88.1%。按照当天市场价计，667 m² 产值达 1.5 万元。项目总结了一套实用、完整的"冬马铃薯高产创建集成技术"模式。通过成果的推广应用，取得了显著成效。项目分别荣获 2016 年度云南省农技推广一等奖和红河州科技进步二等奖。

表 2-18　红河州冬马铃薯高产创建项目完成情况表

年度	示范面积（hm²）	占当地种植面积（%）	测产结果（t/hm²）	比非项目增产（t/hm²）	涉及县、乡、村（个）			涉及农户（户）
					县	乡	村	
2017	6383	30.74	49.79	10.73	8	16	200	39212
2016	7929	37.46	50.24	10.49	8	16	198	39010
2015	7757	37.27	50.31	9.84	8	15	189	37660
2014	9878	46.40	46.13	13.67	8	15	180	33774
2013	1540	8.90	44.84	12.68	2	2	28	4676

四、冬马铃薯产销情况

红河州的冬马铃薯主要销往北京、上海、广州、重庆、武汉等国内一线城市，上市时间早，马铃薯产量高，品质好，上市期处于国内大量上市的空档期，市场价格好。全州有马铃薯生产规模 3.3hm² 以上的大户 16 家、马铃薯产销专业合作组织 13 个。近年全州 10~12 月播种冬马铃薯 1.3 万 hm² 以上，平均产量 37.5t/hm²，平均产值 9 万元/hm² 以上，年产值超过 15 亿元。

五、产业发展存在的突出问题

（一）种薯监管

冬马铃薯生产用种薯需从省内种薯生产基地县（市、区）调入，但种薯调进销售监管不到位，导致种薯的质量难以保障，生产用种存在一定的风险。种薯的运输距离较远、耗损较大、导致种薯价格高，增加了冬马铃薯的生产成本。

（二）灌溉条件

秋、冬为红河州旱季，降雨量少，伴随冬马铃薯种植面积的迅猛扩大，水源不足，灌溉用水难以保障。干旱缺水制约着产业的发展。加大节水设施建设和技术推广应用已迫在眉睫。

（三）市场销售

红河州的冬马铃薯主要以鲜食型销往北京、重庆、陕西、合肥等国内大城市，近几年价格虽然较好，但受市场因素影响较大，存在价格不稳定的风险。

（四）冻害监控

红河州的冬马铃薯每年均有冻害发生，对产量造成不利影响。应加强主产区在播种时期的气象冻害监测预报及马铃薯病虫害的预警防控监测。

（洪健康　范汝明　杨贵　撰稿）

文山州马铃薯产业发展

一、生产概况

（一）马铃薯种植布局

文山壮族苗族自治州位于云南省东南部，东与广西百色市接壤，南与越南接界，西与红河州毗邻，北与曲靖市相连。东西横距 255km，南北纵距 190km，土地面积达 31456km^2。山区占总土地面积的 94.6%，国境线长 438km。全州辖 7 县 1 市，102 个乡镇，居住着汉、壮、苗等 11 个民族。境内最高海拔 2991.2m，最低海拔 107m，年均日照时数 1494.2~2055.5h，年平均气温 15.8~19.3℃，年平均降雨量 992~1329mm。海拔 1700m 以上地区夏秋季气候冷凉，适宜大春马铃薯种植，是文山州传统的马铃薯种植区；海拔 1500m 以下低热河谷区，冬、春气候温暖，光照充足，是发展冬早马铃薯最适宜的区域。马铃薯是文山州仅次于玉米、水稻、麦类的第四大粮食作物，马铃薯种植主要以冬马铃薯为主。近年冬马铃薯种植约 1 万 hm^2。已发展成为文山州农民增收的主要粮（经）作物之一。"十五"以来，通过实施温饱工程、冬季农业开发、科教扶贫工程、科技增粮高产创建示范等，全州马铃薯种植面积、产量逐年增加，发展成效十分显著。

（二）种植面积及产量

随着全省马铃薯产业的发展，文山州马铃薯种植面积从 2001 年的 0.713 万 hm^2 增加到 2017 年的 1.914 万 hm^2，种植面积增 168.4%，其中 2011 年达 2.105 万 hm^2。近年冬马铃薯种植面积占 60%左右。与 2001 年相比，鲜薯单产量从 6.88t/hm^2 增加到 2017 年的 9.59t/hm^2，增幅为 39.4%，单产增加幅度远低于种植面积增幅。文山州多年科技种植示范样板马铃薯平均产量超过 22.5t/hm^2，高产可达 52.5t/hm^2。全州通过选用良种、构建合理的群体密度、加强田间管理等技术措施，提高单产、提升种植效益的发展空间较大。

表 2-19 2001～2018 年文山州马铃薯生产情况表

（农业主管部门统计数）　　　　　　　　　　单位：hm²、万 t、t/hm²

年份	全年种植面积	全年产量	全年单产量	种植季节	种植面积	产量	单产量
2001 年	7132	4.91	6.88	冬作	——	——	——
				春作	——	——	——
2002 年	11279	7.58	6.72	冬作	——	——	——
				春作	2769.07	1.69	6.1
2003 年	8609	6.82	7.92	冬作	——	——	——
				春作	3259.67	2.19	6.72
2004 年	10016	8.52	8.50	冬作	6831.20	6.14	8.99
				春作	3184.67	2.38	7.46
2005 年	10689	8.59	8.03	冬作	7447.53	6.14	8.25
				春作	3241.53	2.44	7.15
2006 年	12591	10.78	8.56	冬作	8055.40	7.35	9.13
				春作	4535.27	3.43	7.57
2007 年	13730	11.56	8.42	冬作	8497.60	7.67	9.02
				春作	5232.07	3.90	7.45
2008 年	14246	11.06	7.77	冬作	8866.60	7.08	7.99
				春作	5379.00	3.98	7.4
2009 年	15309	13.48	8.81	冬作	8657.73	8.01	9.26
				春作	6651.07	5.47	8.22
2010 年	17488	12.49	7.14	冬作	10018.07	5.09	5.08
				春作	7470.00	7.40	9.91
2011 年	21051	19.41	9.22	冬作	11337.73	11.29	9.96
				春作	9713.73	8.12	8.36
2012 年	19895	19.26	9.68	冬作	11616.33	11.71	10.08
				春作	8278.33	7.55	9.12
2013 年	19186	19.47	10.15	冬作	11964.67	11.70	9.78
				春作	7220.93	7.76	10.75
2014 年	19063	20.34	10.67	冬作	12387.73	12.86	10.38
				春作	6674.80	7.47	11.2
2015 年	18889	18.74	9.92	冬作	11790.20	12.52	10.62
				春作	7098.67	6.22	8.76

续表2-19

年份	全年种植面积	全年产量	全年单产量	种植季节	种植面积	产量	单产量
2016 年	18334	17.78	9.70	冬作	10405.20	10.21	9.81
				春作	7928.53	7.57	9.55
2017 年	19140	18.36	9.59	冬作	10665.47	10.72	10.05
				春作	8475.00	7.65	9.02
2018 年	14840	13.70	9.23	冬作	8894.55	10.09	11.34
				春作	5945.45	5.41	9.10

产量为鲜薯产量。

二、种植技术的演变改进

(一)种植技术的演变改进

20 世纪 50 年代初,文山州农户自发零星种植马铃薯。1980 年文山州农技部门实施大春马铃薯示范样板 66.7hm²,收获鲜薯 500t。90 年代中后期,州农技部门引进"合作88、会-2 号"新品种试验示范,单产水平大幅提高,1995 年全州马铃薯发展至 300hm²,总产 14425t。2000 年后,随着"地膜覆盖、起垄双行栽培、化学除草、病虫害综合防控"等高产种植技术被薯农广泛接受,文山州马铃薯生产上耕牛拉沟直播转变为规范化分厢栽培;单一施肥改变为配方施肥;冬马铃薯露地栽培改变为起垄双行覆膜栽培;"见虫见病防治"转变为病害综合防控。引进马铃薯新品种,大力推广稻田免耕轻简化冬马铃薯种植技术,富宁县曾发展成为全省最大的稻田免耕冬马铃薯生产示范基地。近几年,文山州马铃薯生产方式和种植模式向集约化生产转变,本地种植大户、农民专业合作社和外地种植企业通过土地流转加盟冬马铃薯生产,机械化、水肥一体化等现代农业技术的应用,有效解决了文山州冬马铃薯生产干旱缺水、劳动力不足等问题。2016 年砚山县平远、稼依和文山市德厚等乡镇引进河北、内蒙古等北方多家种植企业,通过大面积流转租赁土地,实施全程马铃薯机械化种植,建设仓储冷库,提高了马铃薯生产水平,带动当地农民发家致富。

(二)主要种植技术模式

文山州地形地貌复杂,自然条件差异大,立体气候特点明显。多年来农户结合生产实际,摸索总结出多种多样的种植方式,主要有旱坡地平播起垄露地微喷(滴灌)栽培模式、单垄单行种植、单垄双行种植和免耕稻草(玉米秸秆)覆盖等种植模式。

1. 旱坡地平播起垄露地微喷(滴灌)栽培模式

该项技术模式是农民集体智慧的结晶,广泛应用于文山市马塘、德厚;砚山县平远、稼依;丘北县树皮、天星等乡镇。利用烤烟水窖或在旱坡地上端开挖 $20\sim60m^3$ 水池(视种植面积而定),用厚度为 0.1mm 的大棚膜或油布铺垫池底及四壁,引水灌入,铺设微喷滴灌管带,在马铃薯灌水时用 22 马力的小型抽水泵,通过灌水器将水、肥料和农药输送到马铃薯根系。该技术有效突破文山州冬春旱区不能种植马铃薯的瓶颈。播种时不起垄可减少水分蒸发,利于抗旱。结薯时为垄作状态(出苗后苗高 15cm 中耕小培土成垄),便于薯块膨大。一般可增产 $4.5\sim12t/hm^2$,在冬春干旱突出地区应用增产作用尤为明显。

2. 膜下滴灌水肥一体机械化种植模式

该项技术模式适宜平远、稼依、树皮等土地相对平整、冬春干旱严重,具备一定水肥条件,便于机械化操作的坝区推广。在前作收获后即 11 月初采用大型拖拉机及时翻犁平整土地,做到土壤细碎,无前作秸秆残留,11 月中下旬~12 月底机械播种、施底肥、起垄、布置滴灌管、覆膜等。种植规格:以 1.2m 开厢,垄宽 0.8m,垄沟 0.4m,垄上播两行,行距 0.4m,株距 0.3m,6.25 万塘/hm^2。

3. 单垄单行种植模式

山区半山区农户常规种植方式。前作收获后,10 月中下旬机械翻耕细碎土地,11 月中下旬拉线开浅播种沟,马铃薯摆在沟内,肥料施于种薯间,覆土起垄、中耕培土后成高垄后覆膜。0.7m 开厢,净垄宽 0.4m,沟深 0.15m,沟宽 0.2m,株距 0.3m,亩种植 4537株,用种量 $2400\sim3000kg/hm^2$。覆土后用"阿特拉津"或"施田补"封草。

4. 单垄双行种植模式

高产栽培示范区主推技术。集成精细整地、选用优良品种、种薯处理、适期播种、科学施肥和中耕管理及病虫害防治等。冬马铃薯以避开霜期倒春寒危害确定播种期,通常在 10 月底至第二年 1 月初播种。播种时以 1.2m 开厢,窄行 0.4m,垄宽 0.8m,垄高0.3m,沟宽 0.3m,株距 0.33m,播种 6 万塘/hm^2。薯块芽眼向上摆种,底肥撒施在两窝种薯间,覆盖形成高垄后盖膜,铺设微喷滴管带,盖膜压紧压实不漏气,间隔 2m 垄面盖土,防止压盖不严大风吹破薄膜。

5. 分厢种植模式

山区农民传统种植方式。采用 2m 开厢,净厢面宽 1.7m,沟宽 0.4m,沟深 0.3m,塘深0.15m。每厢种 5 行,株距 0.35m,行距 0.35m,$667m^2$4750 株。

6. 免耕稻草类覆盖种植模式

该技术操作简单,管理方便。具有土地不翻耕,播种不覆土,增温不覆膜,采收不用挖的技术特点。水稻收获后,地块未经翻耕犁耙,直接开沟成畦,沟宽 0.3m,沟深 0.15m,畦面宽 1.5m,每畦种植 4 行,宽窄行种植,中间为宽行,大行距 0.4m,两边为窄行,小行距0.3m,株距 0.25m,畦边 0.25m。按"品"字形摆放种薯,$667m^2$ 摆 $5500\sim6000$ 个薯块。用稻草全程覆盖,配合适当的施肥与管理措施。文山州最佳播种时期为 10 月上中旬,一般种植 $667m^2$ 马铃薯需 $1334m^2$ 水稻的稻草,比传统种植马铃薯节省 8~10 个工。2012 年富宁县稻草免耕栽培由 2007 年的不足 $6hm^2$ 扩大到 $692hm^2$,总产达 2.45 万 t,鲜薯单产量 36.46t。但近两年来由于缺乏项目支撑、稻草等覆盖物缺乏等多种因素,种植面积急剧下滑,仅少数农户零星种植。

三、冬马铃薯发展情况

(一)生产基本情况

文山州地处滇东南,距"两广"经济发达地区和出海口较近;文山州南部与越南相邻,国境线长达438km,对于开拓东盟自由贸易区大市场具有交通和区位优势。文山州结合农业农村部、省农业厅粮食高产创建项目和第四批国家农业标准化项目的实施,坚持走样板示范带动、科技措施推动、强农政策促动、州县乡村四级联动的路子,不断加大冬早马铃薯高产集成配套技术的研究和推广。近年来国家从政策、资金、项目上给予扶持,使文山州马铃薯生产水平上了一个新的台阶。"农户+基地+市场"的发展模式正在形成,逐步从点到面、由零星到连片,逐年加大。群众种植冬早马铃薯已从过去需要政府动员转变为主动种植。

2000年后,全州马铃薯逐步改春播为冬播,是省内主要的冬作区之一。近8年文山州马铃薯种植面积一直保持在2万hm²,累计种植面积16.75万hm²,总产量163.27万t,实现总产值达32.65亿元。推广冬马铃薯规范化起垄双行地膜覆盖种植,实施水稻(玉米)、马铃薯水旱轮作。为群众"大春拿粮、小春拿钱"找到了一条致富好路子。

(二)发展存在的突出问题

文山州冬早马铃薯生产基础条件较差,马铃薯品种单一,缺乏专用型品种,品种抗病性弱、退化严重、更新速度慢。栽培管理粗放,病虫危害突出,马铃薯种植经济效益低。

1. 自然灾害频繁、冬春干旱严重

文山州降雨的80%集中在6~8月。全州90%的冬闲田,冬季无水浇灌。适于发展机械化种植的坝区,仅10%的土地可通过抽水机实现浇灌。由于缺乏足够的水源保障,制约了冬马铃薯种植面积扩大和产量增加。1~3月霜冻、倒春寒严重,11月前播种马铃薯常会遇到霜冻导致减产或绝收。文山州马铃薯生产每隔几年遭遇一次伴随着强霜冻、倒春寒的大霜雪,生产巨大损失,也打击了农民的种植积极性。2013~2015年连续三年在12月底、翌年1月突降雨雪,后期持续多天强霜冻,马铃薯幼苗遭受毁灭性冻害,造成绝收,部分地块后期重新发棵通过加强中耕管理,挽回部分收成。

2. 扶持资金较少、市场不健全

冬马铃薯生产与市场脱节的矛盾十分突出,农民自己根据对局部市场的了解和判断安排组织生产,一般今年什么品种畅销,明年农民就会盲目扩大生产规模。小生产、小商贩与大市场的矛盾历来十分突出,文山州目前尚无马铃薯精深加工企业,鲜销薯市场价格瞬息万变,丰产不增收的现象时有发生,薯农的利益得不到保障。政府对马铃薯发展的扶持资金较少,且时断时续,没有系统、持续性的长期扶持政策,对马铃薯产业的持续健康发展有一定影响。

3. 规模化、集约化程度低

文山州是一个山区面积占94.6%的边疆民族地区,冬早马铃薯主产区又主要集中在

半山区。这些地区农民虽然已意识到种植冬早马铃薯经济效益较好，但种植观念落后，良种应用率低，种植模式单一，马铃薯规模化、集约化程度低，整体生产水平不高。加上交通闭塞，种薯和商品薯运输困难，运输成本较高。一定程度上制约了文山州冬早马铃薯产业的发展。

4. 品种单一、种薯质量不高

文山州良种繁育体系脆弱，文山州仅有州农科院经作所设立马铃薯良种引种选（繁）育组，州县各级农业技术推广部门科研设备紧缺，经费严重不足，不能满足生产发展需求。近年文山州实施了脱毒马铃薯良种繁育体系建设，建设了脱毒种薯生产基地。文山圣禾生物科技有限责任公司于2015年在文山市建设马铃薯原原种、原种生产基地333.3 hm^2。由于缺乏大型种薯企业作为技术依托，马铃薯种薯生产管理粗放，脱毒种薯产量及应用率均不高。农户仍长期自留种薯，马铃薯产量低、品质差。目前冬早马铃薯除多年种植的老品种米拉和本地紫洋芋外，引进种植成功的品种仅有合作88、丽薯6号，合作88种植面积占到总种植面积的80%左右，作为外销型主导品种的丽薯6号占15%左右。种植结构单一、后备品种比较缺乏。

四、高产创建实施成效

2009年以来，文山州累计实施马铃薯高产创建26片，1.832万 hm^2。投入资金600万元（其中马铃薯体系60余万元）。取得了较好的经济和社会效益。

表2-20　2009~2017年高产创建实施情况统计表

单位：hm^2、%、kg/hm^2、个、户

年度	示范面积	占当地种植面积	产量	比非示范区亩增	涉及县、乡、村（个）	涉及农户数
2009年	700	2.95	26424.00	1114.10	1县8乡22村委会47村	785
2010年	743	27.34	26271.00	1057.20	2县7乡27村委会126村	4817
2011年	745	28.83	28282.50	830.90	2县8乡30村委会197村	4575
2012年	2198	32.85	26413.50	680.40	3县8乡17村委会259村	12414
2013年	2874	33.86	30448.50	1004.90	3县9乡17村委会304村	13415
2014年	2745	37.45	26764.50	405.40	3县10乡19村委会209村	12055
2015年	3554	36.42	26764.50	183.80	1县13乡327自然村	13153
2016年	2074	33.76	26065.50	281.50	3县3乡14村委会210村	11747
2017年	2685	38.15	19281.00	104.80	3县14乡123村	13779

2005~2006年砚山县蔬菜研究所从省农科院调入马铃薯品种抗青9~1在砚山县维末乡、者腊乡、江那镇、平远镇种植示范样板40 hm^2，测产验收3个乡（镇）3个村民委3个

寨子 16 户,7413.7m²,平均产量 33.04t/hm²,大中薯率 87.8%,小薯率 12.2%,其中,最高单株产量 1.25kg,最大单薯重 0.6kg,最高单产量达 51.04t/hm²。

2013 年丘北县平寨乡平寨村李恒周,在寨子边的冬闲田里种植宣薯 2 号,面积达 467m²,2012 年 12 月 12 日播种,用玉米草和稻草混合覆盖,2013 年 4 月 19 日,农业部门组织测产验收,666.7m² 产量 3402.7kg,最大薯块重 550g,由于薯块大,单价达 6 元/kg。

五、马铃薯发展规划

"十三五"期间,文山州以市场为导向,效益为核心,农民增收为目标,坚持高产、优质、高效的马铃薯产业定位,提升竞争力。充分发挥专业合作组织和农户的主体作用,以科技为支撑,全面推行以脱毒马铃薯为核心的综合配套种植技术,改善品质,提高冬早马铃薯单产水平和商品率。2020 年全州冬早马铃薯种植面积达 3.4 万 hm²,总产 76.5 万 t,平均单产 22.5t/hm² 以上;建成马铃薯种薯生产基地 3 个;建立马铃薯商品薯生产基地 16 个;实现脱毒种薯普及率达到 40%,加工转化比例达到 20%,依靠早马铃薯产业使农民人均收入达 360 元以上。

表 2-21　文山州马铃薯种植 2016～2020 年度规划表　　　　　单位:hm²

县/市	2016 年	2017 年	2018 年	2019 年	2020 年
全州	20000	24000	28000	31300	34000
文山	2900	3400	3700	4100	4600
砚山	2900	3400	3700	4200	4600
西畴	1800	2300	3100	3500	3600
麻栗坡	1800	2300	3200	3500	3700
马关	1900	2400	3200	3500	3700
丘北	2900	3400	3700	4200	4600
广南	2900	3400	3700	4200	4600
富宁	2900	3400	3700	4100	4600

（周洪友　卢春玲　杨柳　撰稿）

普洱市马铃薯产业发展

一、马铃薯产业发展概况

（一）普洱市情

普洱市位于云南省西南部，面积 4.5 万 km²，地势北高南低，无量猫头山海拔 3370m，土卡河口海拔 317m，相对高差 3053m。北回归线穿境而过，垂直气候特点明显，年均温 15~20.2℃，气温年较差 7.9~12.3℃，全年无霜期 315d 以上。年降雨量 1100~2780mm，降雨日数 150d 以上，年相对湿度 76%~85%，年日照时数 1873.9~2206.3h。全市辖 9 个县 1 区，居住着汉、哈尼、拉祜、彝、佤、傣等 14 个世居民族。2016 年末常住总人口 261.7 万人，全年粮食播种面积 34.829 万 hm²，粮食总 121.25 万 t，折粮薯类产量 5.1 万 t，占粮食总产的 4.21%。

（二）马铃薯产业发展

近年随着产业结构的调整、供给侧结构性改革的深入和市场需求的增长，普洱市马铃薯产业发展较快，已成为全省重要的冬马铃薯生产基地。统计资料显示，全市马铃薯种植面积从 2001 年的 1904 hm² 发展到 2016 年的 6812 hm²，经过 16 年的发展，全市种植面积增加了 357.4%，年均增幅达 22.34%。单产从 8.23t/hm² 提高到 18.95t/hm²，增 230.13%，平均单产年均递增 14.36%。总产从 1.79 万 t 增加到 13.86 万 t，增长了 7.76 倍，年均增幅 48.53%，折粮总产 2.77 万 t，占全市粮食总产的 2.29%，产值达 2.77 亿元，成为热区农业农村经济发展的主要产业之一。

（三）马铃薯高产创建

2009 年以来，普洱市在景东、景谷、镇沅、墨江、澜沧、西盟等县实施部省级马铃薯高产创建 33 片，项目涉及 94 乡镇 378 村委会 6.9 万户 22.15 万人。部、省、市三级财政累计投入项目资金 660 万元，至 2016 年累计示范 2.256 万 hm²。全市马铃薯高产创建示范面积总体上逐年递增，从 2009 年的 0.134 万 hm² 增加到 2014 年的 0.4 万 hm²，面积增 2.99 倍，年均增 37.43%。产量从 12.83t 提高到 18.95t，提高 1.48 倍，年均增 18.46%。高产创建示范面积占普洱市马铃薯种植面积的比例为 38.51%~71.26%，占比平均为 50.79%。比非项目区亩均增产 4.8~14.55 t/hm²，平均增产 9.41 t/hm²，新增总产 21.22 万 t，新增总产值 4.24 亿元，年均 0.53 亿元。通过项目实施，项目区培育了一批懂技术、善经营的种植大户和经纪人。2015年景东县文龙镇文录村沙拉河组农户张忠学，种植冬马铃薯0.32hm^2，销售商品薯19.15t，每667 m^{2}收获鲜薯3988.7kg，当年市场价格2元/kg，销售鲜马铃薯收入3.83万元。扣除物化成本5970元，劳动力成本7270元，马铃薯纯收入2.51万元，每667 m^{2}均纯收入达5219.0元。

二、种植布局及技术演进

（一）区域布局及发展潜力

普洱市马铃薯以冬季种植为主，近年全市进一步优化马铃薯发展布局，在全盘统筹各区域文化底蕴、栽培历史、农村经济发展层次、耕地利用现状的基础上，结合各区域光、热、水等气候资源条件，全市马铃薯种植布局划分为主产区和次产区2个区域。主产区包括：景东0.667万hm^2、景谷0.334万hm^2、墨江0.2万hm^2、澜沧0.334万hm^2、镇沅0.167万hm^2，发展面积1.7万hm^2，占全市的91.07%；次产区（发展区）包括思茅区333hm^2、江城667hm^2、宁洱400hm^2、孟连133hm^2、西盟133hm^2，发展面积1667hm^2，占全市的8.93%。

普洱市海拔1200~1600m的山区、半山区为马铃薯次发展区域。该区域经济文化较落后、交通不便、水利基础设施不完善。农户科技意识不强，投入不足，马铃薯种植规模小、规范化程度低，单产量较低，农户种植马铃薯的积极性不高，多以自产自销为主。但该区域是普洱市传统一季中稻种植区域，水稻收获后有大量的冬闲稻田，当地生态环境好，水、土、气受到污染的概率小，适宜发展绿色生态有机农产品，尤其是澜沧县大山、文东、南岭、发展河等乡镇，冬闲稻田分布范围广、面积大，适宜扩大马铃薯种植，有较大的发展潜力。

（二）栽培技术演进

普洱市马铃薯栽培技术演进经历了从粗放到规范，从普通种薯到脱毒种薯，从单一技术到技术集成等发展历程。马铃薯栽培技术经多年循序渐进地改进、提高和完善，有了长足的进步，促进了产业的持续稳定发展。技术上改打塘平作为高垄多行种植（双行、三行）；改不覆盖地膜为覆膜栽培，并逐步提升技术为膜下灌溉，水、肥一体化节水栽培；改单一施用农家肥为组合施肥，即"农家肥+复合肥+专用肥（生物有机肥）"；全市以绿色可持续发展为目标，主产区规格化栽培、地膜覆盖、配方施肥、膜下滴灌水、肥一体化等新技术应用已普及到村组，薯农对新技术接受度高，近年高产高效种植模式已成为当地马铃薯种植模式的标杆。

1. 引进推广脱毒良种

脱毒良种是获得马铃薯高产的关键技术措施，普洱市在部、省、市各级政府的积极推动和鼎力扶持下，通过开展新品种、脱毒种薯引进、示范和配套技术培训，农户的科技意识和种植技术水平得到较大提高，优良品种及脱毒种薯在生产中得到普及推广应用，农户对种薯质量比较重视，已经形成购买种薯的良好习惯，从种源上初步实现了绿色综合防控。

2. 改平作为垄作

平作耕作层浅，种植深度不足，排灌不畅，通透性差，种植密度低。不利于病虫草鼠害的综合控制、水肥合理管控，严重制约了马铃薯产量提高、品质提升和商品率提高。马铃薯种植改为垄作，一是改善了通风透光条件，提高叶面积系数，增加光合效率。二是排灌通畅，有利于水肥管控。三是种植深度可达 25cm 以上，确保养分吸收、块茎膨大不露土，有利于薯块均匀，商品率提高。四是便于农机农艺融合及病虫草鼠害防治管理。

3. 推广应用催芽播种

马铃薯种薯切块时无法做到百分之百的发芽出苗，成苗率低，严重影响产量，因此近年生产上推广应用催芽播种技术，通过暖湿催芽、赤霉素催芽或幼龄整薯播种（15~25g），随种施肥、用药防治地下害虫等措施，提高出苗率和幼苗质量。

4. 合理密植技术应用

普洱市马铃薯传统种植方式由于受施肥水平，技术措施，种植方式等多因素制约，种植密度仅 2500~3500 株/667 m²。近年通过配方施肥、增施有机肥、关键生育期水肥管控和垄作栽培。高垄双行 1.1×0.2-0.25×0.33、三行 1.5×0.2-0.25×0.33，种植密度 5300~6000 株/667 m²，通过增加种植密度提高单产量。

5. 有机无机肥混合施

通常亩施复合肥 150kg、钾肥 50kg、硼肥 2kg，与防治地下害虫的农药拌匀作底肥，马铃薯播种后每亩用 1.5~2t 腐熟农家盖种，可保持土壤酥松，促进土壤微生物生长、土壤养分转化，提高土壤保水保肥能力，有利于薯块膨大；叶面肥、磷酸二氢钾作追肥。地势平坦、水利条件较好的区域，推广应用"高垄+覆膜+有机肥+膜下滴灌+水肥药"一体化集成技术。

6. 地膜覆盖技术应用

普洱市冬季光照充足，降水稀少，昼夜温差大，而地膜覆盖，能够增温保湿，减少水肥蒸发，促进土壤微生物生长，提高土壤养分的转化和释放，是冬马铃薯获得高产的有效措施。生产上使用黑色、白色两种地膜，黑色地膜除草效果好，水分蒸发小，养分损失少。

7. 农机农艺融合技术推广

随着产业结构调整，农村劳动力成为稀缺资源。近年普洱市引进、研发、推广了适宜当地的马铃薯种植耕作机械，在整地、播种、收获等环节引进农机作业、开展农机农艺融合试验示范。农机农艺融合技术推广，对缓解当地农村劳动力紧张、提高种植效率和降低种植成本起到了一定的促进作用。

（二）种植模式演进

1. 稻、豆、薯一年三熟种植模式

景东县川河两岸耕地较紧缺的种植区域，光热资源较好，全年可种植一季中稻，

一季大豆和一季马铃薯，通过一年三熟高产高效种植模式，可实现亩产值上万元。水稻1月中旬到2月中旬育秧，秧龄45d，3月中旬到4月中旬移栽，8月上旬收获。立秋免耕播种大豆，水稻收获前撤水晒田，收获后撒大豆种，割谷茬覆盖。生育期90～100d，立冬收获。马铃薯10月下旬到11月上旬播种，3月中旬到4月上旬收获。

2. 稻、薯一年两熟种植模式

景东县大街镇、花山乡等乡镇，一年可种植两季，一季中稻，一季马铃薯，水旱轮作高产高效种植模式。水稻于4月中旬到5月上旬载插，8月中、下旬。机械收获。马铃薯在水稻收获后撤水晒田，10月中下旬犁耙，11月中下旬种植马铃薯，采用高垄三行覆膜栽培，种植密度6000株/667 m²。

3. 间套种种植模式

普洱市有甘蔗/马铃薯、咖啡/马铃薯、玉米/马铃薯、蚕桑/马铃薯等多种综合利用土地资源套种模式，可有效解决粮经作物争地矛盾问题，实现粮经作物双赢、钱粮双增。

三、产业发展中存在的主要问题

（一）水利设施老化，排灌系统不完善

普洱市沟壑纵横，山高水低，秋冬光照充足，降水稀少，水分蒸发量大。冬马铃薯发展的关键是配套有完善的水利灌溉系统，水是土壤养分释放、马铃薯生长调节，产量形成提高的关键因素。但全市水利化程度不高，农田排灌系统不完善，抗御自然灾害能力弱，水利设施老化是产业发展的瓶颈。

（二）供求信息不畅，产销对接失衡

景东县作为全市最大的马铃薯种植基地县，经过多年的发展，景东冬马铃薯已形成品牌，商品薯销往版纳、昆明、哈尔滨、山东等地。但至今普洱市仍缺乏完善的马铃薯信息平台、稳定的销售市场和配套的营销队伍，供求信息不畅，薯农生产多单打独斗，各自为政，难以实现产业化生产、规模化经营，一定程度上制约了全市马铃薯种植面积的扩大。

（三）监管缺失、种薯参差不齐

脱毒种薯具有较好的抗逆性、抗病性和丰产性。由于种薯市场监管缺失，种薯市场低价竞争、以次充好现象较突出，专业经营人才缺乏，农户购种质量得不到保障。因此建立健全种薯市场监管机制，打击不法经营者，保护薯农合法利益，搭建种薯产销信息平台，扶持生产企业，提升种薯产出率和质量，是增强全市马铃薯产业持续发展后劲的当务之急。

（四）自然灾害较频繁

洪涝灾害主要发生在 10 月底到 11 月下旬，若出现突降暴雨、连绵阴雨即造成灾害。低温霜冻主要发生在景东、墨江等北部县区，如果提前采取防范措施，一般可避免较大的危害。高温逼熟主要发生在南部县区，如马铃薯推迟至 12 月下旬到次年 1 月种植，易高温逼熟、生育期缩短，产量降低。晚疫病为全市冬马铃薯的主要病害，遇阴雨天发病重。

四、马铃薯产业发展重点

普洱市政府制定了"十三五"马铃薯产业发展规划，针对目前产业发展中存在的主要问题，今后产业发展重点：

（一）脱毒良种基地化

建立健全脱毒马铃薯良种贮藏、生产基地，确保普洱市马铃薯种薯供应，避免不法商贩以次充好、以劣充优，保护消费者的合法权益。

（二）种植技术标准化

按照马铃薯生长习性，作物茬口，及时排水，科学规划，集成组装脱毒良种选择、精耕细作、高垄三行、地膜覆盖、复合肥、有机肥、合理密植、水肥管控、规范栽培、绿色防控等技术，进行标准化生产，规范化种植，科学化管理。

（三）疫病防控专业化

从品种、测土配方、水肥管控、合理密植等入手，科学制定栽培管理技术，培育健壮植株、增强抵抗力、免疫力减少病虫害发生。其次结合病虫害发生规律科学预防，播种至苗期——早疫病，苗期至采收期——晚疫病、黑斑病、疮痂病、炭疽病，发芽至盛花期——蚜虫、飞虱、斜纹夜蛾等。

（四）专业合作组织化

提高专业合作组织组织化程度，统一品种，统一价格，统一技术、措施，统一灌水，统一追肥，统一病虫害防治，统一销售，抱团取暖，利益共享，风险共担。

（五）市场，加工产业化

根据普洱市马铃薯生长习性，生产季节，发展规模，加强信息沟通交流，了解市场需求，合理安排生产及加工企业的规划建设，避免盲目发展，挫伤老百姓的积极性，影响产业发展。

表 2-22　普洱市冬马铃薯生产情况

年份	种植面积（hm²）	产量（万 t）	单产量（t/hm²）	主要种植品种
2001	1940	1.79	9.20	合作 88、会-2、米拉、大西洋
2002	2307	1.90	8.23	合作 88、会-2、米拉、大西洋
2003	1906	1.88	9.88	合作 88、会-2、米拉、大西洋
2004	2129	2.16	10.17	合作 88、会-2、米拉、大西洋
2005	2438	2.68	11.01	合作 88、会-2、米拉、大西洋
2006	2667	3.51	13.15	合作 88、会-2、米拉、大西洋
2007	2520	3.61	14.34	合作 88、会-2、米拉、大西洋
2008	2683	3.76	14.00	合作 88、会-2、米拉、大西洋
2009	3348	4.51	13.46	合作 88、会-2、米拉、大西洋
2010	3772	4.84	12.83	合作 88、会-2、米拉、丽薯 6 号
2011	5032	8.20	16.30	合作 88、会-2、米拉、丽薯 6 号
2012	5273	9.44	17.91	合作 88、会-2、米拉、丽薯 6 号
2013	5794	9.61	16.59	合作 88、会-2、米拉、丽薯 6 号
2014	7317	13.86	18.94	合作 88、丽薯 6 号、米拉、会-2
2015	7063	13.38	18.95	合作 88、丽薯 6 号、会-2、米拉
2016	6812	12.70	18.65	合作 88、丽薯 6 号、会-2、米拉
2017	6238	13.08	20.97	合作 88、丽薯 6 号、会-2、米拉
2018	6315	13.30	21.07	合作 88、丽薯 6 号、会-2、米拉

表 2-23　马铃薯高产创建完成情况统计表

年度	示范面积（hm²）	占当地种植比例（%）	核心区单产（t/hm²）	示范区单产（t）	比非项目区增产（t/hm²）	涉及乡镇（个）	村委会（个）	涉及农户（户）	人口数（人）
2009	1339	39.96	31.36	13.46	3.37	5	22	4881	19524
2010	2689	71.26	25.59	12.83	5.94	11	47	8450	23806
2011	2785	55.32	28.05	16.31	4.81	12	48	8636	22540
2012	3007	57.00	30.17	17.91	5.87	12	51	9523	28092
2013	2670	46.09	30.71	16.59	9.71	13	52	9968	35869
2014	4007	54.74	33.19	18.94	8.30	15	65	10029	38111
2015	2721	38.51	33.49	18.95	4.54	12	43	7819	22461
2016	3341	49.04	33.24	18.65	4.59	14	50	9713	31074

（编写人员：王凌云　石凤兴　刘天勇）

西双版纳州马铃薯产业发展

西双版纳州地处滇西南边陲，北纬 $21°10'\sim22°40'$，东经 $90°55'\sim101°50'$，与老挝、缅甸接壤，国土面积约 19096 km^2，辖一市两县（景洪市、勐海县、勐腊县）和三区（西双版纳旅游度假区、磨憨经济开发区、景洪工业园区），有 31 个乡镇和 1 个街道办事处，222 个村委会，2253 个村民小组。以傣族为主体民族。农业人口 64.23 万人，占总户籍人口的 64.87%。属热带、亚热带气候，全年日照时数 $1700\sim2300$ h，年平均气温 $20.2\sim21.4℃$，年积温 7469℃左右，年降雨量 $1300\sim1760$ mm，雨季主要集中在 $6\sim9$ 月，旱季（11 月至次年 5 月）温暖干燥少雨，昼夜温差大。

一、马铃薯生产概况

（一）马铃薯种植布局

2009 年以前，全州一市两县都有马铃薯种植，主要分布在勐海县的西定、勐满、勐海、勐宋；景洪市的景讷、勐龙、勐旺；勐腊县的勐腊、勐捧、勐拌等乡镇。种植品种有"合作 88、会-2"、本地小糯洋芋。种植粗放，单产水平低，平均产量不到 15 t/hm^2。$2010\sim2016$ 年，西双版纳州重点在勐海县的勐满、勐混、勐海、勐阿、勐遮和勐宋；景洪市的勐旺、景讷等乡镇发展马铃薯种植。其中 2011 年马铃薯种植面积最大 927 hm^2，单产 17.8 t/hm^2；2016 年种植面积最小 418 hm^2，平均单产 21.77 t/hm^2，最高单产达 33.45 t/hm^2。近年版纳州马铃薯种植面积波动较大，2015 年种植面积比 2014 年扩大了近 1 倍；2016 年种植面积比 2015 年减少 49%。全州马铃薯种植主体为种植大户，种植大户（企业）的增减、市场价格的波动，对马铃薯种植影响较大。全州冬季马铃薯面积、产量占比超过全年马铃薯种植面积的 90%；脱毒马铃薯种植面积达 95%。

表 2-24　2001~2016 年西双版纳州马铃薯生产统计

年份	种植面积（hm^2）	产量（t）	单产量（t/hm^2）	主要种植品种
2001	827	9500	11.49	合作 88、会-2 号
2002	727	8500	11.69	合作 88、会-2 号
2003	647	8000	12.36	合作 88、会-2 号

续表2-24

年份	种植面积 （hm²）	产量 （t）	单产量 （t/hm²）	主要种植品种
2004	693	9099	13.13	合作88、会-2号
2005	733	10500	14.33	合作88、会-2号
2006	633	8500	13.43	合作88、会-2号
2007	487	6500	13.35	合作88
2008	133	2000	15.04	合作88
2009	533	8000	15.01	合作88
2010	660	12500	18.94	合作88
2011	927	16500	17.80	合作88
2012	700	13000	18.57	合作88
2013	620	14500	23.34	合作88 丽薯6
2014	427	8500	19.91	合作88 丽薯6
2015	823	15100	18.35	合作88 丽薯6
2016	418	9100	21.77	合作88 丽薯6
2017	470	8970	19.09	合作88 丽薯6
2018	540	9900	18.33	合作88 丽薯6

产量为鲜薯产量。

（二）马铃薯种植技术改进

1. 自留种薯向脱毒种薯转变

2000年以来，版纳州冬季马铃薯大力推广脱毒种薯，推广"会-2号、合作88"等新品种。经过近十几年的发展，脱毒马铃薯及新品种应用面积不断扩大，大大提高了良种覆盖率，总产和单产大幅上升。

2. 单垄单行向大垄双行种植转变

传统单垄单行垄面较窄，难于培土形成高垄，不利于马铃薯结薯膨大。近年改为大垄1.2m开墒，墒面宽80cm，每垄种植2行马铃薯，通过2~3次培土形成25cm以上高垄。大垄双行便于培土、薯块生长膨大空间充足，能够显著提高产量。大垄双行便于机械操作，可以利用小型机械进行开沟、培土、覆膜及收获，可提高效率，增加效益。

3. 露地栽培向地膜覆盖栽培转变

海拔1100~1200m区域，马铃薯播种期在10月至12月，此时气温及地温均较低，露地栽培马铃薯出苗慢、出苗率低、生长不整齐。在该区域实施地膜覆盖栽培可以提高温度，促进出苗，保证出苗率。版纳州冬季降雨量少，地膜覆盖能够抑制水分蒸发保持土壤水分，出苗期及时破膜放苗，并用细土覆盖出苗口；生长期保持膜面光洁完整，充分发挥地膜增温、保水、抑制杂草的作用。

4. 传统施肥向配方施肥转变

马铃薯生长要求土壤深厚、疏松和富含有机质，增施有机肥可以增加土壤有机质含量，提高耕种质量。测土配方施肥，平衡氮、磷、钾施肥比例，适当增施硫酸钾和硼、镁、锌等中微量元素肥料，是增加马铃薯产量的有效措施，可促使土壤养分平衡，提高肥料利用率。

5. 人工种植向机械化种植转变

"十一五"以来，云南省农业厅对西双版纳州冬季农业开发高度重视，多次在版纳州召开全省冬季农业开发现场观摩会，举办系列种植技术培训班。2008年，西双版纳州农机研究所启动马铃薯机械化生产示范推广项目。2010年11月引进由中机美诺科技股份有限公司生产的1220A型双行马铃薯播种机。该设备可一次性完成马铃薯双行开沟、施肥、播种、喷药和培土作业。研究所在勐海县勐阿乡开展试验示范，对该机械播种深度、种子破土率、双株率、空穴率等技术指标进行测试和调整，通过农机农艺融合，播种机械性能稳定，提高了机播质量。2013年引进该家公司生产的1520型双行马铃薯收获机，机收作业提高工效40倍以上，漏收、破损率下降30%。马铃薯机播、机收大大降低了劳动强度、节约了用工成本。

6. 病害防治向综合防控转变

近年马铃薯病害防控采取引进抗病品种、脱毒种薯、种薯消毒和关键生育期药剂防治等综合防控措施。实施稻、薯水旱轮作，减少施药次数，降低农残。利用灯光诱捕器、色板等诱杀害虫，物理、化学和生物防治相结合，实现绿色高效综合防治。

二、高产创建实施成效

全州马铃薯高产创建重点在勐海县实施。长期以来，受传统种植习惯的影响，勐海县马铃薯主要以春播本地老品种为主，多小面积零星种植、自食为主，形不成规模，全县种植面积约几千亩。品质差，销售渠道窄，经济效益低，是导致勐海县马铃薯发展缓慢的主要因素。通过冬季马铃薯高产创建项目的实施，引导农民利用晚秋间套作、冬闲田地，扩大冬季马铃薯的种植，调整勐海马铃薯的季节分布，对勐海县马铃薯产业发展起到了积极的推动作用。

（一）勐海县从2008年开始马铃薯高产栽培示范研究，高产示范样板33hm^2，平均单产24t/hm^2；2009年，示范种植67hm^2，平均单产25.5t/hm^2；主要种植品种合作88，主推大垄双行种植技术，商品率达85%以上。

（二）2010年勐海县列为农业农村部冬马铃薯万亩高产创建示范县，2010～2011年在勐满、勐遮、勐海、勐阿4个乡镇。累计实施冬马铃薯高产创建示范1228hm^2，其中2010年高产创建示范733hm^2，平均单产25.9t/hm^2；2011年高产创建示范495hm^2，平均单产 26.2t/hm^2。主要种植品种合作 88，主推大垄双行种植技术，通过项目实施辐射带动全州冬马铃薯发展。

三、冬马铃薯发展存在的主要问题

西双版纳州生态气候适合发展种植冬季马铃薯，马铃薯单产量由发展初期的 12.4t/hm^2 提高到近年的 23.3t/hm^2，单产量实现了翻番。但全州冬马铃薯种植面积长期徘徊在万亩以下，且种植规模极不稳定。主要制约因素有以下三个方面：

（一）种植比较效益不高

2010 年以来，随着全州香蕉、冬早蔬菜种植面积的不断增加，景洪市和勐腊县的冬马铃薯种植面积逐渐减少，仅勐海县每年还有一定种植面积。2016 年全州水田面积 5.659 万 hm^2，水田种植冬马铃薯 418hm^2、香蕉 1.233 万 hm^2、甘蔗 6246hm^2 和西瓜 3380hm^2，分别占全州水田面积的 0.74%、21.7%、11.0% 和 5.9%。2016 年冬马铃薯种植纯收入 1.2 万元/hm^2，冬马铃薯种植效益与西瓜、香蕉、甘蔗相比较：比种植西瓜纯收入减少 6.61 万元/hm^2；比香蕉纯纯收入减少 2.94 万元/hm^2；比甘蔗纯收入增加 0.16 万元/hm^2。

（二）种植成本高、市场价格波动大

由于香蕉、西瓜和冬早蔬菜的快速发展导致土地租金逐年上涨。2014 年景洪、勐腊适宜种植冬农作物的耕地租金已达每年 4.5 万~6 万元/hm^2，勐海县大棚西瓜地租达每年 2.25 万~3 万元/hm^2，当地农民租地比种地更实惠，种植马铃薯的积极性不高。冬马铃薯市场价格波动大，2015 年当地商品薯市场价格 2000~2200 元/t，2016 年价格上涨到 3500~4000 元/t，2017 年价格下跌至 1800~2200 元/t。由于种植成本增加、市场价格波动大，种植大户（企业）种植冬马铃薯风险较高。

（三）抢节令播种难度大

西双版纳州雨季较长，雨季一般 11 月份才能结束。稻薯轮作种植冬马铃薯不利于及时排水翻犁，抢节令播种难度大。

（高凡　撰稿）

大理州马铃薯产业发展

　　大理州位于云南省中部偏西，东经 98°57′~101°03′，北纬 24°41′~26°42′。地处云贵高原与横断山脉结合部，地势西北高，东南低。东邻楚雄州，南靠普洱市、临沧市，西与保山市、怒江州相连，北接丽江地区，是中国西南边疆开发较早的地区之一。距昆明市 338km，交通便捷。国土总面积 2.95 万 km²，山区面积占总面积的 83.7%，东西最大横距 320km，南北最大纵距 270km。具有低纬高原季风气候特点，四季温差小、干湿季分明，5~10 月降雨量占全年的 85%~95%。全州地形地貌复杂，海拔高低悬殊，气候垂直差异显著，生态气候适宜马铃薯周年种植。2001~2017 年是大理州马铃薯产业发展较快的时期，产业发展分别跨越了"十五""十一五""十二五"三个历史阶段，马铃薯产业已发展成为大理州的优势特色产业之一。

一、马铃薯生产概况

　　马铃薯是大理州重要的粮、菜、饲兼用作物，种植历史悠久。种植面积仅次于玉米、水稻和麦类，是重要的"钱粮"双增作物，在确保全州粮食稳定增产、农民持续增收中发挥着重要作用。大理州马铃薯产业得益于得天独厚的自然环境、气候条件以及各级政府的大力支持和科技支撑，发展前景广阔，后发优势突出，持续发展能力强劲。全州目前拥有马铃薯淀粉生产企业、种业有限公司各 1 家，专业合作社 8 个，马铃薯无公害认证基地 0.57 万 hm²，马铃薯绿色食品基地 333.3 hm²。

（一）马铃薯种植布局

　　大理州马铃薯种植区域涵盖全州十二县（市）的大部分地区，一年四季都可种植，有大春作、小春作、秋作和冬作马铃薯。大春作和冬作占全年马铃薯种植面积的 85%以上。大春马铃薯主要种植在鹤庆县、剑川县、洱源县、漾濞县、云龙县等高海拔地区，以丽薯 6 号、合作 88、剑川红、丽薯 7 号等品种为主。种植面积最大的乡镇是鹤庆县草海镇的马厂、新峰、安乐三个西山片区，种植面积较大的乡镇有剑川县金华镇的庆华、清坪片区；甸南镇的上关甸、玉华、白山母片区；洱源县的西山乡、炼铁镇和右所镇的启胜、腊坪片区；祥云县普淜镇的力必甸、黑苴和云南驿镇的桂花亭、芹菜沟、大海，祥城镇的毛栗坡等。冬早马铃薯种植区域中，种植面积最大的是南涧县公郎镇，其次有弥渡县弥城镇、寅街镇；南涧县南涧镇；大理市大理镇；祥云县普淜镇、祥城镇和漾濞县苍山西镇等。

　　近年来，大理州各级党委、政府十分重视马铃薯产业发展，在马铃薯新品种选育、脱毒良种繁育体系建设、高产栽培技术研究等方面给予了大力支持，加大了马铃薯新品种引育、脱毒良种繁育示范推广以及种薯和原料薯生产基地的建设力度。随着国家马铃薯主粮化战略的实施，大理州优化布局、制定产业基地发展规划，加大政策扶持力度，以主产区为重点，建设面向滇西德宏、保山、临沧以及南亚和东南亚的全省"优质脱毒种薯基地""优质菜用型马铃薯种植基地"和"优质加工型马铃薯原料基地"。2016年，大理州已建成脱毒种薯基地0.34万hm²，优质菜用型马铃薯种植基地2万hm²；至2020年将建成优质脱毒种薯基地0.67万hm²，优质菜用型马铃薯种植基地2.33万hm²。全州马铃薯种植规模达3万hm²，实现综合产值20亿元。

（二）种植面积及产量

2001～2017年马铃薯生产统计结果显示：2010年是大理州马铃薯种植发展的转折点，2010年之前，全州马铃薯种植面积基本上逐年递增，但增长缓慢。2010年大理州马铃薯种植面积比上年扩大0.31万hm²，面积首次达1.7万hm²。2010～2017年种植面积稳定并持续增长。至2017年全州种植面积发展到2.06万hm²，鲜薯单产量26.28t/hm²，鲜薯总产量54.16万t。经过17年的发展，大理州马铃薯种植面积增加12.1万hm²，增142.59%，年均递增712.49hm²，年均增8.39%；鲜薯总产量增加40.29万t，增290.45%，年均递增2.37万t，年均增17.09%；鲜薯单产量增9.95t/hm²，增加产值近9亿～13亿元。

表2-25　2001～2018年大理州马铃薯生产情况表

年份	种植面积（hm²）	产量（万t）	单产量（t/hm²）	主要种植品种
2001	8494	13.87	16.33	会-2、中甸红
2002	8561	14.43	16.86	会-2、中甸红
2003	8580	14.70	17.13	会-2、中甸红
2004	11705	24.80	21.18	会-2、中甸红
2005	11081	24.52	22.13	会-2、中甸红
2006	12179	26.31	21.61	会-2、合作88
2007	12119	25.62	21.14	会-2、合作88
2008	13962	28.31	20.28	会-2、合作88
2009	13963	27.83	19.93	会-2、合作88
2010	17021	30.60	17.98	会-2、合作88
2011	17026	35.94	21.11	合作88、丽薯6号
2012	18450	41.52	22.50	合作88、丽薯6号
2013	18318	42.79	23.36	合作88、丽薯6号

续表2-25

年份	种植面积 （hm²）	产量 （万t）	单产量 （t/hm²）	主要种植品种
2014	18637	45.56	24.45	合作88、丽薯6号
2015	20033	49.60	24.76	合作88、丽薯6号
2016	20426	51.81	25.36	合作88、丽薯6号
2017	20607	54.16	26.28	合作88、丽薯6号
2018	17347	38.55	22.22	合作88、丽薯6号

数据来源于《大理州统计年鉴》产量为鲜薯产量

（三）秋冬马铃薯生产

近年来由于新品种、新技术的推广应用，冬马铃薯市场前景好、种植效益高，大理州加快了冬农开发冬马铃薯的发展。2001年种植面积约0.17万hm²，经逐年扩大种植，2009年后已经发展成为大理州的特色产业，2017年种植面积达1.04万hm²。鲜薯总产量由2001年的3.62万t增加到2017年的24.56万t，鲜薯单产量由2001年的21.19t/hm²增加到2017年的23.63t/hm²。全州冬马铃薯种植面积最大的乡镇是南涧县的公郎镇，年均种植冬马铃薯200hm²，总产量5000t。弥渡县弥城镇、寅街镇；南涧县南涧镇；大理市大理镇；祥云县普淜镇、祥城镇和漾濞县苍山西镇等乡镇是冬马铃薯种植面积较大的乡镇。薯稻轮作模式是大理州的冬马铃薯主要发展种植模式，冬马铃薯11月中下旬种植，翌年4~5月份收获，冬马铃薯收获后下茬种植水稻。2010年前，种植品种以"中甸红""会-2""胜利一号""合作88"为主，近年受市场青睐的种植品种有"合作88""丽薯6号""丽薯7号"等品种。大理州的冬马铃薯种植前期气温较低、后期易受干旱影响，近年冬马铃薯种植技术上有以下特点：一是选用"合作88、会-2、丽薯6号、云薯401"等脱毒种薯，从种薯源头提高产量。二是栽培上由传统"满天星"式塘播或单垄条播改变为高垄双行覆膜栽培；种植密度一般为6万株/hm²。三是施肥从以往偏施氮肥、随意施肥改变为测土配方施肥，并大力推广使用有机肥。四是强化病虫害综合防治、绿色防控、减少农药用量。

表2-26 大理州秋冬马铃薯生产情况表

年份	种植面积 （hm²）	产量 （万t）	单产量 （t/hm²）	主要种植品种
2001	1706	3.62	21.19	会-2、中甸红
2002	2433	5.30	21.79	会-2、中甸红
2003	2621	5.69	21.69	会-2、中甸红

续表2-26

年份	种植面积（hm²）	产量（万t）	单产量（t/hm²）	主要种植品种
2004	2804	6.22	22.19	会-2、中甸红
2005	3991	8.50	21.30	会-2、中甸红
2006	4802	11.40	23.73	会-2、合作88
2007	5015	11.62	23.18	会-2、合作88
2008	5499	12.68	23.06	会-2、合作88
2009	5109	12.35	24.18	会-2、合作88
2010	5716	12.71	22.23	会-2、合作88
2011	6376	15.99	25.07	合作88、丽薯6号
2012	7729	18.68	24.17	合作88、丽薯6号
2013	8372	19.95	23.83	合作88、丽薯6号
2014	9096	21.88	24.05	合作88、丽薯6号
2015	9976	22.14	22.19	合作88、丽薯6号
2016	10153	23.20	22.85	合作88、丽薯6号
2017	10393	24.56	23.63	合作88、丽薯6号

大理州秋马铃薯种植区域狭窄，种植面积较小。主要分布在大理市、祥云和弥渡等地。秋马铃薯种植面积仅占全州全年马铃薯播种面积的5%，约占当年秋冬马铃薯种植面积的10%。种植品种主要以"丽薯6号"和"丽薯7号"为主。平均鲜薯产量22.5t/hm²左右。秋马铃薯播种时间多以每年的8月中旬开始，11月下旬收获。

二、种植技术的演变改进

（一）种植技术的演进

大理州马铃薯良种良法科技示范推广起步较晚，马铃薯种植长期以传统"满天星"式塘播栽培为主，新品种、新技术示范推广滞后，种植密度低、生产管理粗放，马铃薯生产水平较低。"十五"以来，大理州农业部门强化了马铃薯品种的更新换代，不断引进新品种试验示范，筛选出了适宜不同区域的优势种植品种。大春马铃薯主要推广"合作88、会-2"、小春主推"中甸红、会-2号、丽薯6号"。通过示范推广脱毒种薯、起垄双行条播、增施基肥、小春马铃薯地膜覆盖、早春马铃薯稻草覆盖免耕和测土配方等新技术，马铃薯单产量有了较大的提高，种植面积逐年增加。2009年随着大理州脱毒马铃薯种薯基地建设和科技增粮马铃薯高产创建项目的实施，马铃薯良种良法栽培技术得到加速推广，至 2013 年大理州基本上形成了以"合作 88""丽薯"系列为主导品种；以配方施肥、高垄双行条播、地膜覆盖、病虫害综合防控为主推技术的马铃薯高产优质栽培技术体系。同时推广马铃薯无公害栽培技术，提升马铃薯品质，发展订单种植，提高马铃薯种植效益。大力发展马铃薯秋作、冬早作和间套种，拓展延伸了全州马铃薯种植发展空间。

大理州弥渡县示范推广客土和种薯催芽两项核心技术，为当地薯农广为应用，冬马铃薯增产增收效果显著。客土技术：当地种植冬马铃薯每隔 2~3 年，需从周边山上开挖搬运砂土置换部分耕作层土壤，一般根据农户的经济状况掺入砂土 750~900t/hm^2。客土技术起到了均衡营养、改善土壤结构和减轻病害等作用，促进了当地马铃薯稳产高产。弥渡县 1996 年试验客土技术，至 2015 年全县推广应用面积达 533.4hm^2。种薯催芽：在前作还未完全收获或耕地尚未整理好的情况下，为了抓住最佳播种节令，种薯需经过室外（室内）催芽，历时 15~20d 左右，选择健壮、整齐一致的种薯芽块进行播种，保证出苗率和整齐度。

大理州马铃薯生产实践表明：高垄双行栽培可比"满天星"栽培增加密植 7500~15000 株/hm^2；配方施肥可减施氮肥，避免马铃薯徒长，增施磷、钾肥，有利用结薯和薯块膨大，提高产量 10%、肥料利用率提高 5% 以上；疫病等病害综合防控可减少产量损失 30%~40%；河谷区稻草覆盖栽培可增产 35%；高产品种脱毒种薯生产一般可增产 25%~30%。

（二）主要种植技术模式

大理州可一年多季种植马铃薯，马铃薯间套种、地膜覆盖推广应用面积较小，马铃薯间套种技术主要在局部地区夏播秋收马铃薯和果园、玉米、烤烟地间套种上应用，地膜覆盖栽培主要应用于春播马铃薯生产。推广的主要种植模式有高垄双行栽培和塘播高产栽培两种技术模式。

高垄双行栽培技术模式：主要在大春马铃薯生产上应用。脱毒种薯→精细耕地→起垄并两边挖播种沟→适时播种→施农家肥→复合肥→浅覆土→地膜覆盖（小春薯）→中耕管理→引苗（小春薯）→除草培土 2~3 次→适时追施氮肥→防治病虫 2~3 次→适时收获。

塘播高产栽培技术模式：主要在冬马铃薯生产上应用。中晚熟高产品种（脱毒种薯）→切块→催芽→塘播→中耕管理→病虫害综合防治→适时收获。种薯需经切块催芽后播种，以确保全苗。塘播规格：40×（40~45）cm，每 667m^2 播 3200~3500 塘，每塘留一株，人工浇灌。种植 2~3 年后，利用客土的方式更换部分耕地土壤。

三、种薯繁育体系建设

（一）品种选育

大理州农科所（大理州农科院粮作所前身）从 2011 年起开展马铃薯新品种引育及

脱毒马铃薯种薯生产推广以来，先后从国际马铃薯中心、云师大薯类作物所、云南农大、云南省农科院和东北农大等单位引进大量的育种材料和优良品种资源进行鉴定筛选，先后筛选出适合全州种植的"合作88、滇薯6号、丽薯6号、丽薯7号"等新品种；与云南师范大学薯类作物所合作选育出"合作203、凤薯2号（已通过品种审定）、合作68号"已通过省区试和生产试验；筛选出"凤薯3号、凤薯4号（07-17）、凤薯95-18（18号）、凤薯95-15"等多个新品系参加云南省马铃薯新品种区域试验。从2009年起开始自主配制马铃薯杂交组合，积累了大批具有自主知识产权的优良家系材料，为全州马铃薯新品种选育奠定了坚实的基础。预计今后每五年可有3~5个新品种进入云南省马铃薯新品种区域试验，2~3个新品种进入生产性试验，1~2个产量高、品质好、适应性强、市场对路的品种通过省级审定。

（二）种薯基地建设

近年来，大理州各级党委、政府十分重视马铃薯产业发展，加大了马铃薯新品种引育、脱毒良种繁殖示范和推广力度，大力发展种薯生产，加强脱毒种薯生产基地建设。目前，全州初步形成了以州农科院为龙头，漾濞县农技中心、剑川县农技站和英茂集团等单位生产的马铃薯脱毒种苗为支撑，鹤庆、剑川、洱源、祥云及漾濞等县为纽带，生产大户为网络的微型薯、一级种薯和二级种薯生产和供应体系。全州建成脱毒马铃薯组培室300m²，温网室6000m²，年生产脱毒苗150万株，原原种（微型薯）500万粒。原种基地133.33hm²，产量3000t，一级种基地333.4hm²，产量8000t，二、三级种基地1333.4hm²，产量2.5万t。微型薯的生产成本为0.15~0.2元/粒，种植原原种需投入种薯成本1.2万~1.8万元/hm²；原种生产种薯成本投入4500~6000元/hm²。

四、高产创建实施成效

大理州自2009年实施马铃薯高产创建，至2017年大理州累计实施完成马铃薯高产创建85片，示范面积6.72万hm²。其中实施大春马铃薯高产创建示范面积4.45万hm²，占当地种植面积的50%，涉及大理州大春马铃薯主要种植区域的6个县、131个乡镇、516个村委会、农户12万户，平均单产34.4t/hm²，较非项目区增7.6t/hm²；实施完成冬季马铃薯高产创建示范面积2.31万hm²，占当地种植面积的28%左右，涉及大理州冬季马铃薯主要种植区域的6个县、156个乡镇、628个村委会、农户16.6万户，平均单产33.5t/hm²，较非项目区增6.6t/hm²。通过实施马铃薯高产创建项目，集成推广主导良种和主推科技，强化了薯农的科技意识，促进了薯农增产增收和马铃薯产业持续发展。生产实践表明，马铃薯高产创建活动对于大理州马铃薯主产区的农村经济发展产生了积极的影响。

表 2-27 大理州马铃薯高产创建情况

年度		示范面积（hm²）	占当地种植面积（%）	产量（t/hm²）	较非项目区增产（t/hm²）	涉及县、乡、村（个）	涉及农户（户）
2009	大春	511	5.80	41.86	12.75	2/11/44	7854
	冬作	360	7.00	26.80	6.70	1/3/12	6250
2010	大春	6492	57.40	31.74	12.42	3/6/14	11719
	冬作	1052	15.00	27.41	9.41	3/9/13	17250
2011	大春	7371	69.20	36.36	9.43	4/16/68	13935
	冬作	1340	21.00	27.84	6.23	2/6/35	6775
2012	大春	6291	58.70	36.36	7.58	4/12/48	13113
	冬作	2010	26.00	29.49	4.86	3/13/51	13321
2013	大春	6719	67.60	32.27	6.78	4/15/71	15268
	冬作	2697	32.20	31.07	6.15	4/25/74	12381
2014	大春	4148	43.50	32.86	5.80	6/17/80	17485
	冬作	5003	55.00	40.72	5.73	6/31/105	31532
2015	大春	5400	38.30	33.41	8.64	6/23/74	18113
	冬作	4892	83.00	36.08	6.89	7/28/170	36759
2016	大春	5466	36.20	33.22	1.83	6/20/77	15644
	冬作	4190	60.80	39.65	10.11	6/31/131	30017
2017	大春	2030	19.90	31.13	3.29	3/11/40	7203
	冬作	1591	15.30	42.66	3.56	2/10/37	11517

典型材料一

弥渡县夹石洞土壤、气候适宜马铃薯的生长，种植历史悠久。弥渡县农业技术推广中心结合当地实际，挖掘潜力，从改良品种入手，配套良种良法，提升了马铃薯种植水平。李从海是夹石洞的一位村民，有3.45亩耕地，原来种植马铃薯本地品种，产量较低、效益不好，收入微薄。多年来，通过农技人员的指导和参与科技示范项目，逐渐领悟到了科技种薯的增产潜力。于是他带头尝试新品种、新技术，积累了丰富的种植经验，近年靠种植马铃薯走上了致富之路。从1995年开始，他在农技人员的指导下，先后引进种植"合作88、会-2、丽薯6号"等新品种，栽培技术上一改往日的打塘直播方式，抓住11月中旬至12月上旬最佳播种节令，采用催芽播种技术，提高了马铃薯的出苗率和整齐度，实现了产量的增长。1996年，弥渡县推广客土技术，他带头使用客土调剂改良土壤，通过增施有机肥，改善了马铃薯的品质，提高了种植的经济效益。2009年以后，李从海在县农技人员的指导下，又率先试验示范测土配方施肥和马铃薯绿色防控等技术。经过多年实践，摸索出了马铃薯高产高效种植技术，种出的马铃薯产量和品质均有大幅提高，种植效益逐年攀升。2011 年 2511.36 kg/亩、产值 6277.60 元/亩；2012 年 3000kg/亩、产值 9140 元/亩；2013 年 4520kg/亩、产值 1.27 万元/亩；2014 年 5354kg/亩、产值 1.71 万元/亩；2015 年 5454kg/亩、产值 1.36 万元/亩，商品薯率从 70% 提高到 95% 以上，受到外地客商的一致好评。在他的带动下，夹石洞的不少农户依靠种植小春马铃薯也实现了增收致富。如今，夹石洞的马铃薯在省内外名声大振，收获季节，每天有上百 t 马铃薯销往四面八方。

典型材料二

2009 年鹤庆县农技推广中心为充分挖掘马铃薯的增产潜力，发挥以点带面的示范效应，在马铃薯高产创建百亩核心区实施高产攻关 4.95 亩。采取高密度种植，生长中期追施钾肥、硼肥、喷施多效唑控制株高等技术措施促进马铃薯高产，经田间理论测产，高产攻关田综合平均亩产鲜薯 3807.2kg，与百亩核心区对照田比较，单产增 223.3 kg，增 6.2%；草海镇新峰村农户罗文军 1.05 亩攻关田块实收测产，实收马铃薯 4206.1kg，折合单产 3823.7 kg/亩，比非项目区增 1673.2 kg/亩，增 77.8%，按当时商品薯 0.7 元/kg 的价格，增加产值 1171.24 元/亩。

五、科技队伍建设

大理州农科院具有一批专职从事马铃薯新品种选育和生产技术研究的专业技术人员，先后参与实施了云南省科技厅"十五"科技攻关计划《云南省马铃薯晚疫病综合防治技术研究与示范》、云南省"十一五"科技攻关计划《马铃薯种质资源评价、新品种选育和示范》和重点农产品开发计划《马铃薯抗晚疫病中早熟（特色）新品种选育》等项目。2015 年成立"大理州农科院马铃薯产业技术研究课题组"，课题组围绕滇西北马铃薯种薯基地建设，协调英茂大理种业集团公司、剑川、丽江、迪庆等省马铃薯体系试验站技术，建设马铃薯种业中心，向滇西北、滇西南、滇南马铃薯冬作区域供应合格种薯，展示合格种薯生产集成技术。课题组成员 16 人，下设基础研究和攻关研发小组、试验示范和技术推广小组、基础设施建设和成果转化小组三个执行小组。实施的项目主要有"大理州马铃薯良种繁育基地建设"（国家农业开发项目）、"英茂马铃薯脱毒种薯产销体系建设及产业化示范"（云南省科技厅项目）、"云南省现代农业马铃薯产业技术体系建设"（云南省农业厅项目）、"滇西高原特色马铃薯良种繁育与应用"（中央财政项目）、"马铃薯新品种选育及示范"等项目。

此外，大理州马铃薯主要种植区域的每个县市还专门组建有 3~6 人的马铃薯课题组，专门从事马铃薯生产与应用、高产栽培和试验示范推广，逐步加强州、县、乡、村推广服务体系建设和科技队伍建设。目前马铃薯推广体系基本健全，科技指导服务设施设备齐全，科技力量雄厚。

六、项目开展及资金投入

近年来，大理州各级党委、政府十分重视马铃薯产业发展，把发展壮大马铃薯产业作为冬季农业开发和促农增收致富的重要举措，在马铃薯新品种选育、脱毒良种繁育体系建设、高产栽培技术研究等方面给予了大力支持，加大了马铃薯新品种引育、脱毒良种繁殖示范和推广，种薯生产基地和原料生产基地的建设力度。大理州农科院先后实施了"云南省大理白族自治州脱毒马铃薯良种繁育基地建设""云南省现代农业马铃薯产业技术体系大理试验站"和"滇西高原特色马铃薯良种繁育与应用"等国家农业综合开发和省级科技项目，全州实施马铃薯高产创建、优势农产品基地建设、冬季农业开发和马铃薯原种补贴等项目。累计投入资金约 3600 万元，其中 2009～2017年，大理州累计实施马铃薯高产创建 85 片，省、州、县各级财政累计投入马铃薯高产创建资金达 1740 万元。

七、发展中存在的主要问题

（一）水利基础设施薄弱、种植技术发展不平衡

大理州冬马铃薯生长期间处于冬春干旱少雨季节，水利基础设施薄弱、生产灌溉条件差，没有足够的水源保障。严重影响冬马铃薯产量及种植效益的提高，从而制约了全州冬马铃薯种植规模的进一步扩大。大理州薯农的经济状况、文化程度和生产水平差距大，县区之间发展不平衡。高产地区单产超过 60t/ hm²，低产地区单产仅 15t/hm²左右。有些地区由于技术管理不到位，马铃薯的畸形薯、空心薯比例较高，导致商品率低，薯农生产收益不高；品种的熟期与当地的栽培制度不相配套，缺乏早熟、抗冻、抗病和高产的冬季种植品种。新品种的推广力度弱、普及率低。

（二）种薯繁育规模小、质量监管不完善

大理州马铃薯组培室、网室大棚建设规模较小，配套设施差。大理州原种及一、二级脱毒种薯的适宜生产区域为高寒山区，这些地区往往是贫困地区，农户经济条件差，无力购买高价格的原原种或原种进行下一级别种薯生产，各县规模化繁种程度低，制约了全州脱毒种薯的生产能力，导致供种能力远远不能满足本地生产和外销市场需求。目前大理州马铃薯种薯监管工作也比较滞后，全州脱毒种薯的应用率较低。马铃薯病害加重，产量难以提高，品质无法保证。

（三）缺乏专业销售组织，加工带动能力弱

全州马铃薯销售价格主要由外地客商控制，本地马铃薯专业合作社主要为外地客商提供服务，没有建立起自己的销售网络，抗御市场风险的能力较弱。目前全州规模

较大的薯类龙头企业未正常生产，原料标准化高产栽培技术示范推广滞后，与农户利益连接机制不畅，企业产品附加值低，难以调动农户的积极性。

（赵宗福　杨昆红　张艳明　撰稿）

保山市马铃薯产业发展

保山市位于云南省西南部横断山南段，地处北纬 24°07′~25°52′，东经 98°05′~100°02′。属热带、亚热带高原季风气候，干湿季分明，年平均气温 13.0~21.4℃，活动积温 4639.7~7806.8℃，日照时数 2046.5~2327.4h，年平均降雨量 740.2~2097.7mm，无霜期 220~341d。全市最高海拔 3780.9m，最低海拔 535m，相对高差达 3245.9m。冬无严寒、夏无酷暑、雨量充沛。"一山分四季、十里不同天"的立体气候特征明显，适宜多种农作物生长。全市耕地面积 15 万 hm²，其中水田 6.87 万 hm²，旱地 8.13 万 hm²，土壤多为红壤、黄红壤、黄壤等。保山市辖三县一市一区 72 个乡镇，915 个村委会，总人口 237.5 万人，劳动力 112.8 万人。

一、马铃薯生产基本情况

（一）马铃薯种植布局

保山市马铃薯种植历史悠久，全市五县区均有种植分布，是云南省冬马铃薯、小春马铃薯的主要产区之一。2001~2010 年种植面积一直徘徊在 0.93~1.2 万 hm²，种植规模小分布较零散。农户科技种植意识淡薄，良种覆盖率及单产水平低。2011 年以来，保山市在马铃薯高产创建、优势农产品基地建设等项目扶持下，全市马铃薯种植面积扩大至 1.34 万 hm²，并逐年增加。种植结构由零散种植逐渐向不同季节、不同海拔和不同功能的优势种植区域集中。通过调减部分鲜食菜用马铃薯、增加加工专用马铃薯种植面积和建设脱毒种薯良种繁育基地。实现全市加工专用薯、菜用商品薯和种薯的协调发展。

海拔 1000m 以下的低热河谷区：发展 0.2 万 hm² 冬马铃薯，其中净种 0.134 万 hm²，鲜薯单产达 37.5t/hm²；新植甘蔗套种 666.7hm²，单鲜薯单产达 30.0 t/hm²。主要分布在怒江流域、枯可河流域、澜沧江流域、宾郎江流域。

海拔 1500m 以下的次热区：发展秋马铃薯 0.134 万 hm²，其中净种 0.1 万 hm²，单产 27 t/hm²，烟后、玉米套种秋马铃薯 333.3hm²，单产 22.5 t/hm²；分布于隆阳区的蒲缥、丙麻、施甸县的施甸坝、腾冲县的荷花、中和、昌宁乡的更嘎、猛统等地。

海拔在 1500~1900m 的温凉坝区：发展 0.934 万 hm² 的小春马铃薯，单产 37.5~45t/hm²，分布在隆阳、昌宁、腾冲、龙陵、施甸坝区及半山区。

海拔在 1900m 以上的冷凉山区：发展 0.4 万 hm² 的春马铃薯，单产 27~37.5t/hm²；其中，在海拔 2200m 以上的高寒贫困山区，重点发展 0.134 万 hm² 良种繁育，单产 24t/hm², 生产种薯 3.2 万 t, 分布于隆阳区的杨柳、瓦房、瓦马、水寨, 腾冲市的马站、猴桥, 龙陵县的龙新乡等地。

(二) 种植面积及产量

表 2-28 保山市马铃薯生产情况表

年度	种植面积 (hm²)	产量 (万 t)	单产量 (t/hm²)	主要种植品种
2001	10036	12.03	11.99	当地品种、中甸红
2002	9932	12.29	12.38	当地品种、中甸红
2003	9637	11.90	12.34	中甸红、9~9、会-2、当地品种
2004	9730	12.44	12.79	中甸红、9~9、会-2、当地品种
2005	10056	13.44	13.37	中甸红、9~9、会-2、当地品种
2006	10686	15.50	14.51	中甸红、9~9、会-2、当地品种
2007	10672	15.50	14.52	中甸红、9~9、会-2、当地品种
2008	10741	16.19	15.07	中甸红、合作 88、会-2、当地品种
2009	12047	17.54	14.56	中甸红、合作 88、会-2、当地品种
2010	12436	16.85	13.55	中甸红、会-2、滇薯 6 号、当地品种、合作 88
2011	13813	23.19	16.79	中甸红、丽薯 7 号、会-2、爱德 53、合作 88
2012	14141	25.53	18.06	丽薯 7 号、中甸红、爱德 53、丽薯 6 号
2013	14285	26.23	18.37	丽薯 7 号、中甸红、青薯 9 号、丽薯 6 号
2014	15496	29.05	18.75	丽薯 7 号、中甸红、青薯 9 号、丽薯 6 号、云薯 304
2015	16067	30.84	19.19	丽薯 7 号、中甸红、青薯 9 号、云薯 304
2016	15370	30.65	19.94	丽薯 7 号、青薯 9 号、中甸红、丽薯 7 号、云薯 304
2017	15357	32.85	21.39	丽薯 7 号、青薯 9 号、中甸红、丽薯 7 号、云薯 304
2018	15360	33.25	21.65	丽薯 7 号、青薯 9 号、中甸红、丽薯 7 号、云薯 304

(数据来源:保山市统计局统计年鉴),产量为鲜薯产量。

(三) 秋冬马铃薯发展

1. 秋冬马铃薯生产情况

2010~2016 年以来,保山市秋冬马铃薯常年种植面积 0.2 万~0.335 万 hm², 占全年马铃薯播种面积的 15%~20%, 平均单产 19.5~24.8t/hm², 总产 3.9 万~8.3 万 t。其中秋马铃薯 335~670hm², 冬马铃薯 0.134 万~0.268 万 hm²。种植的主要 "中甸红、会-2、合作 88 号、丽薯 6 号、7 号、青薯 9 号、云薯 304" 等新品种。保山市冬马铃薯主要种植在海拔 1000m 以下的低热河谷区, 分布在怒江流域、枯可河流域、澜沧江流域、槟榔江流域的五县区约 16 个乡镇。近年随着省、市各级政府对马铃薯产业发展的扶持力度加大，全市规范化、规模化、产业化发展马铃薯的意识增强。马铃薯生产从相对单一的老品种多季、多地、零星、分散种植，发展为使用脱毒良种和专用品种区域化、规模化、商品化种植；栽培管理从粗放管理向精细化高产栽培"高垄双行、配方施肥、地膜覆盖、综合防治病虫害和膜下滴灌水肥"一体化集成技术渐进发展。种植区域得到进一步优化，新品种、新技术的示范推广力度加大，单产量大幅提高，冬马铃薯平均单产达 $27 \sim 33 t/hm^2$。

2. 秋冬马铃薯发展潜力

保山市至今仅有几户小型个体薯片加工企业，产销规模小、尚未形成有影响力的品牌。全市 90% 以上的马铃薯作为菜用薯，主要供应当地和周边市场。秋冬马铃薯商品薯市场价格相对稳定，平均比春季马铃薯售价高 $1 \sim 2$ 元/kg。价格总体情况：秋薯 $3 \sim 4$ 元/kg；小春季种植 4～5 月收获的冬薯 $2 \sim 2.5$ 元/kg；早春季种植 6～7 月收获，一般价格 $1.2 \sim 1.6$ 元/kg，无明显滞销、"卖难"现象，马铃薯种植效益显著高于大麦、小麦、油菜和蚕豆等秋冬作物。

保山市冬马铃薯适宜发展规模 0.34 万～0.4 万 hm^2。秋马铃薯适宜发展规模约 0.2 万 hm^2。农户有种植秋冬马铃薯的积极性，种植面积、单产均有潜力可挖。建议采取以下措施扩大秋冬马铃薯种植：一是市、县、区各级政府应及早制定秋冬马铃薯产业发展实施方案，出台扶持秋冬马铃薯产业发展的政策，把秋冬马铃薯种植向适宜区集中，形成规模效应、示范效应，带动产业发展。二是建设种薯、商品薯的产、供、销市场、信息平台，使生产各环节有效对接。三是需加大资金投入，重点扶持新品种的选育、引进、筛选及高产栽培技术研发；种薯繁育体系建设；培育、发展农村专业合作组织。

二、种植技术的演变改进

（一）种植技术的演变

保山市马铃薯发展，依托高产创建、优势农产品基地建设等项目，多年来通过新品种、新技术的试验示范推广，保山市马铃薯种植在品种、栽培模式、种植密度、播种节令、施肥水平等方面较传统种植有了很大改进。栽培技术改打塘为开沟，传统低垄浅沟单行栽培向高垄深沟双行高产栽培技术演进。强化最适节令播种和种薯处理。秋马铃薯一般 9 月中下旬、冬马铃薯 10 月～11 月下旬、小春马铃薯 12 月～1 月中下旬、早春马铃薯 2 月中下旬播种。小整薯播种或用 0.2%～0.5% 高锰酸钾沾切刀进行消毒切块，薯块用药剂拌种、经催芽处理后分类播种，保证出苗整齐、减少病菌感染。增加播种密度。根据土壤、品种特性、净种或间套种采用适宜的株行距，种植密度由 4.5 万～5.25 万株/hm^2，增加至 6 万～7.5 万株/hm^2。加强水肥管理。底肥推广有机肥和马铃薯专用肥混合施用，追施磷、钾肥。齐苗后及时中耕除草、追肥、培土、灌水。植株封垄前，中耕加厚培土，为丰产打下良好基础。

(二) 主要种植技术模式

保山市马铃薯种植根据不同地区、季节、品种的要求和种植习惯,主要模式有高垄双行和高垄单行两种技术模式。高垄双行种植便于机械化操作、能够增加密度、提高肥效利用率、提高产量;高垄单行种植有利于通风、透光、便于田间操作、增加大薯率,提高产量和商品薯品质。

1. 高垄双行种植模式

适宜增加密度的种植方式,行距 1.1~1.2m 起垄,每垄种双行,种植密度 6 万~7万株/hm²,宽窄行种植,较适应中型机械收获和小型机械开沟播种、田间管理。是目前保山市秋冬马铃薯、小春马铃薯净种区域的主要模式。

2. 高垄单行种植模式

种植密度相对较小,容易生产大薯块,行距一般 0.7m 左右,每垄种单行,种植密度为 4.5 万~6 万株/hm²,适宜小型机械进行种植、中耕管理操作,是保山市早春马铃薯间套种玉米种植区域的主要种植模式。

3. 近年来保山市农技推广中心与农机推广部门合作

进行了马铃薯机械化种植和收获的试验示范,全市应用机耕、机耙整地面积达种植面积的 70%,小型机械开沟覆土、中耕管理应用面积达 60% 以上;马铃薯机械化种植和收获省工、省时效果明显,今后将继续扩大示范,进一步完善、促进农机农艺结合,提高综合效益。

三、高产创建实施成效

保山市制定出台了马铃薯产业发展规划,引导全市马铃薯生产优势布局,规模化、产业化发展。同时依托省级科技增粮、优势农产品基地建设和马铃薯良种繁育等项目,对马铃薯产业进行扶持,据不完全统计:2010~2014 年全市累计投入马铃薯生产资金 400 多万元,其中:马铃薯高产创建资金 150 万元,优势农产品基地建设 45 万元,间套种 45 万元,马铃薯良种繁育 50 万元,市级专项补助资金 100 万。

自 2010 年保山市实施马铃薯高产创建项目,2010~2014 年全市累计建设省级高产创建示范片 14 片,示范面积 1.15 万 hm²。项目区平均单产 31.4t/hm²,比非项目区增产 4.4t/hm²,增产 15.6%;增加马铃薯总产量 4.81 万 t,总产值增 7220.28 万元。举办培训会议 181 场次,培训农户 8.53 万户,23.5 万人次,发放技术资料 16 万余份;市、县两级电视宣传报道 16 次,农业信息报道 67 次。通过实施高产创建,一是马铃薯高产集成技术得到推广运用,群众的科技意识、科技素质得到提高,为全市马铃薯生产水平进一步提高奠定基础;二是有利于农业产业结构调整,促进农业增效和农民增收;三是项目区示范选用抗病、高产优质脱毒种薯,提高种薯抗病性,降低了发病率,减少了农药使用量,保护了农田生态环境,生态效益显著。

2014 年腾冲县 (现腾冲市) 猴桥镇永兴村二社农户邵维开,马铃薯"丽薯 6 号"

套种玉米 0.08 hm²，收获马铃薯 3346kg，商品薯率 90%，市场价 2 元/kg，马铃薯收入 6022.8 元；收获玉米 425kg，市场价 2.1 元/kg，玉米收入 892.5 元，两项收入 6915.3 元，扣除玉米、马铃薯种植生产成本，纯收入超过 5000 元，马铃薯间套种玉米的效益十分显著，可一年两熟，提高了复种指数和土地利用率，增加了粮食产量。

丙麻乡秀岭村二组农户李艳，2014 年种植小春马铃薯"丽薯 7 号"0.053hm²，2014 年 5 月初收获马铃薯 3167.5kg，商品薯率 95.6%。在田间以 2.0 元/kg 的价格向收购商出售 300g 以上大薯 2697.5kg，收入 5395.0 元；200~300g 中薯 330kg，收入 330 元；200g 以下小薯 140kg 未出售。折合 667m² 产量 3959.5kg、产值 7156 元。在保山市适宜区域，规范化种植一季小春马铃薯，667m² 收入可达 5000 元左右。

表 2-29　保山市冬马铃薯高产创建实施情况表

年份	示范面积（hm²）	占当地种植面积%	测产结果（t/hm²）	比非项目区增产 t/hm²	涉及县、乡、村（个）	涉及农户、人口数（户、人）
2010 年	1334	53.20	30.90	3.15	1 县、4 乡、8 个村	7620 户、20480 人
2011	2008	32.80	35.60	4.65	2 县、8 乡 15 个村	16608 户、41520 人
2012	3353	51.30	31.30	5.38	3 县、12 乡、35 个村	24193 户、67230 人
2013	2081	27.70	33.60	4.75	3 县、9 个乡、26 个村	18140 户、51926 人
2014	2736	33.01	25.80	3.96	4 县（区）、15 乡、56 个村	18789 户、54047 人

表 2-30　保山市春作马铃薯高产创建实施情况表

年度	示范面积（hm²）	占当地种植面积%	测产结果（单产）（t/hm²）	比非项目区增产 t/hm²	涉及县、乡、村（个）	涉及农户、人口数（户、人）
2012 年	674	60.30	23.40	3.60	1 区、3 乡、12 个村	2359 户、9436 人

四、种薯繁育基地建设

多年来在云南省农业厅、云南省农业技术推广总站及保山市政府的大力支持、关心下，保山市的种薯基地建设从无到有，现已基本建成相对稳定的马铃薯种薯良种繁育基地，分布在保山市隆阳区、龙陵县、腾冲市的海拔 2100m 以上的高寒山区，繁育面积 200~400hm²。在杂交实子籽选育、新品种筛选、引进、试验、示范、推广等方面的工作多年来一直在持续推进，已引进筛选出"丽薯 6 号、7 号""云薯 304、505"等系列品种和"青薯 9 号、宣薯 2 号、中薯 18 号"等一大批适宜保山市不同生态区域种植的马铃薯新品种，研究总结出成熟的集成配套栽培技术。

五、科技队伍建设

保山市各级政府、农业主管部门历来重视对马铃薯科技队伍的建设和人才培养，保山市农技推广中心于 2002 年成立了马铃薯研究室，专门从事马铃薯的相关科研、技术推广等工作，目前有正高职 1 人，副高职 3 人，中职 2 人；各县（区）也抽调技术骨干 2~3 人，从事马铃薯方面的工作，市、县（区）、乡（镇）三级农技部门稳定和相对稳定从事马铃薯业务技术工作的科技人员 60 余人，马铃薯种植科技示范户 200 余户。

六、发展存在的主要问题

1. 自然灾害及病害

保山市多年来，冬春干旱已成常态，干旱对马铃薯的产量、品质影响较大，保山农田（地）水利设施薄弱、有效灌溉率低，山地马铃薯种植靠天吃饭的局面没有得到根本改变。干旱已成为制约马铃薯发展的瓶颈；低温霜冻及马铃薯晚疫病、青枯病等病害对马铃薯种植也有一定影响。

2. 种薯质量

保山市马铃薯良种繁育体系建设规模小，不稳定，不能满足种植需求，全市 60%~70% 的生产用种薯需从省内高海拔地区调入，脱毒种薯价格较高，平均价格 3 元/kg，农户种植成本增加，一定程度上影响效益提升和种植积极性。农户自留、串换或市场购买商品薯充作种薯，种薯的质量得不到保障，脱毒种薯覆盖率不高。

3. 种植比较效益

保山市适宜发展冬马铃薯的区域，同时也是高产值经济作物和冬早蔬菜的主要种植区域，种植冬马铃薯比较效益相对较低，保山市至今无马铃薯加工龙头企业，一定程度上制约了马铃薯产业的发展。

（杨琦 撰稿）

德宏州马铃薯产业发展

德宏州地处云南省西部，属南亚热带湿润季风气候，冬无严寒，夏无酷暑，雨量充沛、日温差大、霜期短，十分适宜种植冬季马铃薯，是云南省发展冬马铃薯的优势区域之一。长期以来，德宏州委、州政府始终把冬马铃薯产业，作为"高原特色经济、产业富州、种植结构调整、供给侧结构性改革"的战略重点进行布局和发展。全州依托市场和资源优势，开展高产创建示范、拓展订单农业，冬马铃薯产业已打造成为德宏州冬季农业开发的新亮点，对农村经济发展、边疆稳定、民族团结和保障粮食安全起到了重要的促进作用，为云南省冬马铃薯产业发展做出了突出的贡献。

一、马铃薯种植发展

（一）面积与产量

2016 年德宏州马铃薯种植面积 1.293 万 hm^2，鲜薯总产 32.56 万 t。主要种植冬马铃薯，10~12 月播种，翌年 2~4 月收获。冬马铃薯种植面积 1.193 万 hm^2，鲜薯总产量 30.31 万 t，分别占当年播种面积和产量的 92.26%、93.09%。冬马铃薯总产值 6.35 亿元，平均产值 5.32 万元/hm^2，冬马铃薯鲜薯平均单产 25.17t/hm^2。主要推广菜用及加工兼用型品种"合作 88"，种植面积达到 0.824 万 hm^2，占全州冬马铃薯种植面积的 69%。其次是鲜食品种"丽薯 6 号"，面积 3.35hm^2，占冬马铃薯面积的 28%，"云薯 304、青薯 9 号、云薯 902、中甸红、大西洋、荷兰 15"等品种 347hm^2，占冬马铃薯面积的 3%。全州目前种植品种比较单一，加工型品种推广面积和规模较小。

表 2-31 德宏州马铃薯生产情况表

年份	种植面积（hm^2）	产量（万 t）	单产量（t/hm^2）	主要种植品种
2001	3780	4.39	11.63	中甸红、米拉、胜利 2 号、当地品种
2002	3713	4.49	12.11	中甸红、米拉、胜利 2 号、当地品种
2003	3547	4.40	12.42	中甸红、米拉、胜利 2 号、当地品种
2004	3552	4.52	12.72	中甸红、大西洋、米拉、胜利 2 号、当地品种
2005	4208	5.76	13.70	中甸红、合作 88、大西洋、米拉、胜利 2 号
2006	5418	7.62	14.06	中甸红、合作 88、大西洋、米拉、胜利 2 号、当地品种

续表2-31

年份	种植面积 （hm²）	产量 （万t）	单产量 （t/hm²）	主要种植品种
2007	6795	9.50	13.98	中甸红、合作88、大西洋、米拉、胜利2号
2008	5300	9.89	18.66	合作88、大西洋、中甸红、抗青9-1、
2009	6313	10.11	16.02	合作88、中甸红、抗青9-1、大西洋
2010	6727	11.64	17.31	合作88、中甸红、抗青9-1、当地品种
2011	12385	22.74	18.36	合作88、中甸红、滇薯6号、丽薯6号、德薯2号、德薯3号、云薯401
2012	10729	23.37	21.78	合作88、中甸红、滇薯6号、丽薯6号、荷兰7号、大西洋、云薯401
2013	9710	22.23	22.89	合作88、丽薯6号、德薯2号、德薯3号、云薯401、云薯505、云薯304、中甸红
2014	11234	26.57	23.66	合作88、丽薯6号、云薯401、云薯304、云薯505、大西洋、青薯9号、中甸红
2015	12890	31.88	24.74	合作88、丽薯6号、云薯304、青薯9号云薯902、云薯505、大西洋、荷兰15
2016	12935	32.56	25.17	合作88、丽薯6号、云薯304、青薯9号、荷兰15、春种：中甸红、南甸红
2017	15328	36.08	23.54	合作88、丽薯6号、云薯304、青薯9号、荷兰15
2018	15923	37.59	23.61	合作88、丽薯6号、云薯304、青薯9号、荷兰15

产量为鲜薯产量。

德宏州春种马铃薯多数为早春作马铃薯。1月底至2月初播种，6月底至7月底收获，收获的鲜薯经贮藏后可以作为秋冬马铃薯种植用种薯。全州2016年春种马铃薯种植面积为1000 hm²，鲜薯产量2.25万t，平均单产鲜薯22.5t/ hm²。其中：全州种薯基地繁殖秋冬种种薯335 hm²，鲜薯产量8030t，主要繁殖品种为"青薯9号、中甸红、云薯304"等，提供坝区晚秋及冬早三熟制种植用种。本地春种马铃薯除留作种薯外，主要提供本地市场销售。

表2-32　德宏州冬马铃薯生产情况表

年份	种植面积 （hm²）	产量 （万t）	单产量 （t/hm²）	主要种植品种
2001	2747	3.39	12.36	中甸红、米拉、胜利2号、当地品种

续表2-32

年份	种植面积（hm²）	产量（万t）	单产量（t/hm²）	主要种植品种
2002	2912	3.54	12.15	中甸红、米拉、胜利2号、当地品种
2003	3192	4.14	12.97	中甸红、大西洋、米拉、胜利2号、当地品种
2004	3207	4.25	13.25	中甸红、大西洋、米拉、胜利2号、当地品种
2005	5684	10.10	17.78	中甸红、合作88、大西洋、米拉、胜利2号
2006	4591	7.06	15.38	中甸红、合作88、大西洋、米拉、胜利2号
2007	5244	8.93	17.03	中甸红、合作88、大西洋、米拉、胜利5号
2008	5258	9.31	17.70	合作88、中甸红、大西洋、抗青9-1、
2009	5503	9.20	16.73	合作88、中甸红、大西洋、抗青9-1
2010	6215	10.95	17.63	合作88、中甸红、大西洋、抗青9-1、当地品种
2011	10243	18.97	18.53	合作88、中甸红、滇薯6号、丽薯6号、德薯2号、德薯3号、云薯301
2012	9908	20.59	20.78	合作88、中甸红、滇薯6号、丽薯6号、荷兰7号、德薯2号、德薯3号
2013	8884	20.86	23.48	合作88、丽薯6号、德薯2号、德薯3号、云薯401、云薯505、云薯304
2014	10301	24.95	24.23	合作88、丽薯6号、云薯401、云薯505、云薯304
2015	12157	30.23	24.87	合作88、丽薯6号、云薯401、云薯505、云薯304、青薯9号
2016	11935	30.31	25.40	合作88、丽薯6号、云薯304、青薯9号、荷兰15
2017	13926	40.77	29.28	合作88、丽薯6号、云薯304、青薯9号、荷兰15、希森3号

（二）种植技术的演变改进

1. 种植技术的改进

德宏州历史上主要在海拔1700m以上的高寒山区，春季种植马铃薯，收获后大多数马铃薯运到坝区市场销售或串换粮食，或留作种薯和补充口粮。常年种植面积667~1333 hm²。冬季马铃薯种植最初始于2000年前后，主要分布在芒市、盈江。种植方式主要是开墒打塘点播、品种主要有中甸红和当地老品种红腰子洋芋，施肥水平不高，单产很低。随着全州冬季农业开发力度的不断加大以及市场的需求拉动，种植品种也逐渐与市场需求对接，种植水平、规范化程度不断提高，种植技术模式逐步适应市场对商品薯的质量要求，单产量和效益大幅度提高。目前生产上应用广泛的种植技术模式有高垄双行、高垄单行种植模式。德宏州经过十多年的新品种、新技术引进，试验研究、示范推广和产业开发，冬马铃薯产业有了长足的发展，表现出以下特点：

（1）种植品种更加优化。近年来，经过大量的品种引进筛选、示范推广，马铃薯种植品种得到了进一步优化，与市场对接也更为紧密。种植品种主要有面向西部和境外市场需求的红皮黄肉、加工兼用型品种"合作88"，面向北方市场需求的白皮白肉、鲜食品种"丽薯6号"，以及薯片加工企业青睐的黄皮淡黄肉、加工专用品种"云薯304"。近年引进示范推广了早熟品种"青薯9号"和"荷兰薯15"。全州优良品种推广覆盖率达98%以上。

（2）种薯处理技术应用得到快速普及。种薯处理是冬作马铃薯栽培的关键技术措施。德宏州自主研发并推广应用了"种薯温棚催芽破除薯块休眠、种薯切刀消毒、切块挑芽分类播种和薯块药剂处理"等增产防病技术。播前种薯处理技术得到进一步完善和普及。

（3）新型肥料和施肥方式推广效果显著。冬马铃薯种植推广增施农家肥；根据土壤有效肥力水平，推广化肥平衡施肥、配方施肥及马铃薯套餐肥；推广重施深施底肥技术，推广示范水肥一体化施肥技术，实现了增产增效。

（4）小型农机规范化种植技术应用更加广泛。经过多年试验示范及推广，近年全州应用农机具机耕、机耙整地；小型机械开沟覆土、中耕起垄；规范化双行、单行高垄种植技术的应用面积达到95%以上。2016年全州冬马铃薯应用农机作业面积达1.16万 hm^2，作业率达97.2%，小型田园管理机作业面积0.94万 hm^2，冬马铃薯机械收获面积0.633万 hm^2。全州应用华兴牌、华源牌、长丰牌小型田园管理机；移动式喷灌机、喷药机；马铃薯双垄、单垄收获机等农机具，进行整地、开沟、培土、中耕、灌水、喷药和收获的全程马铃薯机械化生产技术得到推广普及。农业机械的应用，提早了德宏州马铃薯种植节令，提高了劳动生产效力，降低了用工生产成本。

（5）病虫害综合防治，绿色防控技术取得长足进步。德宏州的气候有利于病虫害发生，冬马铃薯易受到蚜虫、地老虎、蟋蟀、早疫病、晚疫病、青枯病以及藜、腊柳等病、虫、草为害。近年来通过开展抗病品种筛选、病虫草农药筛选试验、病害综合防治时机与方法研究试验示范，采用高效低毒农药、应用灯光黄板诱杀、苗前除草药剂以及病虫害监测仪器开展重点防治。辐射防治和药肥一体保护性防治技术日渐成熟，并在生产上快速推广应用，实现了减药增效、绿色环保。德宏州冬季温暖湿润，冬马铃薯晚疫病易流行，通过开展晚疫病综合防控技术集成、抗病品种筛选、农药组合和防治时机试验示范，取得了良好的防治效果和示范效益，为安全生产提供了保障。2011以来，全州累计推广绿色集成综合防控技术示范5.809万 hm^2，占全州同期冬马铃薯面积的91.6%，减少鲜薯产量损失15.69万t，增加产值2.19亿元，新增收益1.32亿元。近年德宏冬马铃薯集成综合防控技术已普及到千家万户，生产应用常态化，每年推广应用晚疫病综合防治率达100%。

2. 主要种植技术模式

德宏州各冬马铃薯种植区域的种植习惯和机械应用方式存在着一定的差异，全州主要推广应用高垄双行（单行）规范化种植技术模式。

高垄双行种植模式：行距 1.1~1.2m 起垄，每垄种双行，种植密度 6 万~7.5 万株 /hm²，宽窄行种植，起垄培土较高较厚，绿薯少。较适应小型机械开沟播种、田间管理和中型机械收获。是冬马铃薯种植的主要模式。

高垄单行种植模式：种植密度相对较小，种植密度 4.5 万~6 万株/hm²，容易生产大薯块，行距一般 0.8m 左右，每垄种单行，易于小型田园机械进行种植、中耕管理操作，是鲜食加工兼用型品种的主要种植模式。

2016 年全州推广高垄双行、高垄单行、肥料基肥深施和平衡施肥为主的规范化高产栽培 1.193 万 hm²；小型机械结合平衡施肥整地开沟规范化种植 1.14 万 hm²；冬马铃薯机械收获 0.634 万 hm²；冬马铃薯间套立体种植技术示范 0.24 万 hm²，其中间种玉米 0.167 万 hm²，套种蔬菜 667 hm²，推广甘蔗套种马铃薯高产高效示范 67 hm²；冬马铃薯地膜覆盖栽培示范 800 hm²。全州境内冬马铃薯种植全部推行"稻-马铃薯"水旱轮作规范化高产高效种植技术，其中"稻-鲜食玉米-马铃薯"三熟制种植示范推广 200 hm²，"稻-马铃薯-速生绿肥"示范面积 67 hm²。规范化种植技术及农用机械应用技术的普及，有效地提高了冬马铃薯单位面积的产量和品质，得到了广大种植农户的认可，取得了较好的效益。

（三）高产创建实施成效

1. 马铃薯套种甘蔗示范推广成效显著

德宏州甘蔗种植面积 5.334 万 hm²，其中水田甘蔗 2 万 hm²，发展甘蔗套种马铃薯对提高单位面积效益、缓解粮经作物争地矛盾、促进德宏州甘蔗等传统支柱产业的稳定发展具有重要意义。2013 年以来，德宏州利用甘蔗套种试验取得的技术成果，开展甘蔗套种冬马铃薯示范推广取得了突出成效。全州累计推广甘蔗套种马铃薯 1949 hm²，增收商品薯 3.54 万 t，增加产值 5837 万元。2013 年州农业技术推广中心马铃薯团队在芒市轩岗乡组织实施了 7.2 hm² 甘蔗套种马铃薯技术示范，甘蔗品种"93-159"，马铃薯品种"丽薯 6 号"，采用"2 套 2"技术模式。3 月 18 日国家现代农业马铃薯产业技术体系及云南省种子管理站有关专家现场实收 667m²，收获商品薯 2840kg，产值 8804元；11 月 28 日市甘蔗推广站、英茂糖厂及市科技局专家进行甘蔗测产，产量达 8.6t，产值 3612 元，套种复合产值达 1.24 万元。

2. 特色新品种示范推广取得高产高效

2013 年以来，全州开展了特色新品种示范推广，平均单产 26.69t/ hm²，比全州平均单产增 2.52t，增产 10.4%。其中自育品种"德薯 2 号"至 2015 年累计推广应用 1343 hm²。平均增产 11.12t/ hm²，新增总产量 1.49 万 t，累计新增产值达到 1940.39万元。2012 年盈江县旧城镇喊撒村农户岳太恩示范种植"德薯 2 号"0.173 hm²，实收鲜薯 9.46t，折合平均单产 54.6t/ hm²，其中大中商品薯 8.71t，销售收入 2.09 万元，小号薯产量 757kg，收入 329 元，收入合计 2.12 万元，平均 667 m² 收入 8163 元；2013年芒市轩岗乡轩蚌村小组农户李金保种植"德薯 2 号"0.12 hm²，实收鲜薯产量

7.59t，折合平均单产鲜薯 63.3t/ hm²，其中大中商品薯 6.84t，销售收入 12305 元，小号薯 760kg，收入 304 元，合计收入 1.26 万元，平均 667 m² 收入 7005 元，"德薯 2 号"的选育和推广应用取得了良好的效益。

3. 高产攻关单产量连创新高

德宏州农业技术推广中心马铃薯创新团队，通过多年开展品种筛选与育种、种薯生理年龄与休眠期、播种方式与最佳播期、种植密度与平衡施肥、病虫防治与农药筛选等系列试验示范，积累了大量的试验数据和丰富的生产实践经验。2012 年创新团队筛选优化种植技术方案，集成了一整套规范化高产攻关栽培技术。2012～2013 年团队在芒市轩岗乡的轩蚌村小组开展高产攻关试验 667m²。2013 年 3 月国家马铃薯产业技术体系相关专家，对整块攻关田进行了实收测产，实收鲜薯产量 3956.2kg，现场销售收入为 10516.2 元，全州冬马铃薯 667m² 产值首次突破万元大关。扣除试验投入物化成本，纯收入达 9287.2 元。产量和产值都取得了历史性突破，比 2006 年全州最高单产记录高，盈江县太平镇 667m² 鲜薯 3936.7kg，增产 19.5kg。

2014 年马铃薯创新团队继续在芒市轩岗乡轩蚌村开展自然田块规范化栽培集成技术高产攻关试验，田块面积 667m²，2015 年 3 月 24 日，经云南省马铃薯产业技术体系岗位专家和州内同行专家整田实收，收获鲜薯 4283.56kg，比 2013 年全州最高产量 3956.2kg，增加了 327.36kg，增 8.3%。高产攻关试验又再次取得新的突破，创造了德宏州马铃薯鲜薯单产新纪录。

表 2-33 马铃薯高产创建项目实施情况表

年度	实施地区	片数	示范面积（hm²）	占当地种植面积%	产量 t/hm²	比非项目区（公顷增产）	涉及县、乡、村（个）	涉及农户人口数（户、人）	投入资金（万元）
2007	芒市	1	667	34.90	24.32	3.63	4 个乡镇	3842 户 7846 人	20
2008	芒市	1	750	43.90	32.01	8.30	2 个乡镇	2864 户 5978 人	20
2009	芒市	2	1386	83.90	31.11	8.61	2 个乡镇	4825 户 19300 人	39.2
2010	芒市，盈江	4	2962	44.00	32.73	1.82	2 县 4 乡 8 村 44 村民小组	4108 户 18480 人	75
2011	芒市，盈江，陇川	4	3011	30.00	30.65	4.67	3 县 5 乡 25 村 34 村民小组	4096 户 22173	80

续表2-33

年度	实施地区	片数	示范面积（hm²）	占当地种植面积%	产量 t/hm²	比非项目区（公顷增产）	涉及县、乡、村（个）	涉及农户人口数（户、人）	投入资金（万元）
2012	芒市，盈江，陇川	4	3033	30.60	31.50	5.03	3县5乡12村 18村民小组	6028户 29306人	80
2013	芒市，盈江，陇川	5	3388	38.00	34.39	7.23	3县6乡19村 36村民小组	6900户 33710人	88
2014	芒市，盈江，陇川，梁河，州	9	6055	58.78	32.13	5.02	4县15乡38村 116村小组	12170户 57106人	180
2015	芒市，盈江，陇川，梁河	7	4716	38.79	33.65	8.78	4县9乡30村 110村小组	8868户 39900人	140
2016	芒市，盈江，陇川，梁河，州	7	4711	39.48	32.60	7.21	4县11乡32村 93村小组	9220户 42412人	140
合计	芒市，盈江，陇川，梁河	44	30677	44.24	31.51	6.03	4县15乡38村 116村小组	12170户 57106人	862.2

2007~2016年，德宏州应用规范化栽培集成技术，累计实施冬马铃薯高产创建万亩示范44片，3.068万hm²，占同期冬马铃薯种植面积的44.24%，收获产量96.66万t，占同期总产量的52.44%，平均产鲜薯31.51t/hm²，比全州同期大面积冬马铃薯平均单产增6.03t，增长23.66%。其中百亩核心示范区建设44个，302hm²，产量1.39万t，平均单产46.29t/hm²；千亩展示片44片，2968hm²，产量11.07万t，平均鲜薯产量37.31t/hm²。高产创建项目示范推广新品种、规范化高产技术和开展技术培训、普及增产技术，有力地推动全州冬马铃薯生产的发展和种植技术提高。

2016年全州共组织开展冬马铃薯各个时期不同形式的培训会和现场观摩会45次，培训人数达4600人次。其中：开展州级专题培训会3次，培训人数194人次。提高了马铃薯产区农户的科技素质，促进了全州冬马铃薯产业的健康发展。

（四）种薯繁育体系建设

2003年以来，德宏州与省农业科学院经作所合作开展冬作马铃薯品种选育，经过十多年的努力，先后选育出"德薯 2 号、德薯 3 号"并通过云南省品种审定；与省农科院合作选育"云薯 505、云薯 506、云薯 304"等品种；与省农科院经作所、昆明市农科院合作选育审定了品种"抗青 9-1"。

2011 年，德宏州在国家农业开发种薯繁殖基地建设项目的支持下，投资 500 万元，建设了组培实验室和脱毒原原种温网室，在州内高寒山区建设了德宏州首个脱毒种薯繁育基地。建成原种生产基地 1.34 hm²，一级种薯生产基地 12 hm²，二级种生产基地 120 hm²，初步完成三级种薯繁育体系基地建设。自种薯繁育基地建成投产，累计生产脱毒种薯 5940t，实现了德宏州脱毒原原种生产零的突破，冬马铃薯种源不足的难题有所缓解，为全州推广应用脱毒种薯技术、脱毒种薯提供了保障。

二、科技队伍建设及成果

德宏州委、州政府历来重视马铃薯科技创新团队建设。近年先后引进硕士研究生 4 人，培养在职就读研究生 2 人。全州从事马铃薯试验、示范推广技术人员从 10 多年前的 10 余人，发展至 152 人。其中农业推广研究员 4 人、高级农艺师 11 人，农艺师 98 人，助理农艺师 39 人。近年来，团队一直与云南农业大学、云南省农科院经作所、云南师范大学等科研部门合作开展马铃薯新品种、新技术研究试验。中国农科院蔬菜花卉研究所、中国农业科学院植物保护研究所、东北农业大学、内蒙古农业大学、榆林市农业科学研究院马铃薯所、国际马铃薯研究中心、（日本）北海道大学、（缅甸）耶津农业大学、（英国）詹姆斯·赫顿研究所等地区及国家机构专家先后多人到德宏考察观摩和指导培训，对德宏州马铃薯产业发展起到了积极地推动作用。2001 年以来，德宏州马铃薯创新团队先后获省政府科技进步奖 3 项、省农业厅技术推广奖 2 项，德宏州政府科技进步奖 5 项，制定州级地方标准 2 个，申请获得发明专利 2 项。

三、冬马铃薯产销情况

2016 年德宏州有马铃薯营销服务专业合作社、协会 47 个，从业人员 450 多人。德宏州境内无加工企业，马铃薯商品薯主要外销，具有以下特点：

（一）冬马铃薯主要作为商品薯销售

德宏州冬马铃薯 95%以上作为商品薯销售。2016 年冬马铃薯鲜食菜用薯销往北京、江苏、成都、河北、广西、西安、河南、乌鲁木齐、昆明、大理、保山等省内外大中城市达 19 万 t，占冬马铃薯鲜薯产量的 62.7%，以原料订单销往省内外加工企业有 5.1 万 t，占鲜薯产量的 16.8%，本地和邻国菜用消费 6.2 万 t，占总产量的 20.5%。非商品薯主要为病、烂、绿薯，占总产量的比例与当年种植的品种和种薯质量有关，差异较大，一般占产量的 5%~8%，主要用做饲料。

（二）商品薯根据市场需求品种定价

近年鲜食品种以白皮白肉品种价格最高，如"丽薯6号"比其他品种同等条件下价格高400~600元/t，加工品种以黄皮黄肉品种云薯304价格最高，由昆明子弟食品有限公司订单收购，价格比其他品种高200~300元/t。

（三）商品薯销售价格总体平稳

德宏州年际间马铃薯上市价格有波动，但总体销售情况良好，没有出现滞销情况。2016德宏州早春商品薯市场价格为1300~1800元/t。市场价格受国内主要产区华东、华南遭受低温霜冻减产、市场供不应求的影响，价格上涨较快，销售行情较好。全州冬马铃薯大薯价格从2月初的3600元/t，价格一路飙升，至4月份上涨到4800~5000元/t。全州销售价格最高时大号商品薯5600元/t，小号商品薯1600元/t，最高产值达到18.9万元/hm²，产量高、大薯多的生产田块效益最好。冬马铃薯主要产区多数农户靠种冬马铃薯一季总收入超过20多万元，部分种植大户种植2.34hm²，收入超40万元。实现了"一百亩、一百天、创产值一百万元"的高产高效典型。德宏冬马铃薯真正成为全州种植产量最高、效益最稳定的特色农作物。

四、产业发展存在的主要问题

（一）种植规模发展较慢、整体发展不平衡

德宏州地处边疆少数民族地区，生产上抵御自然灾害的能力较弱，近年来低温霜冻、干旱等自然灾害较频繁，高温逼熟、受冻减产时有发生。冬马铃薯病毒病、早疫病、青枯病等病害的发生危害有进一步加重的趋势。全州整体发展不平衡，冬马铃薯生产技术水平差异较大，生产上还存在着投入不足，管理粗放等问题。尽管主产区部分单产可达到45t以上，但一些地区平均单产仅15~23t，商品薯率低、效益不高。

（二）种薯来源地域狭窄、优质种薯推广应用率低

德宏州发展冬马铃薯种植所需种薯，主要依靠省内其他州（市）大春季繁种调入。种源不足，运输损耗大、成本增加、质量下降等问题较突出；种薯既是德宏州马铃薯产业发展的源头，也是制约产业发展的瓶颈。近年来，省内大春季种植品种"合作88"的面积越来越小，而"丽薯6号"主要依靠丽江地区大春季繁种，种薯来源地域狭窄、优质种薯供给严重不足，导致种薯价格上涨、种植成本增加；调入的种薯有病薯、烂薯增多现象，种薯的质量难以保证；带来青枯病、环腐病发病严重，农户种植风险增高。限制了冬马铃薯产业的规模化发展。

（三）专业合作社、信息销售网络不够完善

近年全州通过扶持成立了32个马铃薯种植专业合作社，但缺乏有竞争力的营销组

织，冬马铃薯商品薯营销市场多被外地经销商控制，本地营销组织、专业合作社规模小、经营较分散，商品薯价格话语权弱。没有形成马铃薯商品的有序竞争。订单农业发展缺少规范的运行管理机制，合同双方信誉度差、约束力弱。对冬马铃薯生产效益和农民增收存在一定的不利影响，制约了产业效益的提高。

（四）冬种专用品种少、难以适应规模发展需要

德宏州目前生产上适应性丰产性较好的冬种品种还较少，难于满足产业发展需要。德宏州的育种工作起步较晚，主要以引种筛选为主，技术手段较落后，种薯保存种植链不完善。德宏州冬季气温呈"高—低—高"变化，光照时间较短，对马铃薯品种适应性、丰产性要求较高。品种选育既要适应加工要求，又要与外销地区消费需求对路；既要与省内产业链融合，又要与德宏州的冬种环境相适应；优质高产抗病冬马铃薯品种育种难度较大。需要有一个长期的选育试验示范过程。

（五）政府对冬马铃薯产业的重视扶持力度不够

一是各级政府对马铃薯产业的重视不够，冬马铃薯与其他经济作物争地的矛盾十分突出，致使冬马铃薯产业规模发展速度较慢，难以适应市场需求。其次由于产业投入和扶持力度不足，导致农业技术推广体系发展不够完善，良种繁育体系建设不健全，新技术、新品种推广应用速度慢、效益不好；三是新品种及新技术的研发示范推广工作还比较滞后，缺少必要的技术设备和资金扶持。

五、产业发展规划

"十三五"期间，德宏州对芒市、梁河、盈江、陇川等县（市）冬马铃薯产区，进行了统一规划布局。重点在 19 个乡镇建设冬马铃薯生产示范基地。商品薯生产基地布局和种植规模为：芒市轩岗乡、风平镇、芒市镇、遮放镇等乡镇发展冬马铃薯 0.4 万 hm²；梁河县河西乡、芒东乡和遮岛镇发展种植 0.2 万 hm²；盈江县旧城镇、太平镇、平原镇、弄璋镇、新城乡、盏西乡及油松岭乡江心坡等发展种植 1 万 hm²；陇川县城子镇、景罕镇和章凤镇等乡镇发展种植 0.334 万 hm²；瑞丽市的姐相乡和弄岛镇发展冬马铃薯 667.7 hm²。至 2020 年，全州冬马铃薯种植面积发展到 2 万 hm²。全州引进一个薯片加工企业，年加工能力 4 万 t，年生产马铃薯工薯片 7200t，实现产值 2.59 亿元，实现利税 1.1 亿元，于是他带动德宏州马铃薯产业做大做强。

（陈际才　李章田　李俊龙　罗有卫　撰稿）

丽江市马铃薯产业发展

一、马铃薯生产概况

（一）马铃薯种植分布

马铃薯是丽江市广大山区农民种植的主要作物，既是山区人民的主要口粮、牲畜饲料及蔬菜，也是重要的经济来源。丽江市山区半山区占国土面积的94%。据2015年调查，全市65个乡镇（办事处），有51个种植马铃薯。种植面积66.7hm²以上的有48个乡镇，333.3hm²以上有23个乡镇，666.7hm²以上有14个乡镇。主要分布在宁蒗县、玉龙县、永胜县和古城区的山区和高寒山区，绝大部分区域种植海拔超过2500m，以大春一季作为主，雨养农业生产特点突出。随着马铃薯种植经济效益的提升及种植结构的调整，丽江市低热河谷区的冬早马铃薯种植面积逐年扩大，已成为农民经济收入的重要来源。

（2）种植面积及产量

2006年以前，全市马铃薯种植面积一直徘徊在1.3万hm²左右，2004～2005年处于低谷，仅1.07万hm²。2006年农业部（现中华人民共和国农业农村部）出台了《关于加快马铃薯产业发展的决定》，云南省各级政府对马铃薯产业高度重视，丽江市把发展马铃薯生产作为增加粮食总产，保障全市粮食安全及调整农业生产结构、增加农民收入的重要措施，全市马铃薯种植快速发展。2007年马铃薯种植面积首次突破1.34万hm²。2011年种植面积再上新台阶，突破2万hm²，达2.14万hm²，2013年达2.15万hm²，与2005年相比面积增加1.09万hm²，增101.12%。与此同时马铃薯单产不断提高，2012年平均单产突破15t/hm²，2015年突破18t/hm²，分别比2005年增产15.5%、39.12%；总产由2005年13.97万t，增加到了2015年的34.85万t，增加20.88万t，增149.46%。详见表2-34。2001年，马铃薯种植面积1.31万hm²，总产量2.6万t（折粮），占当年粮食作物面积及总产的9.7%及6.4%，面积及总产均居全市粮食作物第四位，而小麦当年占粮食作物面积及总产的17.8%、16.1%，居第三位，占有主导地位。至2011年，马铃薯面积与产量在粮食作物中的占比提高到了15.7%、13.8%，小麦则下降至12.4%、10.7%，近年马铃薯发展优势突出，面积和总产均超过小麦居全市粮食作物第三位（见表2-35）。丽江市马铃薯产业的快速发展，种植面积、总产量的大幅度增加，得益于省、市（县）各级政府的高度重视、大力扶持和优良品种、脱毒种薯及先进实用技术的大面积推广应用。

表 2-34　2001~2018 年丽江市马铃薯生产情况表

年份	种植面积 （hm²）	产量 （万 t）	单产量 （t/hm²）	主要种植品种
2001	13136	12.98	9.88	合作 88、丽薯 1 号等
2002	12354	12.44	10.07	合作 88、丽薯 1 号等
2003	12132	13.71	11.30	合作 88、丽薯 1 号等
2004	10726	13.99	13.04	合作 88、丽薯 1 号等
2005	10737	13.97	13.01	合作 88、丽薯 1 号等
2006	13124	15.13	11.53	合作 88、丽薯 1 号等
2007	13410	16.12	12.02	合作 88、丽薯 1 号等
2008	14086	17.55	12.41	合作 88、丽薯 1 号等
2009	13829	16.82	12.17	丽薯 6 号、7 号、合作 88 等
2010	14763	18.94	12.83	丽薯 6 号、7 号、合作 88 等
2011	21426	30.44	14.21	丽薯 6 号、7 号、合作 88 等
2012	20451	30.73	15.03	丽薯 6 号、7 号、合作 88 等
2013	21490	35.32	16.44	丽薯 6 号、7 号、合作 88 等
2014	19826	35.31	17.81	丽薯 6 号、7 号、会-2 等
2015	19256	34.85	18.10	丽薯 6 号、7 号、会-2 等
2016	20637	36.12	17.50	丽薯 6 号、丽薯 7 号、丽薯 10 号、青薯 9 号等
2017	19087	30.94	16.21	
2018	19560	31.25	15.98	

产量为鲜薯产量。

表 2-35　2001~2016 年四大粮食作物面积产量比较表

单位：万 hm²、万 t、%

年度	粮食作物		马铃薯				水稻				玉米				小麦			
	面积	产量	面积	占粮食面积比重	产量	占粮食产量比重	面积	占粮食面积比重	产量	占粮食产量比重	面积	占粮食面积比重	产量	占粮食产量比重	面积	占粮食面积比重	产量	占粮食产量比重
2001	13.57	40.9	1.31	9.7	2.6	6.4	2.16	16	13.48	33	3.29	24.3	11.28	27.6	2.41	17.8	6.6	16.1
2002	—	—	1.21		2.49													
2003	12.87	38.95	1.29	10	2.94	7.6	2.08	16.1	11.97	30.7	3.17	24.7	10.94	28.1	2.17	16.8	6.1	15.7
2004	12.58	38.63	1.06	8.3	2.8	7.2	2.06	16.4	11.2	29	3.13	24.9	11.2	29	1.99	15.8	5.8	15
2005	12.55	40.14	1.07	8.6	2.79	7	2.01	16	12.7	31.6	3.19	25.4	11.33	28.2	1.99	15.9	5.7	14.2

138

续表2-35

年度	粮食作物		马铃薯				水稻				玉米				小麦			
	面积	产量	面积	占粮食面积比重	产量	占粮食产量比重	面积	占粮食面积比重	产量	占粮食产量比重	面积	占粮食面积比重	产量	占粮食产量比重	面积	占粮食面积比重	产量	占粮食产量比重
2006	12.66	40.98	1.31	10.4	3.03	7.4	2.03	16.1	12.97	31.7	3.21	25.4	11.58	28.3	2.01	15.9	5.7	13.9
2007	12.61	41	1.34	10.6	3.22	7.9	2	15.8	12.67	30.9	3.21	25.5	11.75	28.7	1.96	15.5	5.5	13.4
2008	12.75	42.79	1.41	11	3.51	8.2	2.03	15.9	13.1	30.6	3.29	25.8	12.45	29.1	1.93	15.4	5.58	13.0
2009	12.79	43.28	1.38	10.8	3.36	7.8	2.01	15.7	13	30	3.32	26	12.5	28.9	1.95	15.2	5.53	12.8
2010	12.72	43.38	1.48	11.5	3.79	8.7	1.92	15.1	13.2	30.4	3.38	26.6	13.5	31.1	1.88	14.8	4.68	11.1
2011	13.69	44.17	2.14	15.7	6.09	13.8	1.9	13.9	12.76	28.9	3.33	24.3	12.78	28.9	1.7	12.4	4.71	10.7
2012	13.53	49.17	2.05	15.1	6.15	12.5	1.74	12.9	11.94	24.3	3.9	28.8	16.38	33.3	1.68	12.4	4.73	9.6
2013	13.58	50.57	2.15	15.8	7.06	14	1.63	12	11.75	23.2	3.86	28.4	16.93	33.5	1.68	12.4	4.69	9.3
2014	13.29	51.05	1.98	14.9	7.06	13.8	1.59	11.9	11.34	22.2	3.92	29.5	17.52	34.3	1.64	12.3	4.84	9.5
2015	13.37	51.15	1.93	14.4	6.97	13.6	1.51	11.3	10.77	21.1	4.14	31	18.54	36.2	1.6	12	4.8	9.4
2016	13.49	52.4	2.06	15.3	7.2	13.7	1.5	10.6	10.81	20.6	4.19	31	19.34	36.9	1.42	10.5	4.2	8.1

（三）种薯生产

丽江山区面积大，森林植被高，生态环境好，属低纬高原气候，四季分明，雨热同季，日照相宜，气候冷凉，不利于传毒介体蚜虫的繁殖，病虫害少，种性退化慢，有利于生产优质种薯。自1998年，丽江市开展了马铃薯脱毒种薯基地建设，通过近20年的不懈努力，目前已建有组织培养室600多 m²，原原种繁殖网室20000多 m²，具备年生产试管苗200万苗，原原种500万粒的生产能力。丽江市农业科学研究所及宁蒗县马铃薯试验中心针对丽江马铃薯产区的气候生态特点及生产实际，积极开展从试管苗到各级种薯的试验示范，把育、繁、推有机地结合起来，总结出了适合丽江气候特点的马铃薯脱毒种薯繁育技术，基地运行模式及管理经验，促进了优良品种及脱毒种薯的推广应用。近年全市每年繁殖各级种薯4700 hm²，生产种薯10万多 t，外调种薯7～8万 t，种薯销往红河、德宏、大理、临沧、普洱、保山、怒江等冬早马铃薯产区和广西、四川、重庆等西南地区，受到用户的普遍欢迎，打出丽江优质种薯品牌，丽江已成为云南省重要的种薯基地。玉龙县太安乡等高寒山区的马铃薯产值达7.5万~9万元/ hm²，产值高的已超过15万元，不少农户通过销售种薯，年收入数万元，甚至十几万元。不少农户购买了汽车、马铃薯播种、收获农机具，建造装修了房屋。种薯生产使太安农民富裕了起来，从远近闻名的贫困村变成了富裕村，太安已成为全省乃至全国闻名的"马铃薯种薯之乡"。

（四）冬早马铃薯发展情况

冬早马铃薯是冬季马铃薯和早春马铃薯的统称。丽江市冬季马铃薯，10~12 月播种，2~4 月收获，一般在海拔 1600m 以下的坝区及江边河谷区种植，如华坪的石龙坝、荣蒋等乡镇，面积较少，全市年种植面积在 133.3hm² 左右。早春马铃薯，1~2 月播种，5~6 月收获，多数在海拔 1600m 以上的区域种植。玉龙县及古城区金沙江沿线的石鼓、龙蟠、大巨、大东、金江，宁蒗的大兴镇、战河以及永胜乡的三川镇等都有种植，连片面积较少，零星种植较多，常年种植面积 1666.7hm²。冬早马铃薯生长期间正值当地旱季，降雨少，光照充足，气温低，既满足了马铃薯喜冷凉的气候条件，又避过了夏季雨水集中、晚疫病大发生的不利因素，生产的马铃薯质量好，产量高，而且在淡季上市，销售价格高，种植效益好。目前丽江市冬早马铃薯的品种主要为"丽薯 7 号、丽薯 6 号、合作 88"，近两年增加了"青薯 9 号"，其种植面积及产量详见附表 2。

表 2-36　2001~2016 年丽江市冬作及早春马铃薯生产情况表

年份	种植面积（hm²）	产量（万 t）	单产量（t/hm²）	主要种植品种
2001	560	0.82	14.58	合作 88，中甸红等
2002	830	1.29	15.51	合作 88，中甸红等
2003	700	1.18	16.80	合作 88，中甸红等
2004	693	1.30	18.75	合作 88，中甸红等
2005	700	1.32	18.90	合作 88，中甸红等
2006	707	1.34	18.96	合作 88 等
2007	860	1.53	17.79	合作 88 等
2008	1100	1.84	16.73	合作 88 等
2009	1373	2.48	18.05	合作 88 等
2010	1407	2.72	19.34	合作 88、丽薯 6 号、7 号等
2011	2100	4.65	22.14	丽薯 6 号、7 号、合作 88 等
2012	2547	5.06	19.97	丽薯 6 号、7 号、合作 88 等
2013	1787	4.68	26.19	丽薯 6 号、7 号、合作 88 等
2014	1707	4.48	26.25	丽薯 6 号、7 号、合作 88 等
2015	1927	5.28	27.41	丽薯 6 号、7 号、合作 88 等
2016	2040	5.68	27.84	丽薯 6 号、7 号、青薯 9 号等

二、马铃薯品种选育引进

丽江市农业科学研究所早在 20 世纪 70 年代就开展了马铃薯新品种选育及试验示范推广工作。"十一五"以来，2008~2009 年，丽江市先后加入国家和云南省现代农业马铃薯产业技术体系，有了稳定经费支持，加强了对外交流与合作，通过建设马铃薯脱毒种薯基地、实施马铃薯高产创建等项目，极大地促进了马铃薯品种的引进选育及示范推广。市农科所每年配制杂交组合 20~40 份，育苗移栽约 30 份杂交组合，种植品种资源、筛选材料数千份，长期持续开展筛选鉴定，品比试验，区域试验，品种展示及示范推广，自主育成国家审定马铃薯品种"丽薯 1 号"，云南省审定马铃薯品种"丽薯 2 号、丽薯 6 号、丽薯 7 号、丽薯 10 号、丽薯 11 号、丽薯 12 号、丽薯 13 号、丽薯 15 号"等 9 个马铃薯品种，其中"丽薯 6 号、丽薯 7 号、丽薯 10 号"被确定为云南省主导品种，丽薯系列品种年推广面积超过 107.0 千 hm^2，其中"丽薯 6 号"年推广面积超过 8.7 万 hm^2，成为云南冬早马铃薯产区的主要种植品种，已被国内 18 个省（市、区）引种示范，并被推荐交流到古巴、越南、缅甸等国家。"丽薯 1 号、丽薯 2 号和丽薯 6 号"品种选育及应用先后获云南省科技进步三等奖。引进国内育成马铃薯品种 48 个开展试验筛选和展示，筛选出了"宣薯 5 号、宣薯 6 号、青薯 9 号、云薯 401"等马铃薯新品种推荐生产示范。

三、栽培技术的演进

（一）山地春作栽培技术

丽江马铃薯以一季作大春为主，普遍种植在山区和半山区，无任何灌溉条件，是典型的雨养农业生产，马铃薯从播种到出苗期间干旱缺水，影响出苗及前期生长；中后期降雨集中，降雨量多，导致植株徒长，晚疫病发生严重。生产上长期以来一直采用传统的塘播方式种植，普遍存在着种植密度低、耕作层浅、偏施氮肥、不防治病虫害、管理粗放、产量低而不稳的问题。丽江市针对以上制约马铃薯生产的突出问题，开展了一系列的试验研究及示范工作，技术上重点进行了"五改一平"，在此基础上，总结出了"丽江市马铃薯平播后起垄抗旱栽培技术"。

1. **改塘种为行种、增加种植密度**

丽江传统马铃薯栽培以满天星塘种为主，塘距 70~80 cm，有的高达 90 cm，种植密度较低，仅种植 1.5 万~1.95 万塘/ hm^2，每塘放 2 个块茎，3 万~3.9 万株/hm^2。采用这种方式种植，虽然薯块大，单薯重量较高，但由于种植株数太少，单产很难提高。为此，栽培上改进的第一步就是改传统的塘播为行播，增加种植密度。起初的种植密度在 4.5 万株/hm^2左右，通过试验及施肥管理水平的提高，密度也进一步提高。目前"丽薯 6 号、丽薯 7 号"为主要种植品种，肥力好的田块种植密度在 4.8 万~5.25 万株

/hm^2，中等偏下的田块在 5.4 万~6 万株/hm^2。

2. 改传统施肥为科学合理施肥

由于受经济条件的限制，丽江市马铃薯生产的投入普遍不足，有些田块甚至丢"白籽"，即播种时什么肥料也不施；即便施肥也不注重氮磷钾的配合施用，多数偏施氮肥。而马铃薯是块茎作物，对钾的需求量很大。据报道我国南方地区，每生产1000kg 块茎，需从土壤中吸收纯氮（N）3.5~5.5 kg、磷（P$_2$O$_5$）2~2.2kg、钾（K$_2$O）10.6~12.2 kg，氮、磷、钾的比例为 2.1：1：5.4，只有满足其需要，植株才能正常生长，才能获得好的产量。而偏施氮肥往往导致晚疫病的发生和加重危害。通过对丽江马铃薯产区土壤的测定，发现氮素较丰富，磷、钾缺至极缺，特别需要增施磷钾肥。通过多年开展系列的肥效试验及示范，提出了控制氮肥增施有机肥和磷钾肥的马铃薯施肥技术，即播种时，每公顷施 22.5~30t 腐熟的农家肥、600~750kg 三元复合肥（N：P：K 为 16：8：20）；现蕾时，结合第 2 次中耕除草，每公顷追施硫酸钾 150~225kg、尿素 75~150kg，追施尿素时看田间长势，长势好的就少施或不施，长势差的适当多施，同时培土后做成 25cm 左右的高垄。

3. 改传统种薯为脱毒种薯

在生产用种上，广大山区农户习惯自留种或窜换留种，导致品种混杂，种性退化，产量及质量降低。长期以来，丽江市山区农户普遍使用大个种薯整薯播种，种薯一般100g 左右，甚至超过 150g。用种量大，种薯的成本较高。多年试验表明，采用 50g 左右的种薯，就能达到保证出苗，整齐生长，并能获得高产。通过多年示范，薯农已接受并采用了脱毒种薯小种薯作种，改掉了传统的生产用种习惯，实现了节本增效。

4. 改牛耕为小型机械耕作

丽江马铃薯产区由于长期采取牛犁耕地，耕作层一年比一年浅，许多田块耕作层甚至不足 15 cm，而且形成了厚厚的坚硬犁底层，中耕培土时已挖不出可培的泥土。这对于以收获块茎、喜耕层深厚、土壤疏松的马铃薯的生长十分不利。随着手扶拖拉机等农机具在丽江市广大山区的应用普及，2006 年前后，少部分农户开始尝试使用手扶拖拉机耕地，不仅使耕层深度加深，而且也提高了效率（在丽江山区，传统牛犁耕地，要双人双牛才能完成，耕地效率低下）。改为行种马铃薯后，也为手扶拖拉机开沟、中耕培土、收挖等生产实际应用创造了条件。丽江市农业科学研究所科技人员通过把手扶拖拉机的前轮距 80cm 确定为行距，根据实际需要对犁头进行多次改进，发明了多用途组合式犁头（专利号：ZL201120470873.0），实现了手扶拖拉机耕地、开沟、中耕培土、收获等马铃薯生产的全程应用，生产效率大大提高，比传统耕作栽培减少用工45~75 个/hm^2。

5. 改不防控晚疫病为综合防治

晚疫病是丽江市马铃薯生产上普遍发生的病害，也是对马铃薯的产量和质量影响最大的病害。长期以来，薯农没有防治晚疫病的意识，绝大部分农户从来就不防晚疫病，每年因晚疫病爆发而造成产量损失。2009 年以来，丽江市通过防治晚疫病药剂筛选试验、不同药剂组合试验及综合技术集成示范，选择确定了适合丽江马铃薯生产的晚疫病药剂、组合方式及用药时期等，总结出了以选用抗病品种、精选种薯、种薯处理、深耕、垄作、合理密植、控氮增磷钾为主要内容的农艺措施与药剂防治相结合的晚疫综合防治技术。并通过试验站示范基地及高产创建进行示范推广，如今防治晚疫病已从当初由农业科技部门提供药剂及喷雾器的被动式防治，转变为薯农购买农药喷雾器的主动防治，出现了采用机械喷药和无人机防控的典型农户。全市每年晚疫病药剂防治面积 0.73 万 hm² 以上，晚疫病综合防治技术的大面积应用使产量进一步提高。

6. 平播后起垄，前期抗旱后期防涝防病

2009 年，云南省干旱天气持续发生，干旱对无灌溉条件的山区马铃薯生产影响极大。前期干旱影响出苗，造成出苗差出苗晚，后期多雨和雨水集中，造成田间积水和晚疫病发生严重。传统的塘种起堆或行播后起高垄技术，由于蒸发面大，水分极易丧失；有少量降雨时，由于陡峭的坡面，水分很难渗透到薯块附近；因此极不利于保墒抗旱，特别是打塘播种起高堆，在干旱条件下极易造成出苗不整齐和缺苗缺塘。面对丽江市干旱不断加重的趋势，国家现代农业马铃薯产业技术体系丽江综合试验站，持续开展了抗旱栽培技术的试验研究及示范推广工作。几年来共开展不同地膜覆盖等单项试验 5 个，不同的抗旱模式栽培试验 3 组，组织覆膜栽培及单垄单行平播、控制氮肥增施有机肥和磷钾肥，后期高垄培土的综合集成试验 2.8hm²，其中覆膜栽培试验 0.17hm²，平均产鲜薯 36t/hm²，比常规栽培增 8.04t/hm²，增 28.2%，增收 4684.5 元/hm²，增 11.3%；平播后起垄综合集成试验 2.63hm²，平均产鲜薯 35.9t/hm²，比常规栽培增产 7416 kg/hm²，增 26.1%，增收 8334 元/hm²，增收 21.6%，增产增效显著。

2014 年 2 月发布丽江地方标准"马铃薯平播后起垄栽培技术规程"。"马铃薯平播后起垄栽培技术"于 2014 年入选云南省马铃薯主推技术，作为滇西北马铃薯高产高效主要栽培技术模式。该技术具有前期抗旱，后期排涝减轻病害的特点，发生有利于结薯，便于手扶拖拉机组合式犁头实现耕地、中耕、收挖全程小型机械化等特点，可显著提高生产效率、降低劳动强度增加经济收入。

（二）丽江市冬早作栽培技术

针对丽江冬早马铃薯产区主要分布在金沙江沿线和干热河谷区的气候生态及生产特点，结合"丽薯 6 号、丽薯 7 号"的品种特性，通过试验示范，总结出播种前 1 个月以上从高海拔大春作区调进种薯，整薯催芽后切块播种，播种后以增温保出苗和全苗，苗期防霜冻为重点的"丽江马铃薯冬早作单垄双行地膜覆盖栽培技术"进行示范推广，提高了冬早作区的马铃薯产量和经济效益。

（三）种薯繁育技术

丽江市针对种薯生产中马铃薯脱毒试管苗污染率高，网室移栽后成活率低，植株徒长荫蔽倒伏，单位面积 2g 以上有效结薯数低，无法适应山地无灌溉条件的原种繁殖需要及原原种生产成本高等问题，开展了培养基配方改进、培养环境控制，大棚移栽基质筛选及植株生长调控等试验，在接种器具、试管苗移栽、植株调控及收挖工具等 5

个方面取得突破，申请国家专利5项，已获得授权2项，总结出适合丽江气候特点及生产实际的脱毒试管苗、原原种及各级种薯生产技术。将总结出来的技术用于指导种薯企业、专业协会、合作社、种植大户及广大农户，使种薯产量质量不断提高，为把丽江建成云南省重要的优质马铃薯种薯基地提供了强有力的科技支撑。"滇西北马铃薯脱毒微型原原种扩繁基地建设"获得省科技进步三等奖。

四、高产创建实施成效

（一）高产创建实施情况

丽江市马铃薯高产创建累计实施36片，主要以大春一季作净种为主。示范面积从2008年的0.11万 hm^2，占当年马铃薯种植面积的7.8%，发展到2011年的0.531万 hm^2（最大示范面积），占当年马铃薯种植面积的29.8%，涉及农户由4250户发展到14314户，示范面积、所占比重及涉及农户数大幅度增加，示范区比非示范区增产4.67～9.87t/ hm^2，增产增效显著，充分发挥了示范带动作用。

表2-37　马铃薯高产创建项目完成情况表

年度	示范面积（ hm^2 ）	占当地种植面积%	产量 t/ hm^2	比非项目区增产（ t/ hm^2 ）	涉及县、乡、村（个）	涉及农户（户）
2008	1100	7.80	32.37	9.87	1、1、2	4250
2009	2253	16.30	24.86	8.66	2、3、10	5670
2010	4507	30.50	22.34	5.83	2、6、18	8640
2011	5315	29.80	23.60	5.42	2、9、40	8642
2012	4547	22.20	25.08	8.39	2、10、52	6586
2013	4307	20.04	25.14	5.41	2、7、19	7180
2014	4700	23.70	25.61	5.19	2、11、31	11320
2015	5080	26.40	25.38	4.67	2、4、20	12601
2016	4107	20.00	28.76	8.31	2、6、24	14314

（二）高产创建取得的成效

马铃薯高产创建活动是丽江市农业科技推广的重要平台，是依靠科技提高单产的有效途径，是确保全市粮食安全的关键举措。

1. 促进了新品种、新技术的示范推广，马铃薯单产量不断提高

2008～2017年全市推广"丽薯6号、丽薯7号"1.24万 hm^2，平播后起垄栽培技术 1.07 万 hm^2，晚病综合防治技术 0.73 万 hm^2，示范"丽薯 10 号、青薯 9 号"等新品种 0.15 万 hm^2。全市马铃薯种植水平上了一个新的台阶。丽江市自 2008 年开始实施马铃薯高产创建，就把新育成的"丽薯 6 号、丽薯 7 号"品种及总结形成的垄作密植栽培技术作为主导品种和主推技术进行示范，使马铃薯产量大幅度提高，当年示范区 1100hm^2，平均 32.4t/hm^2，比非示范区增产 9.9t/hm^2，增效 8623.5 元/hm^2。2011 年，采用丽薯 6 号品种，配套平播后起垄栽培技术在玉龙县太安乡建高产样板 150hm^2，其中核心样板 10hm^2。经测产，示范样板区平均 40.6t/hm^2，核心样板区 46.5t/hm^2，其中天红村委会花音村和尚红种植的 0.185hm^2，经丽江市科学技术局组织专家进行实收测产，实收鲜薯 10721 kg，扣除杂质 1.5%，实收鲜薯 10560.2 kg，折合单产 57.2t/hm^2，商品薯率 97.4%，以 4 元/kg 的价格作为种薯销售，产值 22.9 万元/ hm^2。特别值得一提的是示范片中和习武农户种植 0.63hm^2，收获鲜薯 35.64 t，折合单产 56.3t/hm^2，销售收入 10.5 万元，起到了典型引路的示范带动作用。全乡近 0.267 万 hm^2 马铃薯，平均产量达到 30t/hm^2。2017 年，丽江市农科所在天红村委会实施的 746.7hm^2 绿色高产高效示范，平均 41.8t/hm^2，其中核心示范区 70hm^2 平均单产达 48.1t/hm^2，其中平播后起垄模式示范 35.3hm^2，平均产鲜薯 49.3t/hm^2，农户杨学源种植的丽薯 6 号示范田块，经云南省农业科学院、云南农业大学、云南省农技推广总站等专家实收测产，单产达 72.1t/hm^2，再次创造了丽江马铃薯高产纪录。全乡马铃薯 0.28 万 hm^2，平均鲜薯产量超过 33t/hm^2，产值 5.9 万元/hm^2，全乡马铃薯产值达 1.6 亿元。

2. 促进了科技创新和科技成果转化，培养造就了一支服务马铃薯生产的科技队伍

马铃薯高产创建活动促进了科研教学单位与生产技术推广部门的相互协作，丽江市农业科学研究所充分发挥自身拥有国家及云南省现代农业马铃薯产业技术体系丽江综合试验站的技术和人才优势，将试验筛选出来的优良品种和集成的技术优先提供到马铃薯高产创建示范区，既为高产创建提供了技术支撑和技术服务，又加速了新品种和新技术的示范推广，提高了科学技术的转化率和入户率，极大地促进了科技创新和科技成果的转化。"十五"以来丽江市农业科学研究所育成云南省和国家审定马铃薯品种 9 个；申请马铃薯育种、栽培、晚疫病防治及种薯繁育等方面的专利 9 项，获得授权 5 项，其中发明专利 1 项；制定地方马铃薯栽培技术规程 1 个；独立和联合区县获得各类科技成果奖 13 项，其中省科技进步三等奖 4 项。通过近 10 年的马铃薯高产创建项目的实施，结合丽江马铃薯综合试验站示范县技术团队建设，目前全市有近 30 人的马铃薯技术团队，服务于全市的马铃薯生产，为丽江马铃薯产业的持续发展提供强有力的技术支撑。

3. 高产创建示范区成为丽江马铃薯新品种展示、种薯繁育、及技术集成示范的平台和对外展示交流的窗口

由丽江市农业科学研究所和玉龙县农技推广中心在玉龙县太安乡实施的马铃薯高产创建示范片，先后被 2008 年"全国马铃薯产业发展论坛暨脱毒种薯推广培训会"、2010 年"云南省马铃薯种薯供需洽谈暨现场观摩会"、2012 年"国家及云南省现代农业马铃薯产业技术体系技术推荐暨现场观摩会"和 2013 年"南方十省市马铃薯高产高效模式研讨暨现场观摩会"等全省及全国的大型马铃薯会议确定为观摩现场，来自全国各地的马铃薯专家、学者及基层科技人员 1000 多人到示范区参观学习，充分宣传展示了丽江马铃薯的科研成果和生产水平，增强了对外交流与合作，扩大了丽江马铃薯的对外影响。

4. 充分发挥示范带动作用，调动群众发展生产的积极性

通过开展马铃薯高产创建活动，针对丽江马铃薯生产上的制约因素进行综合集成技术的试验示范，不断完善各项栽培技术，实现良种良法相配套，品种技术相统一，充分挖掘良种和技术在产量、品质、抗性等方面的生产潜力。通过开展现场观摩、田间指导和专家咨询，充分展示先进科技的示范效果，使农民群众"看得见、听得明、问得到、学得透"，极大地增强了薯农增产增收的信心。把专家的产量转化为农民的产量，把理论的产量转化为实际的产量，把小田块的高产转化为大面积均衡增产，极大地提高了丽江市马铃薯的种植水平。以马铃薯高产创建活动为工作切入点，推动各项农业生产扶持政策的落实，兑现各项强农惠农政策资金，调动了农民生产积极性。

5. 成为农旅结合、田园观光的示范区

玉龙县充分利用太安乡山区面积大，生态环境好的自然资源优势，把马铃薯及油菜高产创建有机结合起来实施整乡推进，打造出连绵起伏，农田、村庄，马铃薯花、油菜花相间、蓝天白云的田园美景，吸引城镇居民，乃至旅游团队观光旅游，示范区带动当地周边经济发展。

五、政策扶持及资金投入

"十五"以来，特别是近十年来马铃薯生产的快速发展，对保障粮食安全，增加农民收入，特别是在山区脱贫中发挥了巨大作用，最主要的一点就是各级政府对马铃薯产业的高度重视，丽江市连续三个"五年计划"均将马铃薯作为重要产业来抓，将马铃薯列为最具优势的高原特色农业产业之一；宁蒗县把发展马铃薯作为全县脱贫攻坚的第一大产业来抓，加大了政策扶持及资金投入的力度。全市通过积极争取马铃薯种薯基地建设、种薯补贴、农业综合开发、科技增粮、扶贫、现代农业产业技术体系建设等资金的投入，据不完全统计近十年来，全市共投入资金 6707 万元，马铃薯高产创建投入资金 720 万元。极大地改善了丽江市马铃薯生产的基础设施，特别是种薯生产的基础设施得到了改善，有效地保证了各级种薯的生产，为示范推广提供了种薯保障；同时也为试验示范推广工作提供了资金保障，极大地促进了马铃薯优良品种及先进技术的推广应用。

（王绍林　和习琼　张凤文　撰稿）

怒江州马铃薯产业发展

怒江傈僳族自治州位于云南省西北部，因怒江由北向南纵贯全境而得名。州内地势北高南低，担当力卡山、独龙江、高黎贡山、怒江、碧罗雪山、澜沧江、云岭依次纵列，构成了狭长的高山峡谷地貌。境内最高点为高黎贡山主峰嘎娃嘎普，海拔5128m，最低海拔为怒江河谷，海拔738m。年平均气温11.2~20.2℃。怒江州总面积1.47万 km²，人口52万，傈僳族、白族、普米族等少数民族人口占总人口数的92.2%。怒江州马铃薯主要分布在海拔1900~3600 m冷凉区域，泸水、福贡、贡山、兰坪4县均有种植分布，粮菜、饲料兼用。马铃薯产业是怒江州农业农村经济发展的支柱型产业，对确保全州粮食安全、促进农民增收和振兴边疆农村区域经济，具有重要的战略意义。

一、马铃薯生产概况

（一）种植面积和产量

20世纪80年代，怒江州马铃薯种植规模约0.334万 hm²，主要在高海拔区域种植，种植规模小，当地群众作为粮食生产，以解决温饱。90年代末，全州马铃薯种植面积0.567万 hm²。随着全省冬季农业开发项目的启动、全省冬马铃薯种植面积、种植效益逐年递增，至2017年怒江州马铃薯种植面积由2003年的0.602万 hm²发展至1.093万 hm²，面积增加了0.491万 hm²。马铃薯种植由传统高山区域不断向半山、怒江峡谷和澜沧江河谷两岸延伸，冬马铃薯面积快速增加。单产由9t/hm²提高到11.2t/hm²。2009~2010年怒江州受全省性冬春严重干旱影响，马铃薯大幅度减产，平均单产不足7t/hm²。近年全州马铃薯单产保持在10~11t/hm²。

怒江州马铃薯种植发展至今，种植品种经历了3次更新换代，品种结构不断优化，产量和品质进一步得到提高。20世纪80年代后期，种植品种由"费乌瑞它""米拉"代替"肯基、牛角"等本地老品种，平均单产从4.2 t/ hm²提高到5.25 t/ hm²。90年代，随着新品种的推广应用，怒江州马铃薯单产进一步提高到6.3 t/ hm²。90年代中后期，怒江州农业部门又从会泽、中甸、丽江等地引进"会-2、合作88、中甸红、丽薯1号、中心24"等新品种，2000年后又引进"丽薯6号、丽薯7号、宣薯2号、滇薯6号"等高产新品种和配套高产栽培技术，马铃薯品种结构和种植技术进一步优化提高。

表 2-38　2003~2018 年怒江州马铃薯生产情况表

年份	种植面积（hm²）	产量（万 t）	单产量（t/hm²）	主要种植品种
2003	6021	5.43	9.00	米拉
2004	6496	5.89	9.06	米拉
2005	7504	5.59	7.44	米拉、会-2
2006	8313	5.95	7.16	会-2、米拉
2007	8853	6.49	7.32	会-2、合作 88
2008	8808	6.54	7.43	合作 88
2009	8978	6.09	6.78	合作 88
2010	9283	5.35	5.76	合作 88、中甸红
2011	9657	7.89	8.16	中甸红
2012	9655	10.04	10.39	丽薯 6、丽薯 7 号
2013	10214	11.01	10.75	丽薯 6、丽薯 7 号、宣薯 2 号
2014	10492	11.22	10.69	合作 88、丽薯 6、丽薯 7 号、宣薯 2 号
2015	10717	11.66	10.89	合作 88、丽薯 6、丽薯 7 号、宣薯 2 号
2016	10667	11.95	11.22	合作 88、丽薯 6、丽薯 7 号、宣薯 2 号
2017	10934	12.19	11.15	合作 88、丽薯 6、丽薯 7 号、宣薯 2 号
2018	8780	11.25	12.81	合作 88、丽薯 6 号、丽薯 7 号、宣薯 2 号

（二）种植规划布局

1. 脱毒种薯种植区域

怒江州良种繁育滞后，脱毒种薯覆盖率低。目前尚无种薯生产基地。脱毒种薯基地规划主要包括泸水县老窝乡荣华村分水岭及兰坪县通甸镇等交通便利、海拔 2000m 以上的地区。建立马铃薯优质种薯生产体系和脱毒种薯生产基地，发展优质种薯生产。该区域海拔高，风速大，气候冷凉，除马铃薯外其他茄料作物少，马铃薯病毒传播媒介少。至 2020 年，采取以试管薯为基础的"微型薯—标准种薯"的三年制繁殖体系，建立 6.67hm² 微型薯生产基地和 333.4hm² 原种生产基地，0.2 万 hm² 一级种薯繁殖基地，年产脱毒大田生产用种薯 4.5 万 t。同时建设 0.334 万 hm² 马铃薯生产基地。

2. 粮饲、加工型种植区域

主要包括泸水县老窝乡、鲁掌镇；片马镇及兰坪县金顶镇、啦井镇、石登乡、中排乡、河西乡；福贡县马吉乡的古当、石月亮乡的石门登、上帕镇的达友、架科底乡及贡山县大部分乡镇。海拔 1400~2100m，该区域马铃薯生长季节长，产量高，品质好。是怒江州商品薯生产基地。扩大马铃薯种植面积，马铃薯面积由 2016 年的 0.534 万 hm² 可发展到 0.8 万 hm²，脱毒种薯应用率达 50% 以上，产量 2300 万 t。

3. 冬马铃薯种植区域

主要包括怒江峡谷南部海拔 1400m 以下的大兴地乡、六库镇、上江乡，澜沧江低海拔河谷区的兰坪县兔峨乡、营盘镇等有水利灌溉条件较好的乡镇，交通较为方便，市场流通快，有利于冬马铃薯产业的开发，是全州冬马铃薯开发具有潜力的区域，利用水稻后茬冬闲田种植冬马铃薯。种植面积由 2016 年的 0.141 万 hm² 可发展至 0.267 万 hm²，种植规模扩大一倍。应用早熟型品种，推广适于冬作的马铃薯高产高效栽培模式，主要开发特色菜用型无公害马铃薯和发展规模化商品薯生产。

表 2-39　怒江州冬作马铃薯生产情况表

单位：hm²、t

年份\县份	泸水县		兰坪县		福贡县		贡山县		全州合计	
	面积	产量	面积	产量	面积	产量	面积	产量	面积	产量
2003	469	2408	353	4389	1780	13070	793	4300	3395	24167
2004	743	5277	520	6821	1883	12655	734	4210	3880	28963
2005	1649	9876	361	2980	2099	7905	635	3315	4744	24076
2006	2057	8747	301	1720	2237	10560	668	3730	5263	24757
2007	2123	12762	593	2645	2374	10785	697	3900	5787	30092
2008	2384	14014	362	1899	2170	9775	737	3940	5653	29628
2009	2256	10618	633	2476	2166	7815	757	4205	5812	25114
2010	2207	10822	838	2620	2263	7025	802	3720	802	3720
2011	2475	11961	937	14272	2227	10620	833	4705	6472	41558
2012	2078	19387	924	26567	2605	12780	860	5280	6467	64014
2013	2783	24632	1108	31127	2266	12270	866	5435	7023	73464
2014	3021	26113	1082	31333	2289	12020	876	5610	7268	75076
2015	1844	17970	1472	27965	241	1755	—	—	3557	47690
2016	1651	18525	1473	27910	298	1810	—	—	3422	48245
2017	1657	18180	1503	30310	448	1975	13	95	3621	50560

（三）加工与销售产业链延伸

怒江州至今无马铃薯加工企业、马铃薯鲜薯主要作季节性蔬菜销售。近年全州加大了马铃薯生产加工和产品营销龙头企业的扶持力度，鼓励支持"企业+基地（农户）+市场"的产业发展模式。2015~2017 年在泸水县、兰坪县建设马铃薯种薯和商品薯市场各 2 个，建筑面积达 2000m²。

二、种植技术的演变

怒江州马铃薯种植从传统上只种植大春马铃薯发展到规模化种植冬马铃薯，马铃薯种植结构发生了较大的改变，种植模式也从以往的净种发展出间套种等多种模式。随着冬作马铃薯种植面积的不断扩大，主要推广应用了地膜覆盖栽培技术，地膜覆盖栽培面积达马铃薯种植面积的50%以上。2014年怒江州农业技术推广中心主持实施的"稻田马铃薯免耕栽培示范"项目通过了怒江州科技成果鉴定。"马铃薯+玉米""马铃薯+西瓜+白菜"等技术模式，纯收益超过3.3万元/hm²，种植技术的演变改进，促进了全州马铃薯产业的快速发展。

怒江州近年在马铃薯技术措施选择上，本着因地制宜，节本增效，高产优质的原则，主要推广示范间套种技术、免耕栽培技术和地膜覆盖栽培技术。主要采用的技术是：选用优良品种精细整地、合理施肥、适时起垄播种、合理密植覆膜、加强中耕管理、病虫害统防统治、适时收获上市。其增产机制是：合理配置作物群体，作物高矮搭配，有利于改善作物的通风透光条件，双行起垄地膜覆盖规范化栽培技术可构建合理的群体密度。一是地膜覆盖能使地表温度提高，能满足种薯萌发和根系生长对温度的要求。二是减少水分蒸发，提高土壤含水量，起到抗旱保墒作用。三是改善土壤物理性状和抑制杂草病虫害。由于地膜覆盖免去了风、雨对地表的侵蚀，使得土壤中水肥气热等状况得到改善，加强了土壤生物活性和微生物活性，改善了土壤理化性状，加速了有机质分解，并抑制杂草和减轻病虫害的发生和危害，从而为马铃薯生长发育创造了良好条件。地膜覆盖比露地具有显著的增产作用，在生产中推广地膜覆盖技术，能提高马铃薯单产，取得良好的经济效益，同时还可以省去中耕培土的环节，省工省力。

三、高产创建项目实施成效

2010~2017年，怒江州累计实施马铃薯高产创建2.72万hm²。其中大春作1.29万hm²，冬作1.43万hm²。

表2-40　高产创建项目完成情况表（春作）

年度	示范面积（hm²）	占当地种植面积（%）	测产（t/hm²）	比非项目区增产（t/hm²）	涉及县、乡、村（个）	涉及农户、人口数（户、人）
2010	744	30.50	17.67	4.73	1、2、14	1860、6696
2011	1480	26.40	19.34	3.65	2、14、28	3056、10390
2012	2360	26.70	20.25	3.78	3、18、46	6510、25389

续表2-40

年度	示范面积（hm²）	占当地种植面积（%）	测产（t/hm²）	比非项目区增产（t/hm²）	涉及县、乡、村（个）	涉及农户、人口数（户、人）
2013	2230	25.90	16.80	2.94	3、17、48	5891、22385
2014	1540	34.50	21.84	3.03	2、16、34	4210、15787
2015	1467	33.60	20.79	3.24	2、16、34	4015、14780
2016	1540	34.50	21.84	3.14	2、15、31	4110、15320
2017	1540	33.80	20.20	3.09	2、16、34	4316、15587

表2-41　高产创建项目完成情况表（冬作）

年度	示范面积（hm²）	占当地种植面积（%）	测产（t/hm²）	比非项目区增产（t/hm²）	涉及县、乡、村（个）	涉及农户、人口数（户、人）
2010	1433	6.50	14.34	4.10	2、9、35	3451、14149
2011	2143	28.80	17.36	5.50	3、18、42	4685、15929
2012	1429	49.10	15.30	5.40	1、8、23	3210、11812
2013	2823	27.30	16.28	6.52	3、19、56	6981、26598
2014	2140	35.50	19.80	6.52	2、17、31	3189、11538
2015	1477	29.60	17.84	5.16	2、13、33	3285、11929
2016	1410	28.80	18.40	5.34	2、12、32	3315、12372
2017	1467	26.50	18.10	5.24	2、13、31	3312、12109

　　2010年怒江州实施冬马铃薯高产创建500 hm²，平均单产16t/hm²，收获商品薯8000t，实现增收160万元。2012年泸水县马铃薯高产创建示范668.73 hm²，在老窝乡、六库镇、鲁掌镇的4个村委会实施，涉及农户1071户，3289人。老窝乡荣华村农户何海福实测平均产量28.05t/hm²，商品率为92%；农户和海昌实测平均产量23.5 t/hm²，商品率90.1%；2012年泸水县马铃薯高产创建668.73 hm²；平均单产21.33t/hm²；商品率90.3%，比对照增产8.1 t/hm²。

（桑卉　王雪文　撰稿）

迪庆州马铃薯产业发展

一、马铃薯生产概况

迪庆州地形地貌复杂，立体气候突出，马铃薯因其生育期短、适应性广、耐瘠薄、产量高等特点，在迪庆州海拔 1460~3890m 均有种植，马铃薯是迪庆重要的粮食作物、饲料作物和食品加工原料，在增加农民收入、改善民生问题和发展地方经济中具有重要作用。

（一）马铃薯种植布局

迪庆州是云南省种植马铃薯海拔最高的地区，地形地貌复杂，山高坡陡，山区面积大，气候冷凉，蚜虫种类和数量少，降雨量较少，病毒病和晚疫病较轻，是云南省最理想的种薯生产基地之一。迪庆立体气候突出，马铃薯种植区域随地形呈阶梯状垂直分布，跨越了海拔 1460~3890m 的地域，根据云南省马铃薯产业发展规划布局，迪庆州将马铃薯生产划分为冬播和春播两个主要区域，马铃薯冬播区分布在海拔 1500~2600m 的金沙江、澜沧江流域及河谷区域，马铃薯春播区分散在海拔 2600m 以上农耕区。

（二）面积与单产

表 2-42　迪庆州马铃薯生产情况表

年份	种植面积 （hm²）	产量 （万 t）	单产量 （t/hm²）	主要种植品种
2001	3627	4.03	11.10	中甸红、合作 88、格咱红皮等
2002	3638	3.98	10.95	中甸红、合作 88、格咱红皮等
2003	3637	3.98	10.95	中甸红、合作 88、格咱红皮等
2004	3653	4.11	11.25	中甸红、合作 88、格咱红皮等
2005	3827	4.36	11.40	中甸红、合作 88、大西洋、格咱红皮等
2006	4062	4.75	11.70	中甸红、合作 88、大西洋、格咱红皮等
2007	4091	4.97	12.15	中甸红、合作 88、格咱红皮等
2008	4014	5.12	12.75	中甸红、合作 88、格咱红皮等
2009	3925	4.95	12.60	中甸红、合作 88、格咱红皮等

续表2-42

年份	种植面积 （hm²）	产量 （万t）	单产量 （t/hm²）	主要种植品种
2010	4238	5.59	13.20	中甸红、合作88、格咱红皮等
2011	4535	5.98	13.20	中甸红、丽薯7号、格咱红皮等
2012	5295	7.23	13.65	中甸红、丽薯7号、格咱红皮等
2013	5345	7.54	14.10	中甸红、丽薯7号、丽薯6号、格咱红皮等
2014	5715	7.97	13.95	中甸红、丽薯7号、丽薯6号、格咱红皮等
2015	5353	8.68	16.23	中甸红、丽薯7号、丽薯6号、荷兰15等
2016	5776	10.01	17.33	中甸红、丽薯7号、丽薯6号、荷兰15等
2017	5198.23	8.90	17.12	中甸红、丽薯6号、丽薯7号、荷兰15等
2018	4726.67	6.20	13.12	中甸红、丽薯6号、丽薯7号、荷兰15等

二、种植技术的演变改进

（一）种植技术的演变

迪庆州种植马铃薯的历史悠久，但大部分农户仍然沿袭传统的耕作方式，科技含量低、技术落后、管理粗放，马铃薯广种薄收。近年迪庆州农业部门先后开展脱毒种薯繁育和示范，引进示范马铃薯覆膜栽培、高垄栽培和马铃薯（玉米、白菜）三茬轮作种植技术；引进推广马铃薯机械化播种；开展测土配方施肥，实施有机肥和无机肥、大量元素和微量元素、土壤施肥和叶面喷肥等相结合的施肥技术，实现了传统技术与现代技术有机融合。

（二）主要种植技术模式

1. 双行高垄栽培技术

精细整地。深耕25~30cm，两犁两耙，人工镇压碎垡，做到土壤疏松，土垡细碎；选用良种。选用产量高、品质好、抗病抗逆性强的优良品种，如"丽薯6号、丽薯7号、荷兰7号、中甸红"等；种薯处理。选50g左右的小薯进行整薯播种，种薯较大的可进行切薯，切薯时刀具要进行消毒，切下的薯块其芽眼不少于2个，用草木灰把切口涂抹晾干后待种；种植密度。采用沿坡向拉绳划线，净种1m开墒，双行打塘点播，株距0.33m，行距0.4m，密度为60000塘/hm²；适时播种。一般在4月上旬播种；合理施肥。施农家肥22.5~30t/hm²，尿素300kg/hm²、普钙900~1200kg/hm²、硫酸钾225kg/hm²，施肥时尿素不能与种薯直接接触；播种方法：开沟播种沟深15~20cm为宜；田间管理：一是出苗前疏松土壤，增加地温，促进早出苗，如有地膜覆盖，应及时人工辅助破膜，促进苗齐、苗全、苗壮。二是马铃薯齐苗后，中耕、培土，在植株封垄前培土起大垄，促进植株生长健壮。三是马铃薯现蕾后，薯块迅速膨大，此时应增加浇水量，如无降雨需间隔5~7d连浇3次水，保持土壤湿润不积水，切忌大水漫灌。同时应加强病虫害防治。

2. 马铃薯、玉米、白菜一年三熟高效栽培技术

马铃薯和玉米采用90cm大垄双行覆膜技术栽培。两行玉米间距40cm，株距25cm；两行马铃薯间距40cm，株距30cm。1月末种植马铃薯，7月末收获马铃薯后种植秋白菜；4月初种植玉米，7月在玉米地空行中点播白菜，9月末至10日初收获玉米；10月初收获大白菜。马铃薯产量18t/hm²左右，玉米、大白菜产量超过6t/hm²、60t/hm²。

三、冬马铃薯生产

迪庆州传统以种植大春马铃薯为主。近年冬马铃薯效益好，迪庆州顺应市场需求，冬马铃薯种植面积和种植范围逐年扩大，冬马铃薯开发成效十分显著。2016年冬马铃薯种植面积已达全州马铃薯种植面积的47.28%，16年间冬马铃薯种植面积增长了近20倍。近年冬马铃薯种植面积稳定在2600hm²左右，种植方式为净种和间套种，主要推广种植"中甸红""丽薯7号""丽薯6号"等品种，其中"丽薯6号"占种植面积的80%，"荷兰7号、滇薯6号"等新品种也得到较快推广。主推地膜覆盖和大垄双行深施农家肥栽培技术，占冬马铃薯种植面积的95%和74.12%。

迪庆州马铃薯冬播区，分布在海拔1500~2600m的金沙江、澜沧江流域及河谷地区，包括香格里拉县虎跳峡、金江、上江、五境、三坝、洛吉、尼西等乡镇；德钦县拖顶、霞若、燕门、云岭、佛山、升平、奔子栏等乡镇；维西县永春、白济汛、康普、叶枝、巴迪、维登、中路、攀天阁等海拔2600m以下的农作物一年两熟区域。以"公司+协会（生产合作社）+基地+农户"的形式，发展鲜食冬季马铃薯商品薯外销，促进农村经济发展、增加农户收入。

表2-43　迪庆州冬马铃薯生产情况表

年份	种植面积（hm²）	产量（万t）	单产量（t/hm²）	主要种植品种
2001	131	0.30	22.50	中甸红、合作88
2002	133	0.24	18.00	中甸红、合作88
2003	133	0.28	21.00	中甸红
2004	725	1.19	16.50	中甸红
2005	1505	2.53	16.80	中甸红、
2006	1973	3.40	17.25	中甸红、大西洋

续表2-43

年份	种植面积（hm²）	产量（万t）	单产量（t/hm²）	主要种植品种
2007	2100	3.78	18.00	中甸红、合作88、大西洋
2008	2217	4.49	20.25	中甸红、合作88等
2009	2347	4.47	19.05	中甸红、合作88等
2010	2347	5.00	21.30	中甸红、合作88、荷兰7号等
2011	2401	5.44	22.65	中甸红、丽薯7号、荷兰7号等
2012	2504	6.01	24.00	中甸红、丽薯7号、荷兰7号等
2013	2517	5.74	22.80	中甸红、丽薯7号、丽薯6号、荷兰7号等
2014	2675	6.62	24.75	中甸红、丽薯7号、丽薯6号、荷兰7号等
2015	2697	5.85	21.70	中甸红、丽薯7号、丽薯6号、荷兰7号等
2016	2731	3.87	14.16	中甸红、丽薯7号、丽薯6号、荷兰7号等

四、种薯繁育情况

迪庆是云南省种植马铃薯海拔最高的区域，气候冷凉、降水量较少，蚜虫传毒少，晚疫病发生程度轻，是国内马铃薯种性保持最好、退化最轻的区域。迪庆州高寒藏区还拥有得天独厚的自然贮藏条件，供种时间可从9月上旬延续至翌年4月下旬，延长了供种时间，满足了生产上对不同季节用种的需求。2016年迪庆州马铃薯总产约9.4万t，州内马铃薯良种自给率达到100%，外销种薯3.0万t~3.5万t。迪庆州生产的种薯树立了良好的市场口碑，为当地农户取得了较高的经济效益。迪庆州农科所和迪庆州种子站共同选育出的马铃薯品种"中甸红"，作为"十五"期间的主要种植品种，在云南省推广应用达10万hm²。近年全州引进并筛选出了适合迪庆州种植的"滇薯6号、合作88、爱德53、云薯301、云薯201、云薯401、云薯505、丽薯6号、丽薯7号"等系列品种，制订了《高寒地区马铃薯生产技术规程》和《马铃薯种薯生产技术规程》。全州马铃薯在适应性、抗逆性、品质等方面也有大幅度提高，产量大幅度增加。

五、项目开展情况

迪庆州马铃薯产业在国家政策扶持、科技促动、市场拉动下，先后实施了国家农业农村部项目"马铃薯旱作节水栽培技术研究与示范"和"云南省迪庆州香格里拉脱毒马铃薯良种扩繁基地建设"。省财政项目"云南省发改委迪庆州马铃薯良种繁育基地建设""云南省现代农业产业技术体系迪庆州马铃薯综合试验站建设""云南省马铃薯良种繁育基地建设"和科技增粮马铃薯高产创建等项目，农业科技部门开展了马铃薯良种选育、高产栽培技术与主要病虫害防治技术研究等工作，有力地推动了迪庆州马铃薯产业发展。

马铃薯高产创建项目实施成效：2008 年迪庆州实施高产创建项目以来，累计推广马铃薯高产创建项目 2.25 万 hm^2，增产 6.383 万 t；地膜马铃薯实施达 1.16 万 hm^2，增产 4.51 万 t；马铃薯间套种项目实施达 3527 hm^2，增加粮食达 0.89 万 t。示范推广了"合作 88、丽薯 6 号、丽薯 7 号和荷兰 7 号"等品种，集成示范了马铃薯高垄双行栽培、地膜栽培技术和间套种技术，项目实施带动了当地马铃薯产业的发展，迪庆州的冬马铃薯，部分产区高产田块产值达 6 万~9 万元/ hm^2，已发展成为当地农民家庭收入的主要经济来源。如香格里拉市尼西乡汤满村汤满下组的种植户龙旺，种植马铃薯产量达 51.9t/ hm^2，产值 9.35 万元。产业促进了农民的增产增收，带动了当地经济的发展。

表 2-44　迪庆州高产创建项目实施情况表

年度	示范面积（hm^2）	占当地种植面积 %	测产结果（t/ hm^2）	比非项目区（hm^2 增产 t）	涉及县、乡、村（个）	涉及农户、人口数（户、人）
2014	1390	45.51	40.97	6.024	2 县 10 乡（镇）34 个村	8956 户，18956 人

六、发展存在的主要问题

（一）生产基础条件差

迪庆州马铃薯种植基本上分布在山区、高寒坝区，属于"雨养农业、靠天吃饭"，地方财政对农业科技投入的力度不足，抗御自然灾害的能力非常弱，而且这些地区气候变化无常，自然灾害频繁，灾害性天气多发，马铃薯生产受自然灾害影响较大。

（二）优良品种储备不足

迪庆州有 20 多个马铃薯栽培品种，其中本地马铃薯品种 10 多个，引进品种 10 多个。目前栽培品种仍然是以地方品种为主，这些品种产量低，其耐寒性、耐旱性、抗病性和品质（特别是加工专用品种）等均不能满足当前对马铃薯的产量和加工原料品质的要求。迪庆州马铃薯良种的选育和利用、品种储备等与发达省区相比还有很大差距。

（三）基层科技力量薄弱

迪庆州农业科技推广应用率和农业科技贡献率相对较低，如藏区的农户几乎全民信教，对农作物病虫害防治工作有抵触。2010年全州平均农业科技普及率及贡献率不到45%。科技队伍力量薄弱，马铃薯育种、高效栽培技术等研究工作起步较晚，导致马铃薯生产的配套技术研究、利用、开发等工作滞后，制约了迪庆州马铃薯生产发展和产业开发。目前迪庆州从事马铃薯生产研究和技术推广的人员不足20人，具有高级专业技术职称的科技人员不到10人，大部分从事马铃薯生产的科技人员集中在县乡基层农技部门，主要进行一般性的科技推广及应用工作。农业科技人员仍然停留在"一把锄头、一把尺子、一支铅笔搞推广，一张桌子、一张信笺、一杆磅秤搞科研"的状态，与现代农业和产业发展需求严重脱节，制约了迪庆州马铃薯品种选育、马铃薯栽培技术推广、产业开发等各项工作开展。

（四）产业链条不完善

迪庆州缺少加工龙头企业，加工产品也只停留在初级产品上，加工转化能力低。组织化程度低，抵御市场风险能力弱，马铃薯种植受市场波动影响较大，制约了产业的快速发展。

（余丽华　李德元　此里央宗　撰稿）

临沧市马铃薯产业发展

一、马铃薯生产概况

（一）马铃薯生产布局

临沧市地处云南省西南部，位于东经 98°40′～100°33′，北纬 23°05′～25°02′之间，面积 2.4 万 km²。临沧市属亚热带低纬高原山地季风气候，年平均气温 16.5～19.5℃，最热月平均气温 20～24℃，最冷月平均气温 10.3～12.5℃，无霜期 317～357d，年平均日照时数 1894.1～2261.6h，年平均降雨量 920～1750mm，年平均相对湿度 69%～81%，海拔 450～3429m。立体气候明显，四季温差不大，干湿季分明。临沧市马铃薯种植历史悠久，马铃薯适宜在高海拔区域春作及中低海拔区域秋作和冬作。

1. 春作

20 世纪 90 年代以前，临沧市马铃薯生产以海拔 2000m 以上的高寒山区大春季生产为主，是山区群众解决温饱的主要粮食作物。年种植面积 0.3 万～0.4 万 hm²，单产水平 7.5t/hm²，栽培品种以地方品种为主，如永德小红洋芋、瓦壳洋芋，镇康黄心洋芋、鞋底洋芋、芒果洋芋，耿马小紫糯洋芋、花生洋芋等。这一时期的春作马铃薯生产缺少政府规划和科技指导，发展速度缓慢，生产水平低。主要用做粮食自主消化，商品转化率低，经济效益差。

2. 冬作

20 世纪 90 年代后期，随着市场经济的发展，政府和当地群众均意识到了种植马铃薯增产增收作用较突出。临沧市亚热带热区面积占全市总面积的 1/3，占云南省热区面积的 11.4%。云县、双江、耿马、镇康四县气候炎热，冬季霜期较短，部分地区终年无霜，日照充足，空气湿度适中，土壤湿度及保湿性较好，非常适宜发展冬季马铃薯种植。临沧市农技推广站自 1996 年开始实施"中低海拔地区冬季马铃薯试验示范"等项目，近十多年临沧市先后引进试验示范"CFK69.1、米拉、费乌瑞它、会-2、会顺 23、中甸红、合作 88、大西洋、抗青 9-1、滇薯 6 号、云薯 201、云薯 301、云薯 401、丽薯 6 号、丽薯 7 号"等品种，通过新品种试验和栽培技术探索为冬季马铃薯发展提供有力的技术支撑。临沧甘蔗种植面积达 10 万 hm²，临沧市为了马铃薯产业和甘蔗产业共同协调发展，推广蔗田套种马铃薯技术，马铃薯与甘蔗间套种技术得到广泛应用。2000 年以后，云南省各级政府加强冬季农业开发，资金和科技同步推进，临沧市冬马铃薯种植面积快速增长，经过十多年的发展全市形成了云县、双江、耿马等千亩集中连片种植的冬马铃薯商品薯生产基地。由于临沧市冬马铃薯收获上市正处于市场比较紧俏的时期，马铃薯价格高且供不应求，冬马铃薯每 667m² 纯收益超过 5000 元，广大农民因种马铃薯脱贫致富。冬马铃薯生产已成为全市冬季农业开发重点，临沧市现已发展成为云南省冬季马铃薯主产区。

3. 秋作

临沧秋季马铃薯常年种植面积 0.2 万～0.3 万 hm²。主要以县乡城镇周边农户种植、本市自销为主。秋马铃薯平均产量 18t/hm² 左右，销售价格在 3000～4000 元/t，面积、产量和市场需求比较稳定。长期以来临沧市秋作马铃薯种植面积、生产区域较稳定，鲜有变化。主要有以下制约因素：一是秋马铃薯 8 月份播种，此时大部分水稻尚未收获；二是种薯来源比较困难；三是秋马铃薯病害较为严重。多种原因造成秋马铃薯生产难以得到较大的发展。

临沧市马铃薯可以周年种植生产，四季均有鲜薯上市销售。政府和科技部门十分重视马铃薯产业发展。当前临沧市马铃薯生产已经实现了从过去解决粮食不足的温饱型生产，向增加经济收入的外销型产业转型。按照临沧市农业"十三五"规划：马铃薯种植面积将达到 2.68 万 hm²，平均单产提高到 19.5t/hm²，总产达 50 万 t 以上。实现马铃薯无公害化生产和产业化经营，优质种薯应用率 80% 以上，马铃薯商品率 90% 以上。

（二）种植面积及产量

"十二五"初期，2001 年临沧市马铃薯种植面积 0.706 万 hm²，鲜薯总产 7.51 万 t，单产 10.63t/hm²。"十二五"末，2015 年全市马铃薯面积 1.401 万 hm²，总产 23.75 万 t，单产 16.95t/hm²。十五年来马铃薯面积增加 6951 hm²，增幅 98.4%，年均增幅 6.6%；总产增加 16.24 万 t，增幅 216.2%，年均增幅 14.4%；单产增加了 6.32t/hm²，增幅 42.1%，年均增幅 2.8%。

"十三五"开局，2016 年种植面积 1.443 万 hm²，总产 24.6 万 t，单产 17.04t/hm²。较 2001 年面积增加了 0.737 万 hm²，增幅 104.4%，年均增幅 6.5%；总产增加了 17.09 万 t，增幅 227.5%，年均增幅 14.2%；单产增加了 6.41t/hm²，增幅 60.3%，年均增幅 3.8%。2016 年其中春季马铃薯种植面积 0.517 万 hm²，总产 10.92 万 t，单产 21.13t/hm²，占全年总面积的 35.8%，占全年总产的 44.4%。冬季马铃薯种植面积 0.927 万 hm²，总产 13.69 万 t，平均单产 14.77t/hm²，占全年总面积的 64.2%，占全年总产的 55.6%。全年脱毒马铃薯推广面积 1.09 万 hm²，产量 19.14 万 t，单产 17.56t/hm²，占总面积的 75.5%，占总产量的 77.8%。数据表明，从"十五"到"十三五"马铃薯面积、产量大幅提高；在生产中冬季马铃薯的面积、产量占比超过全年的 50%；脱毒马铃薯的面积、产量占比超过全年的 70%。

数据表明，从"十五"到"十三五"全市马铃薯面积、产量大幅提高；冬季马铃薯的面积、产量占比超过全年的 50%；脱毒马铃薯的面积、产量占比超过全年的 70%。

表 2-45　2001～2018 年临沧市马铃薯生产情况表

年份	种植面积 （hm²）	产量 （万 t）	单产量 （t/hm²）	主要种植品种
2001	7062	7.51	10.64	中甸红、会-2
2002	7223	7.77	10.76	中甸红、会-2
2003	7279	7.81	10.73	中甸红、会-2
2004	7117	9.56	13.43	中甸红、会-2
2005	8639	10.62	12.30	中甸红、会-2
2006	8839	11.36	12.86	中甸红、会-2
2007	9026	11.73	12.99	会-2、合作 88
2008	9216	12.32	13.37	会-2、合作 88
2009	9345	12.82	13.71	会-2、合作 88
2010	10082	12.99	12.89	会-2、合作 88
2011	10452	16.30	15.60	合作 88
2012	11608	17.78	15.32	合作 88
2013	12543	19.58	15.62	合作 88、丽薯 6 号
2014	13923	22.40	16.08	合作 88、丽薯 6 号
2015	14013	23.75	16.95	合作 88、丽薯 6 号
2016	14434	24.60	17.04	合作 88、丽薯 6 号
2017	14530	21.97	15.12	合作 88、丽薯 6 号
2018	14700	18.63	12.67	合作 88、丽薯 6 号

产量为鲜薯产量。

二、马铃薯生产技术的演进

（一）自留种薯转变为使用脱毒种薯

"九五"以前临沧以大春季马铃薯生产为主，是高寒山区人民解决温饱的主要粮食作物。农民长期使用地方老品种进行生产，种薯完全依靠自己留种，多年重复种植，病毒积累，种性严重退化，产量很低。2000 年以来，全市重点发展冬季马铃薯，大力推广脱毒马铃薯，示范推广"会-2 号、合作 88、丽薯 6 号、丽薯 7 号"等新品种。经过近 20 年的发展，脱毒马铃薯及新品种应用面积不断扩大，大大提高了良种覆盖率，总产和单产大幅上升。2016 年马铃薯种植面积 1.44 万 hm²，其中脱毒马铃薯推广面积 1.09 万 hm²，产量 19.14 万 t，单产 17.56t/hm²，占总面积的 75.5%，占总产量的 77.8%。

（二）新品种逐步替代地方老品种

"九五"期间，临沧地区农业科学研究所从滇东北、滇西北引进新品种"会-2、会顺23、中甸红眼"等进行冬季试验、示范，以此为基础，"十五"期间主推菜用型品种"中甸红眼、会-2"等；"十一五"期间主推加工和菜用兼用型品种"合作88"；"十二五"期间主推加工和菜用兼用型品种"合作88、青薯9号"及菜用型品种"丽薯6号、云薯505"。"十三五"期间具有推广前景的品种有"云薯304、云薯401、云薯902、丽薯10号"等。一系列高产优质专用型新品种在生产中大面积应用，大幅提高了产量，经济效益显著。

（三）传统种植方式向高产高效种植模式转变

1. 粗放种植发展为规范化种植

临沧市高寒山区大春马铃薯种植粗放，没有统一的播种规格，农户随意打塘点播，不便于田间管理操作，生产水平低。2000年后马铃薯播种逐渐改变为规格化行播，通风透光条件改善、病虫害发生率显著降低；随着技术进步，单垄单行又改为大垄双行，马铃薯单垄单行垄面较窄，不利于培土成高垄，影响马铃薯结薯膨大。改大垄双行后垄面宽可达80cm，每垄种植2行马铃薯，通过2~3次培土可形成25cm以上高垄。大垄双行可为薯块生长膨大提供了较充足的空间，同时便于机械操作。利用小型机械进行开沟、培土、覆膜及收获，能够显著提高产量，增加效益。

2. 地膜覆盖逐渐取代露地栽培

临沧市海拔1200~1500m冬马铃薯种植区域，播种期为12月至次年1月，此时气温及地温均较低，露地栽培马铃薯出苗时间长、出苗率低、生长不整齐。地膜覆盖栽培可以提高温度，促进出苗，保证出苗率。冬季降雨量少，地膜覆盖能够抑制水分蒸发，保持土壤水分。铺膜时将膜四周拉平、盖严、压实。出苗期及时破膜放苗，并用细土覆盖出苗口。生长期保持膜面光洁完整，充分发挥地膜增温、保水、抑制杂草的作用。

3. 传统施肥方式转变为按作物需求施肥

马铃薯生长要求土壤深厚、疏松、富含有机质，增施有机肥可以增加土壤有机质含量，提高耕地质量。马铃薯是喜钾作物，增施硫酸钾是提高产量的有效措施。硼、镁、锌等中微量元素肥料对产量提高关系密切，要适量补充促使土壤养分平衡。

4. 病害防治由单一化学防治向综合防控转变

物理防治、化学防治、生物防治等相结合防治病虫害。采取水旱轮作、推广抗病品种及使用脱毒种薯；种薯消毒；药剂防治在马铃薯苗期未发病前使用保护性药剂进行预防，在发病期选择治疗性药剂进行治疗，对症下药，减少施药次数，降低农残。禁止使用高毒、高残留农药。采用灯光诱捕器、色板等诱杀害虫，技术向绿色高效综合防治方式转变。

5. 马铃薯机械化应用率不断提高

近年临沧市农村劳动力短缺现象突出，扩大生产规模、降低生产成本的有效措施之一就是引入机械化，推行农机农艺结合。临沧市在马铃薯种植耕整地、开沟覆土（培土）和收获等主要生产环节引入了机械化作业，大大提高了生产效率，节约了人工成本。2017年双江引进中型播种机械进行生产，一次性完成开沟、播种、施肥、喷药、覆膜等工序，加上后期机械收获，种植成本6000元/hm²。与常规人工种植收获相比（需人工180个，成本1.8万元）节约生产成本1.2万元。双江忙孝村、土戈村、忙开村这样的专业种植村70%以上的农户拥有小型机械。农业生产机械应用扩大，生产效率大幅提高。

三、马铃薯示范项目实施成效

临沧地处边疆，少数民族占总人口数的39%，经济发展较落后，用于农业开发的资金十分有限。马铃薯项目少、资金投入远不能满足发展生产需要。近年来，临沧市通过实施云南省冬季农业开发、粮食作物高产创建和粮食作物间套种等项目获得较稳定的科技示范资金扶持。2014年临沧市农业技术推广站加入了省现代农业马铃薯产业技术体系，每年获得省级财政补贴资金15万元。项目资金对当地开展马铃薯高产高效集成技术试验示范，区域内技术难点攻关以及农民科技培训等发挥着重要作用。

（一）马铃薯高产创建

根据《全国粮棉油高产创建工作方案》和《云南省粮食作物高产创建活动实施方案》的要求部署，2010~2015年临沧市共计承担部、省级冬季马铃薯高产创建示范片17片。项目实施涉及5县（区）48个乡（镇）、171个村、55011户。按照农业部（现中华人民共和国农业农村部）和云南省《粮油高产创建项目测产验收办法》，经示范县（区）理论测产、市级专家复测验收，累计完成冬季马铃薯高产创建17片，面积1.18万hm²，示范区最高单产76.18t/hm²，实现总产40.98万t，平均单产34.87t/hm²，与非示范区平均单产1855.3kg比较667 m²增469.1kg，增25.3%，新增总产8.27万t，0.067增产值1125.8元，新增总产值19848万元。通过项目实施，有力地促进了全市马铃薯生产发展，为全市粮食增产增收，确保粮食安全做出了重要贡献。

马铃薯高产创建中，涌现出了很多高产典型农户。如2010年云县爱华镇水磨村杨宇种植3.2hm²，实收总产168t，平均单产达52.5t/hm²，以2300元/t订单销售，总收入38万元，扣除生产成本纯收入达30万元。2013年双江县沙河乡允俸村李正强种植0.53hm²，实收总产25.6t，平均单产48t/hm²，以价格3000元/t订单销售，纯收入达6万元。双江县勐库镇忙那村张宏权户种植0.73 hm²，实收总产46.2t，平均单产63t/hm²，以每吨价格3000元订单销售，纯收入达10万元。2015年云县冬季马铃薯高产创建，按照全国和全省粮食高产创建测产验收的要求，临沧市农业局组织市级测产验收小组进行市级复测验收。百亩核心区最高单产为爱华镇水磨村农户王云飞种植0.53hm²，平均单产76.18t/hm²，最低单产为周武青户种植0.087 hm²，平均单产60.7t/hm²，百亩核心区平均单产达66.6t/hm²。万亩示范片平均单产50.7t/hm²。示范区实现了项目实施以来的最高产量记录，增产显著、效益明显。

表2-46 2010~2015年冬季马铃薯高产创建情况表

（备注：马铃薯价格按2400元/t计）

年度	示范县（区）	示范区							非示范区实测单产（t）	新增单产（t）	新增总产量（万t）	亩增产值（元）	新增总产值（万元）
		涉及乡镇（个）	涉及村数（个）	涉及农户数（户）	片数	面积（hm²）	平均单产（t）	总产（万t）					
2010	镇康	3	13	4052	1	673	29.33	1.97	21.75	7.58	0.51	1.82	1224.00
2010	云县	2	5	2857	1	693	31.63	2.19	27.15	4.48	0.31	1.08	744.00
合计	2	5	18	6909	2	1367	30.44	4.16	24.44	6.00	0.82	1.44	1968.00
2011	镇康	3	12	4108	1	687	31.23	2.14	24.98	6.25	0.43	1.50	1032.00
2011	云县	2	5	2947	1	713	37.68	2.69	30.67	7.01	0.50	1.68	1200.00
合计	2	5	17	7055	2	1400	34.50	4.83	27.86	6.64	0.93	1.59	2232.00
2012	镇康	3	11	4328	1	693	30.83	2.14	23.55	7.28	0.50	1.75	1200.00
2012	云县	2	5	2880	1	693	39.83	2.76	32.85	6.98	0.48	1.67	1152.00
2012	双江	2	4	2782	1	680	30.90	2.10	25.99	4.91	0.33	1.18	792.00
2012	凤庆	3	16	3680	1	673	30.75	2.07	24.01	6.74	0.45	1.62	1080.00
合计	4	10	36	13670	4	2740	33.10	9.07	26.68	6.42	1.76	1.54	4224.00
2013	临翔	4	15	4066	1	680	31.74	2.16	25.81	5.93	0.40	1.42	960.00
2013	云县	2	5	2843	1	707	33.60	2.37	26.61	6.99	0.49	1.68	1176.00
2013	耿马	4	13	2350	1	667	32.67	2.18	25.35	7.32	0.49	1.76	1176.00
合计	3	10	33	9259	3	2053	32.68	6.71	25.96	6.72	1.38	1.61	3312.00
2014	云县	2	11	4863	1	687	48.38	3.32	39.35	9.03	0.62	2.17	1488.00
2014	双江	2	6	2765	1	713	35.25	2.51	26.70	8.55	0.61	2.05	1464.00
合计	2	4	17	7628	2	1400	41.64	5.83	32.86	8.79	1.23	2.11	2952.00
2015	临翔	4	15	2158	1	680	33.00	2.24	26.55	6.45	0.44	1.55	1056.00
2015	云县	4	16	3162	1	727	50.69	3.68	40.56	10.13	0.74	2.43	1776.00
2015	双江	2	6	2783	1	713	33.44	2.39	25.95	7.49	0.53	1.80	1272.00
2015	耿马	4	13	2387	1	673	30.77	2.07	24.23	6.54	0.44	1.57	1056.00
合计	4	14	50	10490	4	2793	37.16	10.38	29.46	7.70	2.15	1.85	5160.00
总合计	17	48	171	55011	17	11753	34.87	40.98	27.83	7.04	8.3	1.69	19848.00

（二）马铃薯间套种

临沧市甘蔗种植面积超过 10 万 hm^2，马铃薯与甘蔗间套种是近年发展的主要马铃薯间套种模式。主要分布在耿马县、镇康县、沧源等县。2005 年当地农技部门开始尝试在甘蔗地里套种马铃薯，蔗农不仅增加了经济收入，也拓展了马铃薯的种植空间。2006 年永德县永康镇实施甘蔗套种马铃薯，经测产验收马铃薯单产 14.4t/hm^2，当时市场价 1.5 元/kg，产值 2.16 万元/hm^2，除去种子、化肥等投入 4500 元后，折合净收入 1.71 万元/hm^2。蔗田套种马铃薯，既不影响甘蔗产量又可增收马铃薯，农户认为很实惠。2009 年，耿马县农业部门积极抽派科技人员分赴农业生产第一线，开展冬甘蔗套种马铃薯示范指导工作。在种植期间，县农业科技人员通过抢抓节令，科学选种、下种，认真开展技术指导培训，冬甘蔗间套种马铃薯示范工作扎实有效，喜获丰收。马铃薯最高单产，平均单产 1081.5kg，按市场价每千克 2 元计，1 亩甘蔗套种马铃薯产值可达 2163 元。除去种子、化肥等亩投入 500 元后，折合亩净收入 1663 元，此项种植技术的示范推广已成为全县农民增收致富的亮点。

（三）马铃薯地膜覆盖

近年马铃薯地膜覆盖栽培技术在冬、小春作种植区域被广泛运用，农户环境保护意识较强，注重废弃地膜回收。地膜覆盖较露地栽培可提高马铃薯产量 4.5t/hm^2 以上，且商品薯率较高。双江县是云南省冬马铃薯主要种植基地县之一，马铃薯地膜覆盖实施面积近 667hm^2，2015 年双江勐库镇忙那村种植户张宏权地膜覆盖种植马铃薯"丽薯 6 号"，单产量 64.8t/hm^2，较未覆膜产量提高 14.25t/hm^2，增幅 28.2%，商品薯率达 90%。临翔区的小春作马铃薯地膜覆盖面积达 667hm^2。

（四）高标准商品薯生产基地

2014 年临沧市农业技术推广站加入省现代农业马铃薯产业技术体系，成立临沧试验站。试验站重点开展了高产高标准商品薯生产基地建设，集成示范马铃薯高产高效技术和技术难点攻关。

表 2-47　2014~2017 年高产高标准商品薯生产基地建设情况表

年份	面积（hm^2）	总产（t）	平均单产（t/hm^2）	商品率（%）	产值（万元）	非项目区产量（t/hm^2）	较非项目区产量增产（%）
2014 年	9.0	521.6	57.96	92.0	14.17	45.27	28.02
2015 年	7.7	484.8	63.23	90.3	11.25	50.25	25.8
2016 年	7.0	436.7	62.39	90.0	19.50	38.00	64.2
2017 年	7.5	460.7	61.70	90.0	11.11	48.85	26.3
合计/平均	31.2	1903.8	61.32（平均值）	90.58（平均值）	56.03	182.37	36.08（平均值）

四、种薯生产体系建设

云南省种薯繁育优势区域在滇东北、滇西北，临沧市并不具备马铃薯种薯繁育的优势。2000~2008年，临沧市农业部门曾尝试开展马铃薯种薯体系建设。建设了组培室和温网室，开展了脱毒组培苗和原原种生产，并在临翔区南美乡进行原种、一级、二级种薯扩繁。由于气候等条件不太适宜，高海拔地区农业设施落后，农户生产管理水平低等诸多因素，导致种薯单产低，生产成本高。又缺少专项资金的扶持，因此临沧市开展种薯基地建设难度较大。临沧市农业部门在综合考虑发展壮大冬季马铃薯生产，带动高海拔山区群众通过生产种薯增加经济收入，降低种薯调运成本等因素的基础上，2015~2017年，双江县农业技术推广站向英茂大理种业公司购买"合作88、丽薯6号"原种或一级种，在双江县大文乡高海拔区域试点进行一级种或二级种薯繁种，取得了一定实效。其中2017实施二级种薯扩繁8.7hm²，种薯由双江县沙河乡允俸村忙孝马铃薯种植农民专业合作社统一收购，组织种植大户进行冬季商品薯种植订单销售。逐步建立起双江县马铃薯种薯扩繁区域化模式有效降低种薯调运成本。2017年大文乡清平村8.7hm²土地，产出156t种薯，以2000元/t出售，销售收入为31.2万元，平均产值3.6万元/hm²。比以往种植老品种玉米等作物，产值7500元/hm²左右，产值翻了近5倍，对于当地脱贫攻坚具有重要意义。

五、马铃薯加工及产销

马铃薯加工产品，被广泛应用于食品、饲料、医药、化工、纺织、造纸、铸造、橡胶、石油等工业，经国内外现代科学研究并作统计表明，马铃薯可加工出2000多种产品，从事马铃薯产品加工具有广阔的市场前景，产值、利润空间巨大。临沧市目前没有马铃薯加工企业。但临沧加工型品种"合作88"种植面积比较大，占全年种植面积的50%以上。云县、凤庆、双江等冬马铃薯生产基地，商品薯销售量大、销售价格适中，可为马铃薯产品加工企业提供充足的原料。临沧市是昆明子弟食品有限公司的主要原料基地之一。

六、马铃薯科技队伍建设

临沧市农业技术推广站是集科研、示范、推广、培训为一体的事业单位，承担着全市农业基础应用研究、粮食及经济作物新品种选育、新技术开发、农业试验示范推广等工作。单位内设薯类作物试验示范推广室，承担着全市马铃薯新品种、新技术的引进、试验、示范、推广等工作，现有专业技术人员9名，其中，正高职称1名，副高职称2名，中职及以下人员6名，2014年临沧加入云南省马铃薯产业技术体系，主要开展马铃薯集成技术研究试验示范推广、高产高效商品薯生产基地建设、科技培训、

全市马铃薯产业情况调查等工作。稳定的科技队伍为全市马铃薯生产发展提供了技术支撑；多年广泛深入的农户培训，培养了一批种植能手，促进了马铃薯整体生产水平的不断提高。

七、产业发展的制约因素

（一）农业基础设施建设滞后

基础设施是农业发展的基础，只有解决了水分排灌的问题，冬季马铃薯才能在种植面积和产量水平上有更大的提高空间。近年来临沧市极端恶劣天气发生频繁，马铃薯生产遭受灾害和损失，如2010年冬春发生50年一遇的全省性干旱，临沧市马铃薯产量损失达20%以上。2015年1月发生强降雨，冬季马铃薯生产区遭受严重洪涝灾害，部分区域甚至绝收。山区应加强耕地坡改梯，减少水土流失，坝区应因地制宜整修水利工程，做到干旱能灌，内涝能排，以减少灾害带来的损失。

（二）市场价格波动较大

临沧市马铃薯价格波动较大。2011年临沧冬马铃薯销售价格1000元/t，为近年价格最低点。2012～2015年全市冬马铃薯销售价格比较平稳，在2200～2600元/t之间。2016年冬马铃薯销售价格达到历史最高3500～4000元/t，是2011年马铃薯价格的3～4倍。2017年度农产品价格低迷，马铃薯价格持续走低。2017年3～4月冬马铃薯大量上市之际丽薯6号销售价格1800元/t，与2016年同期丽薯6号销售价格4000元/t相比，降幅达55%。7年间临沧马铃薯价格走势为"一高二低四平稳"的态势。较大的价格波动造成年际间马铃薯种植面积发生一定波动。

（三）种薯供给和质量不稳定

临沧市冬季马铃薯生产所需种薯主要来源于滇东北、滇西北地区。这些区域马铃薯种薯产量丰歉，对马铃薯冬作区种薯供给和种薯价格影响较大，种薯涨价或种薯紧缺，常导致冬马铃薯种植面积不稳定。极端时甚至出现过无种薯可供应、冬马铃薯播种面积被迫缩减的情况。由于全省种薯生产体系建设不健全，部分种薯生产企业或种薯基地质量不达标，合格种薯产量小，难于满足生产需求。市场上以商品薯冒充脱毒种薯销售现象突出。种薯质量无法保证，造成同一品种在不同年份种植产量差异很大，农户感到十分困惑。一定程度影响农户的生产积极性。适合冬季生态条件的马铃薯品种严重短缺，冬马铃薯的产量水平难以取得突破。

八、结语

2000年以来，临沧市马铃薯产业在冬季农业开发和农业产业结构调整中取得了较快的发展，尤其是突出了低海拔热区冬季马铃薯商品薯的生产优势，重点打造了云县、双江、耿马、凤庆等生产基地。作为云南省重要的冬季马铃薯主产区之一，临沧马铃薯以"上市早、品质优"的特点畅销全国各地。经过近 20 年的发展，临沧市冬马铃薯种植面积不断扩大，总产、单产不断提高，产值不断增加，已发展成为促进农业增收、农村经济发展的有效途径。带动了临沧市高海拔地区春作马铃薯种植面积、单产的大幅提高，春作马铃薯生产从主要粮食作物逐步过渡为经济作物，实现了周年种植马铃薯，四季均有鲜薯上市销售。

（杨永梅　郑家银　王宁华　撰稿）

[第三部分]
云南主要马铃薯科研及推广单位

云南省现代农业马铃薯产业技术体系

2009 年云南省农业厅牵头组建省级现代农业马铃薯产业技术体系，先后聘请云南农业大学郭华春教授、杨艳丽教授为首席科学家。体系设置有技术研发中心，下设育种、病虫害防控、栽培技术和产业经济等专项研究室，并在马铃薯主要生产州（市）县设置综合试验站和区域推广站。

体系依托云南农业大学设立病虫害防控、栽培、产业经济功能研究室，依托云南省农业科学院经济作物研究所设立育种和良种繁育功能研究室，依托云南理世集团建设加工研究室，聘请 6 位岗位专家。依托云南农业职业技术学院、曲靖市农业科学院、大理州农业科学院、迪庆州农科所、丽江市农科所、德宏州农科所、临沧市农科所、剑川县农技推广中心、寻甸县农技推广中心、昭阳区农技推广中心、鲁甸县农技推广中心、开远市农技推广中心、宣威市农技推广中心和马龙县农技推广中心设立 14 个试验站；依托云南英茂集团大理种业建设创新示范基地，研究团队 130 余人。

体系发挥技术优势，服务"高产创建""科技示范县"，涌现出一批科技成果，并进行示范和推广，为云南省马铃薯产业发展作出了一定贡献。

云南农业大学

云南农业大学创建于 1938 年，是一所以农科为优势，农、工、经、管、理、文、教育等学科协调发展的教学科研型大学。学校现有教职工 1800 余人，其中教授 200 余人，副教授 500 余人；设有 22 个学院，70 个本科专业，拥有 10 个博士点，58 个硕士点，在校生 22000 余人。学校设有东南亚薯类作物研究及培训中心、薯类作物研究所等马铃薯专门研究机构，是国家马铃薯产业技术体系岗位科学家和云南省马铃薯产业技术体系研发中心的依托单位。

学校形成了一支精干的专兼职研究队伍，薯类专职研究人员中有教授 7 名（含博士生导师 5 人），副教授 10 名。研究内容涉及马铃薯遗传育种、栽培生理、种薯生产、病虫害防治等领域。学校招收培养马铃薯方向的博士生和硕士生，目前在读薯类博士、硕士生 30 余人。

学校主持完成的"马铃薯实生种子应用研究"获云南省科技进步三等奖，"马铃薯晚疫病菌群体动态监测及抗病品种选育"和"云南马铃薯地方品种的收集、研究与利用"于 2003 年和 2008 年分获云南省自然科学三等奖。近年来育成了"滇薯 6 号""滇薯 701""滇同薯 1 号"等马铃薯品种。

云南师范大学马铃薯科学研究院

云南师范大学马铃薯研究始于 20 世纪 70 年代，80 年代中期率先与国际马铃薯中心（CIP）开展合作研究。长期从 CIP 引进马铃薯育种资源，在云南省马铃薯研究中一直发挥着重要作用。1991 年在王军教授的倡导下成立薯类作物研究所，主要从事马铃薯种质资源、遗传育种、分子生物学、生物信息学和马铃薯生产技术改良等研究工作。主持完成了"中国华南马铃薯生产技术改良""中国西南地区抗晚疫病马铃薯种质资源评价和新品种选育""云南马铃薯无病毒种薯繁育体系研究"等几十个科技项目。筛选和培育出了适宜中国西南地区种植的"I-1085""合作 88"和"合作 203"等 15 个马铃薯新品种，其中"合作 88"是云南师范大学和会泽农技中心从 1990 年引进的 42 个杂交组合中选育的品种，据评估"合作 88"近年在国内种植面积年均约 400 千公顷，种植面积在中国乃至世界上具有领先地位。2014 年国际马铃薯中心从中国引进"合作 88"试管苗，纳入 CIP 种质资源库。2016 年 9 月，云南师范大学在薯类作物研究所的基础上组建了马铃薯科学研究院，重点建设了"马铃薯基因组学"和"遗传育种学"两个特色专业，在马铃薯作物遗传改良的分子基础、破除制约马铃薯产业发展的结构性障碍研究方面，开创了马铃薯研究和产业发展的"绿色革命"。

研究院现有研究人员 13 人，其中 10 人具有博士学位或博士后研究经历；正高职称 5 人，副高职称 2 人，中级职称 6 人；博士生导师 4 人，硕士生导师 5 人。目前主要致力于"四倍体马铃薯栽培种（合作 88）基因组计划"和国家农业农村部马铃薯重大基础研究专项"二倍体马铃薯杂交育种计划"（优薯计划）等研究工作。

云南省农业科学院经济作物研究所

云南省农科院经济作物研究所马铃薯研究中心，是云南省从事马铃薯研发工作的专业机构，聚集了一批在全国（省）知名的从事马铃薯研究的科技骨干，分别从事马铃薯遗传育种、配套栽培技术、分子生物学、植物病理、脱毒种薯繁育、示范开发等方面的研究开发工作。马铃薯研究中心现有 20 名精干的马铃薯科技人员，包括 6 名研究员、7 名副研究员，其中博士 7 人，国家产业技术体系岗位科学家 1 人，云南省产业技术领军人才 1 人，云南省学术技术带头人（含后备人才）2 人，云南省技术创新人才培养对象 3 人，云南省马铃薯产业技术体系岗位专家 2 人。

马铃薯研究中心先后承担了国（内）合作项目、国家（省）产业技术体系、国家科技重大研发计划、国（省）家自然科学基金等重大科研项目 30 余项，是云南省技术力量较强的马铃薯研究单位，是国家马铃薯改良中心云南分中心、云南省马铃薯工程

技术研究中心、国家外专局引智基地的依托单位。

马铃薯研究工作针对产业需求，服务云南地方经济建设，特别在马铃薯新品种选育、分子生物学、栽培技术、优质种薯繁育等方面开展了卓有成效工作，选育了"云薯505""云薯304""云薯105"等40多个国（省）审马铃薯新品种。在国内外学术刊物上发表论文200余篇，获授权专利6项，主编或参编专著4部，获省级科技进步奖2项。承担农业农村部、科技部、国家基金和云南省科研项目十余项，项目经费达2000余万元。

云南省农业科学院生物技术与种质资源研究所

云南省农业科学院生物技术与种质资源研究所自20世纪80年代起就已开展马铃薯产业和应用研究，建立了云南省地方标准《马铃薯脱毒种薯生产技术规程》等相关标准和规程。现建有农业农村部西南作物基因资源与种质创制重点实验室、云南省农业生物技术重点实验室、北京大学-云南省农业生物技术联合实验室。具有开展马铃薯等主要粮经作物的种子、种球、种苗等的病害相关检测与研究的FEI透射电子显微镜（包括三维重构系统与软件）及其配套制样设备，具有较为先进的负染色技术、超薄切片技术和免疫电镜技术，Leica激光共聚焦显微镜以及配套的图像工作站，多功能酶标仪等各种仪器设备。建立了完备的细胞生物学、双抗体夹心酶联免疫吸附（DAS-ELISA）、三抗体夹心酶联免疫吸附（TAS-ELISA）检测试剂盒等血清学以及RT-PCR、荧光定量PCR等分子生物学的马铃薯检测与研究相关的实验技术体系，2006年以来累计检测马铃薯样品20余万份，为开展马铃薯病原菌在细胞体内的检测与变化研究提供了强大的技术支持。从2015年起，设有云南省马铃薯现代农业产业技术体系的病虫害防控岗位，对云南省以及全国马铃薯病虫害进行鉴定、实时监测和绿色防控。每年对马铃薯核心种苗、原原种进行病毒等病原跟踪检测，形成了快速检测技术体系、监控体系和绿色防控技术体系。近年来，连续监测云南省马铃薯种植区的主要病毒病，对云南省内马铃薯病毒病的发生流行规律有较深入的研究。

云南省作物病毒研究与应用创新团队在植物病毒研发领域达到国内先进水平，在国际上具有重要影响的科技创新团队：目前已获得博士学位7人，在读博士生2人，硕士4人。团队副高职以上专业技术职称10人。

云南省农业技术推广总站

云南省农业技术推广总站是云南省农业农村厅所属公益一类事业单位，现有在职人员32人，其中推广研究员2人、高级农艺师11人、农艺师9人、助理农艺师4人。内设办公室、粮作、经作、马铃薯中心、蚕桑、综合技术6个科室。主要职责：指导全省种植业技术推广体系建设；开展种植业技术培训和技术服务；拟定和推广全省农作物标准化生产技术规范；承担省内外新品种、新技术、新产品的引进、试验、示范、推广工作；部省级粮油作物高产创建和绿色高产高效技术模式攻关；组织全省重大农业科技项目实施。

省总站负责马铃薯高产创建、间套种及马铃薯原种补贴等项目的实施和制定全省马铃薯产业发展规划；2003~2004 年参与第五届世界马铃薯大会的筹备工作，负责马铃薯品种资源展示园区建设。2006~2009 年，总站先后承担了农业部（现中华人民共和国农业农村部）"云南省马铃薯品种资源收集保存及开发利用""云南省脱毒马铃薯扩繁基地"等项目，建成了综合实验楼 3160 m²，其中病毒检测室、核心苗保存低温冷藏室、组培室 626 m²，温室 90 m²，马铃薯技术中心成立于 2009 年，开展工作至今已累计保存资源品种 63 份，制备脱毒核心苗 11 个品种，生产马铃薯组培苗 1000 余万株。近年通过实施"马铃薯新品种原原种扩繁"项目，开展组培苗大田定植扩繁种薯试验示范。2014~2018 年，连续 5 年实施"合作 88 号"提纯复壮增产效果显著。2005~2018 年协助省厅承办了 9 届马铃薯产销对接洽谈会，搭建马铃薯产销平台助推马铃薯产业脱贫攻坚，为我省马铃薯产业的快速发展作出了积极贡献。2015 年 3 月，马铃薯技术中心荣获中华妇女联合会颁发的"巾帼文明岗"荣誉称号。

昆明市农业科学研究院

昆明市农业科学研究院是昆明市集农业科研、示范推广、技术培训、科技服务为一体的综合性农业科研推广机构。昆明市农业科学研究院（加挂昆明市农业技术推广站、昆明市农业技术培训服务中心、昆明市土壤肥料工作站三块牌子），隶属昆明市农业局管理，机构规格为副县级。全院现有在职职工 82 名，其中，专业技术人员 74 名中，推广研究员 8 名，高级农艺师 37 名，农艺师 21 名。

昆明市农业科学研究院设有马铃薯课题组，是昆明市市级从事马铃薯遗传育种、种薯扩繁等产业发展相关技术研发、示范、推广的专业机构。现有科技人员 9 名，其中推广研究员 1 人，高级农艺师 6 人，助理农艺师 2 人，分别从事马铃薯遗传育种、种薯扩繁、技术研发及示范、推广等工作，形成一支致力于马铃薯新品种、新技术、新模式的研究、试验、示范、推广的科研队伍。目前已育成马铃薯品种三个，分别为"昆薯 2 号、昆薯 4 号、昆薯 5 号"，目前昆薯系列在昆明市已有一定种植面积。同时收集、评价从国内外引进的马铃薯种质资源 400 多份，1 项脱毒马铃薯原原种生产申请技术专利，先后获国家、省、市级科技进步、推广奖 6 项。

昭通市农业科学院

2008 年市农业科学技术推广中心站与市农业科学研究所合并，成立昭通市农业科学技术推广研究所，兼具科研及推广的职能职责。2013年8月市编委行文将昭通市农业科学技术推广研究所更名为"昭通市农业科学院"，内设办公室、财务科、粮食作物研究所、高山作物研究所、经济作物研究所、畜禽研究所、生物技术研究所、科技信息研究所、中药材种植技术办等6所2办1科，是全省州（市）级唯一涵盖种养业的综合科研院所。全院有在职人员76人，其中：专业技术人员64人，有高级职称专业技术人员30人（正高职推广研究员7人、副高职高级农艺师23人），中级专业职称17人、初级职称24人、技工3人；硕士研究生学历26人，45岁以下中青年专业技术人员37人；有办公用房2幢1500m²、生理生化分析及脱毒组培扩繁综合试验楼1幢2000m²、科研试验生产基地4个共300多亩、生物种质基因资源冷藏库1个110m³、试验示范温网室13000m²。2017年成立国家现代农业马铃薯产业技术体系昭通综合试验站；2017年通过《昭通市引进高层次人才计划》（简称"凤凰计划"），引进云南师范大学马铃薯科学研究院副院长李灿辉教授和云南省农业科学院园艺所副所长和江明研究员及其团队；2017年成立了以云南省第二十届先进工作者、昭通首届"乌蒙工匠"胡明成命名的"云南省劳模创新工作室""昭通乌蒙工匠"工作室。通过市院市校合作、高层次人才引进等项目，和云南师范大学马铃薯科学研究院合作，建立昭通马铃薯育种和优质种薯高效生产技术体系，开展马铃薯新品种选育及优质种薯生产技术研发。选育了一大批高产、优质、广适、抗病的高代品系，通过省级审定品种2个、在审品种4个；研发建立了集组培扩繁生物技术、水肥一体化工程技术、物联网远程监测及自动控制信息技术为一体的国内领先马铃薯原原种雾培高效生产技术体系，建设马铃薯原原种雾培示范性大棚2个1800m²，实现多个品种单株平均结薯数量达28.5粒。2018年作为技术支撑单位，承担了马铃薯标准化繁育示范、马铃薯先进施肥技术、晚疫病综合防控等展示基地的建设，获得了参会人员的广泛赞誉。

曲靖市农业科学院

曲靖市农业科学院（曲靖市农业技术推广中心）创建于1958年，隶属于曲靖市农业局，下设办公室、玉米研究所、稻作所、薯类作物研究所、特种作物研究所、农业技术推广所、耕作与栽培研究所等10个科室，是一个门类较为齐全的农业科研推广机构，是国家现代农业玉米（食用豆）产业技术体系、云南省现代农业玉米（水稻、马铃薯）产业技术体系建设依托单位，国家公益性行业（农业）重大科研专项成员单位。负责全市农业科技发展规划的制定、农作物良种的选（引）育及试验示范和推广、农业新技术研究开发和推广应用、对已经鉴定的农业科技成果的推广应用、组织对重大农技措施和农业新技术的培训和业务指导、对全市农业推广体系建设的指导、组织无公害农产品生产技术研究和技术规程的制定和指导，推进农业产业化发展等工作。现有在职职工54人，其中专业技术人员46人，推广研究员8人、高级农艺师22人、中职13人。

曲靖市农业科学院突出科技支撑功能，研发创新和集成推广了一批具有曲靖区域特色和产业特征的新品种、新技术、新工艺和新模式，为全市稳面积、调结构、攻单产、增总产、转方式奠定了坚实基础。选育审定和示范推广了"靖"系列作物新品种50多个，先后荣获科技成果奖150余项，其中省部级35项。近年来，参与体系、国家公益性行业（农业）重大科研专项工作的团队成员有35人，其中研究员7人，高级农艺师21人。筛选出适宜本区域推广种植的靖薯系列马铃薯品种5个，其中"靖薯1号、2号"被列为云南省主要种植品种，研究出"低纬高原冬作马铃薯防御霜冻栽培""低纬高原大春马铃薯抗旱集成技术""低纬高原秋马铃薯全程病虫害控制防旱栽培""低纬高原大春马铃薯地膜覆盖窝塘集雨抗旱防涝栽培""小春马铃薯膜下滴灌栽培"5项马铃薯高产栽培技术，其中"低纬高原大春马铃薯抗旱集成技术"被省农业厅列为2016年主推技术、"低纬高原冬作马铃薯防御霜冻栽培""低纬高原秋马铃薯全程病虫害控制防旱栽培""低纬高原大春马铃薯地膜覆盖窝塘集雨抗旱防涝栽培"被省农业厅列为2017年主推技术。

丽江市农业科学研究所

云南省丽江市农业科学研究所（丽江市农业技术推广中心）成立于1963年，为全民所有制独立科研机构，是专门从事农业科研及农业技术应用推广的事业单位。现有职工40人，其中专业技术人员38人，其中推广研究员2人，高级农艺师11人，中职13人。学历层次：硕士8人，本科18人。多年来，获全国先进工作者1人，全国农业先进工作者1人，省劳模2人，国务院特津贴1人，省政府特津贴3人，省突出贡献优秀专业技术人才3人，省创新人才1人，省管专家2人，已逐步培养形成结构基本合理、老中青结合的区域性农业科技创新及应用队伍，全所大部分科技骨干已成为丽江市主要农业产业的技术指导专家。单位建设有团山丽江高原特色农业科技创示范园及太安山区科技示范基地，有科研用地120余亩，房屋建筑面积 $6427.5m^2$ 建，科研仪器336台（套），固定资产2348.91万元。"十二五"以来获各类科技成果奖12项，其中省部级奖4项。

七十年代初，单位就在原丽江县太安乡设点开展马铃薯科研推广工作。"十一五"以来，作为依托单位建设了国家现代农业马铃薯产业技术体系丽江综合试验站及云南省现代农业马铃薯产业技术体系丽江区域推广站。有11名科技人员长期从事马铃薯科研推广工作，自主育成国家审定马铃薯品种"丽薯1号"，云南省审定马铃薯品种"丽薯2号、丽薯6号、丽薯7号、丽薯10号"等9个马铃薯品种，其中"丽薯6号、丽薯7号、丽薯10号"被确定为云南省主要种植品种。2017年丽薯系列品种推广面积超过 10.7 万 hm^2，其中丽薯6号推广 8.7 万 hm^2，成为云南冬旱马铃薯产区的主要种植品种，已被国内18个省（市、区）引种示范，并被推荐交流到古巴、越南、缅甸等国家；申请专利9项，已获得授权5项，其中发明专利1项；制定地方马铃薯栽培技术规

程1个；获得各类科技成果奖13项，其中省科技进步三等奖4项。为云南乃至全国马铃薯产业的发展作出了积极贡献。

大理白族自治州农业科学推广研究院

大理白族自治州农业科学推广研究院是中共大理州委、州人民政府为进一步强化农业科研推广工作，推动全州高原特色农业现代化发展而组建成立的多学科、综合型、公益性农业科研推广机构，是隶属于大理州农业局的正处级全额拨款事业单位。现有内设机构12个，在职在编人员162人，其中，专业技术人员138人，推广研究员12人，高级专业技术人员44人，中级专业技术人员65人，初级专业技术人员17人，工勤人员24人，在职和在读研究生18人。

大理州农科院马铃薯研究中心，由院粮食作物研究所、农业技术推广站、农业机械技术推广所、云南省现代农业马铃薯产业技术体系大理试验站、土壤肥料工作站等单位从事马铃薯品种选育、脱毒种薯生产、栽培技术推广等相关人员整合而成的科研推广机构，以围绕"育、繁、推一体化"的要求，着力打造滇西脱毒种薯基地和大理州冬马铃薯基地建设为目标。

中心现有科技人员13人，其中推广研究员2人，高级农艺师8人，中职及初职以下人员3人。学历层次为硕士2人，本科11人。中心下设基础研究和攻关研发小组、试验示范和技术推广小组、基础设施建设和成果转化小组三个执行小组，分别从事马铃薯遗传育种、种薯生产、病毒病、晚疫病、贮藏加工、开发经营等领域的马铃薯研发工作，已形成一支以新品种选育、病害研究、贮藏加工、种薯生产等技术研究为主要任务，支撑全州马铃薯产业发展的研究和推广队伍。

目前，已建成脱毒马铃薯组培室1500m²，温网室4000m²，年生产脱毒苗50多万株，原原种150多万粒；形成了以鹤庆、剑川、洱源、漾濞等县适宜区域为脱毒原原种、原种扩繁基地，在高海拔地区（≧2600m）建立原种基地20hm²、产量540t、一级种基地133.33hm²、产量4000t、二、三级种基地1333.33hm²、产量4.0万t的生产规模。

中心聚集了一批全省知名的马铃薯研究推广科技骨干，已育成的有"凤薯3号""凤薯4号""H6"；与云南师范大学薯类作物研究所、昆明市农科院等单位合作选育的"合作203""师大9号""昆薯2号"等品种，正在州内外示范推广，社会经济效益显著，已先后获得云南省农业厅科技推广一等奖1项、二等奖3项、三等奖1项，品种选育登记证书5个，制定地方规范1个，在国家级、省（部）级、地（厅）级期刊发表论文20多篇。

德宏傣族景颇族自治州农业技术推广中心

德宏州农业技术推广中心成立于1992年，2004年由原德宏州农科所和农技中心合并为1家机构，是隶属于德宏州农业局的全额拨款农业科研示范推广公益性事业单位。中心的主要职责：负责参与制定、实施全州农业科研、示范、推广计划，开展农业新品种、新技术引进、试验示范和推广。负责全州农技推广体系建设及管理，对全州县市农技推广中心进行业务指导，开展农业技术培训。提供农业生产全程技术指导和技术咨询、物资配套服务。中心占地面积12.67hm^2（190亩），固定资产5000万元。在国家、省州级相关部门的大力支持下，建有标准试验田8hm^2（120亩），育种及检测实验室等科研及工作用房1600m^2，钢架大棚1.45hm^2（21.7亩），全天候温室500m^2，种子仓库480m^2，冷库260m^2，马铃薯组培楼976m^2，晴雨晒场2000 m^2，配套完善了试验田沟、路、渠等设施。中心设置有水稻、玉米、马铃薯、蔬菜、经作等研究室。现有在职职工57人，其中科技人员49人，农业推广研究员3人，高级农艺师16人、农艺师20人。科技人员中本科或本科以上学历占职工总数的77.19%，少数民族科技人员占22.4%。

2005年德宏州农业技术推广中心，顺应冬马铃薯产业作为全州特色重点产业的发展新形势，成立了马铃薯推广研究室。十余年来，研究室引领全州马铃薯创新团队从10余人发展到现在的152人，其中农业推广研究员4人、高级农艺师11人，农艺师98人，助理农艺师39人。建设有从事马铃薯营销服务的专业合作社、协会47个，营销服务的团队人员有450多人，先后组织申报、争取并实施完成20余项国家、省、州级马铃薯科研示范推广重大项目。取得省、州级科技成果9项，组织发表科研推广论文39篇，参与编撰出版省、州级马铃薯产业书籍和技术资料6本，团队人员获得各类表彰奖励15次。自主选育马铃薯新品种2个，与省农科院合作选育品种3个，引进筛选成功并示范推广新品种4个，其中"合作88、丽薯6号"成为当地主要种植品种，近5年累计推广52933hm^2（79.4万亩），农民增收87994.7万元，全州良种覆盖率达到98%；编制了"德宏冬马铃薯栽培技术"地方标准。德宏州标准化栽培技术和新品种的推广应用，创造了冬马铃薯6.67hm^2（100亩）100d、产值突破百万元的省内高产高效典型和667m^{2}产量4.2t，产值1.2万元的德宏州高产高效纪录。

迪庆藏族自治州农业科学研究所

迪庆藏族自治州农业科学研究所成立于1973年，是迪庆州集农业科研、示范、推广为一体的事业单位。单位固定资产1310.40万元。现有职工21人，技术人员中农业推广研究员 1 人、高级农艺师 5 人，农艺师 7 人，初级职称 8 人。在科技队伍中，云南省技术创新人才 1 人，有 1 人享受国务院特殊津贴，有 2 人享受省政府特殊津贴，国家现代农业产业技术体系岗位专家 2 人，云南省现代农业产业技术体系岗位专家 2 人，迪庆州专业学科带头人 2 人。近年来，围绕云南藏区农业科研、农业科技推广、农业实用技术培训、良种选育、新品种引进试验示范，先后承担完成了青稞、药材、马铃薯等国家级、省级、州级项目和课题 50 多项。编制了青稞、马铃薯、蔬菜等无公害生产技术规程，和产业发展规划等。拥有自主知识产权的农作物品种 6 个，地方农业规范 1 个，获国家、省级、地厅级奖励 20 多项，是全州国家现代农业产业技术体系技术依托单位。迪庆州农科所在多年的马铃薯良种繁育及栽培技术研究中充分发挥本地气候冷凉、传毒媒介少、马铃薯种性退化慢等特点，实施了"云南香格里拉脱毒马铃薯原原种繁育基地建设""马铃薯旱作节水栽培技术研究""云南省现代农业马铃薯产业技术体系建设"等项目，积累了丰富经验，拥有自主知识产权马铃薯品种 3 个，研究出了适宜高原藏区推广应用的"脱毒马铃薯仿雾培生产技术""高原马铃薯脱毒马铃薯雾培生产技术"等，并获得技术发明专利。具备年生产脱毒原原种 200 万粒、生产马铃薯脱毒原种、一级种 1000t 的生产能力。迪庆藏区已经成为云南省主要的马铃薯种薯生产基地，马铃薯种薯生产成为高原藏区农民增收、建设小康社会的主要产业。

会泽县农业技术推广中心

云南省会泽县农业技术中心隶属会泽县农业局，是一个具有独立法人资格的事业单位，具有良好的办公条件、完善的科研基础设施和配套的育种试验示范基地，承担着全县重要农业科研项目和农业新技术引进、试验、示范、技术培训和指导等工作。

会泽县农业技术推广中心现有在职职工 56 人，其中：高级农艺师 34 人、农艺师 15 人、助理农艺师 3 人、工勤人员 4 人。学历层次：硕士研究生 3 人、本科 41 人、大专 8 人、高中 4 人。1980~2017 年以来，共获国家农业部（现中华人民共和国农业农村部）、省农业厅、市农业局等单位科技成果奖 136 项，其中省部级 22 项，地厅级 78 项，县处级 36 项。

中心选育出通过省级审定马铃薯新品种有"会-2 号、合作 88 号、合作 23 号、合作 001、合作 002、合作 003、会薯 9 号、会薯 10 号、会薯 11 号、会薯 14 号、会薯 15 号"11 个，有苗头新品系有"会薯 8 号、会薯 13 号、会薯 16 号、会薯 17 号、会薯 18 号、会薯 19 号、P96-9"7 个，其中"会-2 号、合作 88"多年来居云南省马铃薯品种推广面积之首。中心建有会泽县脱毒马铃薯繁育中心，该繁育中心占地 20000m²，其中防虫网室 10800m²，玻璃温室 400 m²，组培室 450 m²，原原种仓库 400 m²，冷库 200 m²，质量检验室 554 m²，达到了年生产脱毒组培苗 300 万株、原原种 1200 万粒的能力，是云南省目前脱毒种薯（苗）快繁最大的基地县之一。

宣威市农业技术推广中心

　　宣威市农业技术推广中心是宣威市农业局所属农业科技推广机构。单位承担着全市主要粮食作物马铃薯、玉米、水稻等新品种、新技术的研发、引进、试验、示范及推广服务工作。现有在职职工 30 人，其中：高级农艺师 10 人、农艺师 12 人、助理农艺师 8 人；学历层次：硕士研究生 5 人，本科生 9，专科及以下学历 16 人。单位具有较强的研发、推广实力，全体职工团结奋进，开拓创新，在农业推广领域做出了突出成绩，得到了各级各部门和同行专家的高度认可，曾荣获农业部（现中华人民共和国农业农村部）农牧渔业丰收奖、省科技进步奖、多次荣获云南省农技推广一、二、三等奖、曲靖市科技进步奖表彰奖励。2008 年至今，成为国家马铃薯产业技术体系曲靖综合试验站依托单位，2016 年成为国家马铃薯科技创新联盟常务理事单位。

　　宣威市农业技术推广中心下设马铃薯种薯研发中心，是由宣威市农业技术推广中心出资设立的科研生产机构，专业从事马铃薯新品种研发和脱毒种薯生产。中心占地 300 余亩，建有 3000m² 马铃薯组培楼、1 万 m² 日光温室"雾培法"微型薯生产线、4 万 m² 钢架膜网大棚、5000m² 种薯贮藏常温仓库、1500m³ 的冷库，200m² 的种薯质量检测室，年产原原种 3000 万粒。配套建设 6000 亩马铃薯原种基地、5 万亩一级种生产基地，年产原种、一级种 84000 余 t。中心选育推广了具有自主知识产权的"宣薯系列"马铃薯新品种"宣薯 2 号、4 号、5 号、6 号、7 号"等 7 个，合作选育了"云薯 203、云薯 801"等新品种。

[第四部分]
云南主要马铃薯企业

云南润凯淀粉有限公司

1986 云南润凯实业有限公司成立，系集工商贸易为一体的大型集团化公司，公司旗下的宣威淀粉工业公司位于宣威市板桥镇，注册资本 3000 万元，总资产 9200 万元。公司 1998 年从荷兰引进精制马铃薯淀粉生产设备，生产"润凯牌"马铃薯精粉。产品质量指标达到国家特级标准和欧共体标准。年生产马铃薯精粉 2.2 万 t。营销网络覆盖广州、上海等 30 个省市，远销港台地区，出口日本、新加坡等多个国家。云南润凯淀粉有限公司成立于 2006 年 10 月 18 日，注册资金 7055 万元。公司从事马铃薯淀粉生产，曾是国家重点扶持的农副产品加工龙头企业，总部（云南润凯实业有限公司）设在昆明国际会展中心，工厂位于云南省宣威市虹桥工业园区，占地面积 70035 m^2，生产建筑面积 8000 m^2，从欧洲 HOVEX 公司成套引进自动控制食用级马铃薯淀粉生产线，年设计生产食用级马铃薯淀粉 3.5 万 t，年消耗马铃薯 20 万 t。2007 年全年累计收购马铃薯 125870t，生产商品淀粉 20026t，全年生产 148d，实现工业产值 1.1 亿元，实现销售收入 7685 万元，全年累计上交国家税金 265.8 万元，实现利润 666 万元。

云南天使食品有限责任公司

云南天使食品有限责任公司，曾用名昆明天使食品总厂（昆明市联谊食品厂）。公司成立于 1991 年 3 月 27 日，注册资本 753 万元，是隶属于云南农垦集团有限责任公司的国有企业，云南省首家从事马铃薯深加工的企业。公司位于昆明市。建厂 30 年企业先后在西安、贵州省六盘水与当地食品企业联合建立了分厂。"天使"土豆片荣获"云南名牌产品""昆明名牌产品""云南省优质产品""国家质量达标食品""云南省放心食品"等多项荣誉，产品畅销云南、四川、重庆、陕西等 10 多个省市自治区，销售区域遍布全国。

宣威天使食品有限责任公司是云南农垦集团直属二级企业与自然人股东共同出资成立的国有控股企业。公司成立于 2013 年 6 月 17 日，注册资本 500 万，公司位于宣威市，辐射带动马铃薯种植基地 6000 亩，年收购鲜薯超过 8000t，薯片年产量 1500t。

云南农垦镇雄天使食品有限公司成立于 2016 年 8 月，注册资金 1000 万元。位于昭通市镇雄县五德大火地工业园区，是云南农垦高原特色农业有限公司（云南农垦集团有限责任公司股权变更）与云南宏帅投资有限公司共同出资成立的国有控股企业。公司厂房面积 9835.52m^2，现有一条全自动油炸土豆片生产线，年生产"天使"土豆片 1800t。计划建设第二条生产线后，年产能可达 3600t，产值达 1 亿元。公司立足镇雄农业产业优势资源，坚持加快发展高原特色农业，打好"绿色食品牌"。按照"政府引导、企业主体、市场运作、互利共赢"的原则，实现马铃薯产业发展和精准扶贫共同推进的双重目标。

云南宣威鑫海食品有限公司

云南宣威鑫海食品有限公司创建于 1990 年，注册资本 1200 万元，总资产 3500 万元，1998 年开始生产速冻薯条系列食品。是一家集马铃薯、蔬菜系列农产品加工、销售一体化的公司。"十五"期间公司年生产马铃薯速冻产品 5000t，产值 4600 万元；年收购加工型马铃薯 5 万 t，带动约 3 万农户增收，公司产品畅销国内 20 多个省市。

昆明子弟食品有限公司

昆明子弟食品有限公司位于昆明市经济技术开发区，成立于 1998 年 08 月 26 日，注册资金 5800 万元。职工 700 余人。经营范围包括生产、加工及销售方便食品、冷冻饮品等食品。公司主要致力于马铃薯精深加工，拥有世界先进的成套油炸薯片设备，科研和质量管理体系处于行业领先水平。"子弟"品牌薯片系列产品，2002 年荣获中国食品工业协会"全国质量信得过"食品称号，2007 年获第三届昆明国际农业博览会优质产品金奖。2005 年公司荣获"全国农产品加工示范企业"称号，2006 年被评为云南省百强企业。公司在云南省内建设了马铃薯生产基地，引导农户种植符合要求的原料马铃薯，公司每年向农户收购马铃薯 4000 多万元，扶持带动 30000 多农户增收脱贫。

云南理世实业（集团）有限责任公司

云南理世实业（集团）有限责任公司位于昭通市鲁甸县。成立于 2003 年 5 月 6 日，注册资金 5600 万元。公司以马铃薯食品生产和销售为主、货物运输为辅。建成优质马铃薯原料生产基地 3 万多亩，带动周边马铃薯种植发展，涉及种植户 13000 余户，2016 年实现营业收入 3.82 亿元。公司引进安装 500KG/HR 薯片生产线配套设备 2 套，匹配使用日本 ISHIDA 高精度包装系统和美国 KEY 自动精选设备，薯片生产线从土豆清洗到薯片切制只需 3 分钟，保证"噜咪啦"薯片的鲜美口感。公司开展了"HACCP"食品安全管理体系认证和 ISO9001 质量管理体系认证。"噜咪啦"商标现已连续四届荣获"云南省著名商标"，被评为"中国薯片十大品牌""中国最具影响力十大清真品牌"和"云南省诚信品牌 100 强"。产品在云南、贵州、四川、广西、陕西、湖南等 10 余个省市和地区占有广阔市场。

云南昭阳威力淀粉有限公司

云南昭阳威力淀粉有限公司系香港威宝国际有限公司投资，经云南省人民政府批准成立的一家外资企业，位于昭阳区乐居乡。2004 年 8 月 28 日建成投产，总投资 4650 万元人民币。建有标准化的厂房、仓库、办公楼、占地面积 50000 m²，建筑面积 10000 m²，主要从事马铃薯淀粉生产加工及深加工系列产品开发。生产能力为每小时加工马铃薯 30t，年加工马铃薯 15 万 t，生产淀粉 2 万 t，年产值人民币 1 亿多元。公司被评为国家扶贫龙头企业和云南省农业化经营优秀龙头企业。云南昭阳威力淀粉有限公司生产的"威宝"牌马铃薯淀粉系列产品，荣获中国淀粉质量公认十大知名品牌。

云南大甸食品有限公司

云南大甸食品有限公司成立于 2006 年 7 月 7 日，注册资本 782.46 万元，公司位于昆明市寻甸县。公司全套引进具有世界先进水平的全旋流淀粉加工工艺和设备，拥有 IS09001：2000 质量管理体系，以寻甸丰富的优质马铃薯为原料，公司年生产 5000t 马铃薯精淀粉及附加产品。产品质量符合国标 GB8884-1988。2004 年以来，公司同美国研究机构、企业建立了紧密合作机制，引进美国优质种薯，与国内科研机构合作，开展马铃薯种薯选育、种薯繁育和推广。

云南云淀淀粉有限公司

云南云淀淀粉有限公司位于宣威市务德镇，成立于 2011 年 12 月 27 日，公司注册资金 2000 万元。是一家集马铃薯种植、收购、生产、加工、销售为一体的中国马铃薯淀粉行业龙头企业和农业产业化省级重点龙头企业。公司为中国淀粉工业协会马铃薯专业委员会副会长单位。公司累计投资 1.26 亿元，公司采用国内全不锈钢先进设备，配套进口全自动控制系统，保障工艺卫生和原料收得率，采用生物垃圾降解回收和厌氧、耗氧污水处理方式，建设沼气等环保循环工程。年加工马铃薯 15 万 t，生产精淀粉 2 万 t。云淀牌马铃薯淀粉被认定为"绿色食品 A 级产品""云南名牌产品""云南省著名商标""云南名牌农产品"。产品广泛应用于食品、医药、化工等十几个行业，远销北京、上海、广东等 20 多个省市。

宣威市爱心相伴食品有限公司

宣威市爱心相伴食品有限公司成立于2013年5月22日，注册资本3000万元，公司位于宣威市双龙街道，主要经营农副产品（不含烟叶）购销、薯类食品生产销售和货物与技术进出口业务。近年公司围绕市场需求，构建"小巨人+基地+品牌+互联网"产业体系，延长产业链，加快推进农业供给侧结构性改革步伐。公司投资8000万元，建成年产1万t薯片生产线，拥有完整、科学的质量管理体系。拥有薯片加工系列发明和实用新型专利9项。注册培育了"爱心相伴""七彩相伴""U+薯""土豆娃"等著名商标，开发了薯片、薯泥、薯丸、薯饼和马铃薯饮料等9个新产品，产品远销四川、重庆、湖南、广西等7个省（市）。2015年，实现产值1.5亿元，销售收入1.4亿元。

寻甸高原农业科技有限责任公司

寻甸高原农业科技有限责任公司位于寻甸县六哨乡，公司创立于1999年9月17日，注册资金500万元。从事马铃薯为主的农作物优良品种种子（种苗）生产经营、新技术开发和咨询服务。公司建有占地50000 m^2 的原原种生产基地，建有组培室1100 m^2、阳光培养室786 m^2、大棚12480 m^2，质检室100 m^2，机械仓库100 m^2，凉晒棚588 m^2，包装车间325 m^2，种薯仓库774 m^2。年生产组培试管苗200万株，马铃薯原原种1000万粒。

会泽县优质农产品开发有限责任公司

会泽县优质农产品开发有限责任公司2000年11月经会泽县委批准成立，注册资金500万元。种植经营脱毒马铃薯组培苗、原原种、原种和一、二级种薯和商品薯。建有3.5万亩无公害马铃薯种植基地，2004年获国家农业部（现中华人民共和国农业农村部）无公害农产品认证；建有1万亩绿色食品马铃薯、玉米种植基地，基地农产品2006年12月被认定为绿色食品A级产品；2006年12月，公司被曲靖市人民政府授予"农业产业化市级重点龙头企业"，2007年3月被会泽县委、政府评为2006年产业结构调整"优秀龙头企业"。2009年，公司承担的"会泽县优质马铃薯生产关键技术研发"和参与的"冬季马铃薯新品种选育及产业化开发示范"科学技术成果，分获云南省人民政府科学技术进步三等奖；2012年公司与会泽县农业技术推广中心合作选育的马铃薯新品种"会薯9号"通过云南省农作物品种审定委员会审定。

禄丰爱德脱毒苗木繁育有限公司

2003 年昆明爱德组培有限公司成立于昆明高新开发区，公司创始人多年跟随云南师范大学王军教授从事马铃薯品种资源收集研究工作，参与晚疫病水平抗性杂交实生籽后代的筛选评价。收集、评价和保存了具有普通栽培亚种遗传背景的品种资源及具有晚疫病水平抗性遗传背景的安第斯栽培亚种种质资源和国际马铃薯中心引入云南的部分早期品种资源。公司长期开展国际合作，实施了多种木本植物资源引进、组培快繁技术研发和种苗生产等多个项目。2002~2007 年公司在云南南部为 Pepsi 进行冬季原料马铃薯生产，年种植原料薯最大规模近 4000 亩。2013 年 12 月 12 日，组建禄丰爱德脱毒苗木繁育有限公司，规模化开展马铃薯组培苗和原原种生产销售。公司拥有标准化组培室 2500 m²，立体式雾化栽培温室 5000 m²，马铃薯试管苗月产量 600 万株，微型薯年产量 2000 万粒。公司构建了严谨的质量追溯系统数据库，确保了生产的安全性和稳定性。

云南明晖麒圣实业有限公司

云南明晖麒圣实业有限公司创立于 2004 年 12 月 2 日，注册资金 1020 万元，公司位于昭通市昭阳区，是省级农业产业化经营与农产品加工重点龙头企业。2011 年公司在昭阳区大山包乡车路村及鲁甸县新街乡转山包村流转土地 1000 亩进行机械化马铃薯种薯生产；公司在昭阳区乐居镇征用土地 50 亩、流转土地 700 亩，建设昭通市农业科技示范园，2011 年被省科技厅认定为省级农业科技示范园。2012 年公司与云南隆瑞种业有限公司、四川正兴种业有限公司等公司进行了资源资产重组，注册资本 3020 万元，公司具备云南省农作物种子生产、经营资质。

云南诚兴农业发展有限公司

云南诚兴农业发展有限公司成立于 2006 年 7 月 20 日，注册资金 1000 万元。公司位于曲靖市沾益区。主要从事马铃薯种植销售；蔬菜、花卉种子、种苗、种球批发零售。2007 年 12 月公司在沾益县大坡乡建设马铃薯良种繁育示范基地 3000 亩，购进马铃薯种植专业化机械设备，建设了组培室、温网大棚等设施、公司曾在德宏、文山、红河、曲靖等州（市）及周边省份等带动农民发展马铃薯种植。公司生产的马铃薯"靖薯 2 号"，2009 年荣获第五届昆明国际农业博览会银奖；马铃薯"紫云 1 号" 2010

年荣获第六届昆明泛亚国际农业博览会优质奖。公司于 2009~2010 年先后被评为"农业产业化县级重点龙头企业"和"农业产业化市级重点龙头企业"，2009 年荣获"全国粮食生产大户"称号，被云南省农业厅纳入"马铃薯产业重点支撑单位""农业标准化、农业机械化示范单位"。公司基地先后被云南省科技厅认定为"优质种业基地、现代农业科技示范园"。2011 年被云南省授予"农业产业化省级重点龙头企业"称号。

会泽县峰源种植专业合作社

会泽县峰源种植专业合作社成立于 2012 年 12 月，注册资金 1247 万元，入户社员 116 户。公司位于会泽县驾车乡钢厂村，主要开展马铃薯种薯扩繁、牦牛养殖和有机肥生产。合作社拥有马铃薯原原种、原种和一级种薯生产基地 2000 亩，带动农户开展种薯扩繁 2 万亩，年生产种薯 4 万 t。2019 年合作社与会泽雪原农业科技开发有限公司投资建成淀粉厂，淀粉加工产能 3 万 t。合作社以打造种、养结合型生态农业循环发展为理念，积极推行"公司+基地+合作社+农户"的发展模式开展生产经营活动，实现经济效益和社会效益双丰收。合作社先后被评选为会泽县农业产业化龙头企业、曲靖市农业产业化龙头企业、曲靖市示范合作社和云南省示范合作社，获专利授权 9 件。

宁蒗县佳禾种子有限公司

宁蒗县佳禾种子有限公司成立于 2011 年 1 月。公司位于云南省丽江市宁蒗县大兴镇。2017 年，宁蒗县政府引进四川福特农业开发有限公司全资收购宁蒗县佳禾种子有限公司，公司在原有基础上建成 1 个脱毒种苗供应中心、2 个组培扩繁基地、5 个原原种生产基地、16 个大田种薯生产基地，拥有 3 万 m^2 种薯库，年生产脱毒原原种 3000 万粒、原种 1 万 t、脱毒一级种 4 万 t、绿色优质商品薯 2 万 t。

昆明云薯农业科技有限公司

昆明云薯农业科技有限公司成立于 2006 年 9 月，注册资金 100 万元。公司集科研生产和开发经营于一体，以云南省农业科学院马铃薯研究开发中心为技术依托，致力于马铃薯新品种选育，核心苗脱毒快繁，原原种工厂化生产和脱毒种薯丰产栽培技术研究。开展马铃薯核心种苗繁殖，原原种规模化生产，马铃薯原种、一级种和二级种生产和经营，承担马铃薯新品种示范推广和科技示范服务。公司拥有 600m^2 组培室，15000m^2 温网室，年繁育马铃薯原原种 1000 万粒。公司在会泽等县区建设有原种繁育

基地 2000 亩，基地配置全套机械化生产设备和仓储设施，带动周边建设标准化一级种繁育基地 5000 亩。公司主要繁育推广云薯 401、云薯 505、云薯 902、云薯 304、云薯 108 等新品种。

丽江伯符农业科技发展有限公司

丽江伯符农业科技发展有限公司创建于 2008 年 11 月 20 日，注册资本 500 万元。是一家专业从事马铃薯种薯生产经营的企业，公司拥有种子生产经营许可证，开展各级种薯种植。公司现有职工 17 人，专业技术人员占公司职工的 60% 以上，公司技术总监宋伯符（原国际马铃薯中心驻中国办事处主任）是第一位获得世界马铃薯大会突出贡献奖的中国专家。公司在玉龙县太安乡建有千亩标准化、机械化种薯生产基地。公司构建了以马铃薯种薯繁育为核心，以标准化种植为依托，优质种薯为主导的产业链运营模式；总结出了适合丽江气候特点的组培苗、原原种及原种繁殖生产技术，拥有自主研发专利 14 项；采用"公司基地+农户+合作社"的方式示范带动农户扩大种薯种植规模，太安乡已发展成为"马铃薯种薯之乡"。公司历经 14 年的产业实践，已发展成为全国及云南省马铃薯产业战略联盟单位、云南省农业产业化龙头企业、云南省高新技术企业、云南省双创基地、云南省科技示范园、云南省科技型企业，云南省种业基地、云南省巾帼创新业基地。"伯符"品牌已成为丽江市知名品牌。

云南泵龙马铃薯种植有限公司

云南泵龙马铃薯种植有限公司 2010 年 7 月 26 日成立，注册资金 520 万元。主要从事马铃薯种薯繁育、技术推广和马铃薯购销。公司位于寻甸县凤合镇，建有原种、一级种基地近 2000 亩；马铃薯脱毒原原种网室大棚 10000 m^2；绿色食品装箱车间，马铃薯分拣车间、原种库、一级种库、二级种库、种薯质量检验室等标准化生产厂房 5000m^2；拥有马铃薯种植旋耕、播种、收获等农用机械设备。办公区 1000m^2，配备有种薯质量检验、种薯贮藏和种子加工等相关专业技术人员，具有固定的培训教室及设备。近年连续 3 年荣获昆明市守合同重信用公示企业。2015 年企业被认定为云南省优质种业基地、云南省农业科技示范园。"泵龍+图形"牌马铃薯在 2016～2017 年中国昆明泛亚国际农业博览会上，连续两届荣获优质农产品金奖。

188

云南洪邦薯业发展有限公司

云南洪邦薯业发展有限公司创建于 2011 年 1 月 21 日，注册资金 520 万元。主要开展马铃薯脱毒原原种、原种（一级种薯）的生产及销售。公司设有技术研发、基地管理、市场营销等部门。拥有一支从事马铃薯种薯种植与推广的专业团队，拥有马铃薯技术发明和实用新型专利 8 项。公司在陆良县大莫古乡新哨村建有标准化网室大棚，年生产原原种 1000 万粒，在昭阳区、鲁甸县建有马铃薯原种、一级种种植基地 2200 亩，年产种薯 6000t。公司通过"公司+基地+合作社+农户"的管理运作模式，构建了三季三级脱毒马铃薯种薯循环扩繁技术体系，近年与云南省农业技术推广总站合作，致力于"合作 88"等品种的原原种、原种生产和种薯增产示范推广。公司开拓了陆良、个旧、文山、昭阳、鲁甸等多个县（市）种薯市场，实现了种薯订单生产。2014 年 5 月公司被认定为陆良县"农业产业化重点企业"。

云南英茂现代农业有限公司

云南英茂集团有限公司是云南省人民政府重点培育的大型国有企业，公司 1992 年成立，2012 年 10 月英茂集团成立昭通英茂种业公司，正式进军云南省马铃薯种业。2014 年 7 月集团成立云南英茂现代农业有限公司（集团全资子公司），注册资本 1.28 亿元。公司下设"云南英茂花卉产业有限公司""云南英茂生物农业有限公司""云南英茂农业科技有限公司""大理英茂种业有限公司"等 7 家公司。云南英茂现代农业有限公司是集花卉、马铃薯、农资、农业技术咨询等为一体的规模化、专业化集团公司，其中马铃薯业务包括马铃薯脱毒组培苗、微型薯、原原种及原种种植等。公司在昆明市小哨和大理建有种薯生产基地，具有年生产马铃薯原原种 1 亿粒、原种 8000t 的生产规模。公司先后荣获"云南省农业产业化经营重点龙头企业"、2011 年度"全国十佳花木种植企业""云南省优质种业基地""云南省农业科技示范园"等荣誉称号。

昭通市千和农业科技开发有限公司

昭通市千和农业科技开发有限公司成立于 2013 年 12 月，注册资本 1000 万元。是一家集马铃薯种质资源研究开发、脱毒组培苗生产、种薯生产与销售等为一体的科技创新型企业。公司现有固定员工 28 人，总资产近 800 万元，年销售额达 900 余万元。是昭通市马铃薯种薯生产龙头企业。公司建有集马铃薯种质资源开发、脱毒组培苗繁育、病毒检测、产品研发等为一体的马铃薯科技研发中心，构建了公司自主研发的马铃薯优质脱毒种薯高效生产技术体系，可实现年产800万株马铃薯脱毒组培苗；拥有马铃薯原原种雾培生产大棚2000m²，防虫温网室近10000m²，可实现年生产马铃薯原原种近1000万粒；建设2800亩标准化优质种薯生产示范基地，其中200亩为马铃薯高标准高产建设水肥一体化种植，被昭通市质监局认定为"昭阳区马铃薯种薯繁育农业标准化示范区"。公司示范带动8个马铃薯种植合作社完成标准化种薯基地建设，直接带动1300余人就业，近年协助靖安镇政府完成建档立卡贫困户224户、840人脱贫出列，实现增收300余万元。

云南农垦天使薯业有限公司

云南农垦天使薯业有限公司成立于2015年6月，注册资金1000万元。公司立足于云南全省、放眼全国，主要开展优质脱毒马铃薯种薯种植订单销售和加工型马铃薯原料采购。种薯种植涵盖淀粉、薯片薯条、菜用薯、特色薯等多个种类，为实现种薯品种多元化发展战略，公司近年在云南省大理、香格里拉等地建成种薯基地上千亩；2016年在内蒙古包头市达茂旗建成首个以种植"大西洋"为主的跨省区基地1100余亩。公司通过扩繁经销马铃薯种薯+云南农垦镇雄天使食品有限公司加工原料薯采购等运营模式，保障了"天使"土豆片生产原料的供给，公司近年平均年销售马铃薯6万t，销售收入1亿多元。公司还重点在滇西、滇西北和南部地区与当地政府、企业签订《战略协议》《合作协议》，通过"公司+合作社+农户、政府+公司+农户"等多种发展模式，实施产业化带动精准扶贫，带动贫困地区经济发展。

[第五部分]
云南马铃薯科技成果

云南马铃薯专利（2000~2016 年）

序号	专利号	专利名称	专利类型	专利权人
1	201610089164.5	马铃薯种芽漂浮育苗方法	发明专利	玉溪市农业科学院
2	ZL201120470873.0	一种手扶拖拉机组合式犁头	实用新型	丽江市农业科学研究所
3	ZL201420730394.1	一种组培用具冷却及摆放支座	实用新型	丽江市农业科学研究所
4	ZL201420730396.0	马铃薯杂交花粉授粉器	实用新型	丽江市农业科学研究所
5	ZL201410167501.9	一种药物防治马铃薯晚疫病的方法	发明专利	丽江市农业科学研究所
6	ZL201620138317.6	一种马铃薯脱毒试管苗移植器	实用新型	丽江市农业科学研究所
7	ZL 2011 1 0173621.6	马铃薯苗后覆膜栽培方法	发明专利	芒市农业技术推广中心
8	ZL 2009 1 0094958.0	马铃薯脱毒原原种生产方法	发明专利	昆明市农业科学研究院
9	ZL201420244373.9	一种马铃薯组培苗诱导生根和练苗的设施	实用新型	包媛媛、张新永
10	ZL20142 243484.	一种马铃薯脱毒原原种生产的苗床	实用新型	张新永、包媛媛
11	ZL201320687988.4	一种小型开沟覆土犁	实用新型	于德才、倪石建、许永超
12	ZL201210499695.3	一种反季马铃薯机械化种植配套栽培技术	发明专利	于德才、张红骥、李炎、朱敏、傅扬、郭怡卿、倪石建、许文超、何霞红、朱有勇
13	ZL201310492323.2	一种冬作马铃薯综合防霜栽培方法	发明专利	于德才、倪石建、许永超、邵梅、张红骥
14	ZL201220175035.5	一种马铃薯组织培养架	实用新型	于德才、张红骥、何霞红、朱有勇
15	ZL 2014 1 0200498.6	一种马铃薯脱毒原原种的生产方法	发明专利	张新永、包媛媛

续表

序号	专利号	专利名称	专利类型	专利权人
16	ZL 2016 2 1133657. 6.	一种多功能马铃薯整地机	实用新型	王琼、郭华春、李肖、杨子芬、杨家敏、张体龙、蔡晓俊、白磊、李彩斌、周进华、张光海
17	ZL 2015 2 0206445. 5	一种双调节高深犁	发明专利	王琼、郭华春、李天龙、项家欢、李彩斌
18	ZL 2015 3 0000331. 0	包装盒（薯品）外观设计	—	郭华春、杨子芬、王琼、周平、黄红萍、林春
19	ZL 2012 1 0328661. 8	雾培法生产的马铃薯微型种薯采后处理和贮藏方法	发明专利	郭华春、张新永、杨芳
20	ZL 2007 1 0066315. 6.	马铃薯脱毒试管薯漂浮育苗的方法	发明专利	郭华春、龙雯虹、蒋从莲、肖关丽、谢志坚
21	ZL 2014 20657976. 1	一种可调距微型种播种器	实用新型	王琼、郭华春、徐世通、白磊、赵美玉
22	ZL 2014 2 0799891. 7.	一种带茎秆粉碎还田装置的马铃薯收获机	实用新型	王琼、郭华春、张安占、赵旺祺、王涛、王红玺、杨大为、李彩斌、张永华、宁旺云、阳厚森
23	ZL 2014 1 0483171. 4	一种马铃薯苗期霜害的补救方法	发明专利	尹自友/云南省农业科学院经济作物研究所
24	ZL 2015 2 0952065. 6	一种马铃薯收获机	实用新型专利	李燕山/云南省农业科学院经济作物研究所
25	ZL 2013 1 0225373. 4	一种冬早春马铃薯大垄双行膜下滴管节水栽培方法	发明专利	李燕山/云南省农业科学院经济作物研究所
26	ZL 2014 1 0520910. 2	一种马铃薯水培苗促生根方法	发明专利	卢丽丽/云南省农业科学院经济作物研究所
27	ZL 2014 1 0630990. 7	一种早晚熟品种间作控制马铃薯晚疫病的栽培方法	发明专利	潘哲超/云南省农业科学院经济作物研究所
28	ZL 2015 2 0456079. 9	植物茎尖剥离装置	实用新型专利	卢丽丽/云南省农业科学院经济作物研究所
29	ZL 200410040043. 9	炸制加工型马铃薯储藏方法	发明专利	孙茂林、李允、李华、李树莲、董辉

云南马铃薯标准/技术规程(2000~2017 年)

标准号	标准中文名称	标准状态	标准组织	发布日期	规范性引用文件	摘要	起草单位
DG5329/T XX-2017	大理州葡萄间作冬季马铃薯生产技术规程	现行	地方标准	2018.01.01	—	规定了葡萄间套种马铃薯的术语和定义、栽培技术、病虫害防治、采收等技术要求	云南农业大学、大理州农科院等
DB5304/T 028-2017	玉溪市冬马铃薯种植技术规范	现行	地方标准	2017.07.15	GB 4285 农药使用安全标准、GB 4406 种薯、GB/T 8321 农药合理使用标准、GB 18133 马铃薯种薯、NY/T 496 肥料合理使用标准、NY 5010 无公害食品 蔬菜产地环境条件	本规范规定了玉溪市冬马铃薯高产高效种植技术的产地选择、品种选择、种薯选择、整地与播种、田间管理、病虫害防治、收获等要求。本规范适用于玉溪市范围内目标产量每 667m² 大于或等于 2500kg 的冬马铃薯高产高效种植技术。马铃薯播种期在上年 11 月中旬至次年 1 月下旬	玉溪市农业科学院
DG5301/T 25-2017	高原马铃薯种薯质量	现行	地方规范	2017.12.15	GB 7331 马铃薯种薯产地检疫规程、GB 18133 马铃薯种薯、GB 20464 农作物种子标签通则	本规范规定了马铃薯种薯的质量指标、检验方法和标签的最低要求。适用于马铃薯种薯的生产、检验、质量判定、产品认证,以及销售	昆明市农业科学研究院、云南师范大学马铃薯科学研究院

续表

标准号	标准中文名称	标准状态	标准组织	发布日期	规范性引用文件	摘要	起草单位
DG530I/26-2017	马铃薯品种真实性和种薯纯度鉴定 DNA 分子标记	现行	地方规范	2017.12.15	GB 18133 马铃薯种薯 GB/T 28660 马铃薯种薯真实性和纯度鉴定 SSR 分子标记	本规范规定了 DNA 分子标记鉴定马铃薯（Solanum tuberosum L.）品种的方法。适用于马铃薯品种真实性鉴定和种薯纯度检测	云南师范大学马铃薯科学研究院、昆明市农业科学研究院
DG5308/T 13-2017	冬季马铃薯覆膜栽培技术规程	现行	地方标准	2017.07.03	GB 3059 环境空气质量标准；GB 4285 农药安全使用标准；GB 5084 农田灌溉水质标准；GB 18133 马铃薯种薯；NY/T 496 肥料合理使用准则 通则；NY/T 1066 马铃薯等级规格；NY/T 1276 农药安全使用规范 总则	本规范规定了普洱市冬马铃薯种植技术的种薯选择及处理、整地与播种、施肥、覆膜和病虫害防治等相关要求	普洱市农科所，景东彝族自治县农业技术推广中心
DB53/T 795-2016	马铃薯晚疫病综合防控技术规程	现行	地方标准	2016.09.10	GB4285 农药安全使用标准；GB/T821 农药合理使用准则；GB/T18133 马铃薯种薯；GB/T29379 马铃薯脱毒种薯贮藏、运输技术规程等	本标准规定了马铃薯晚疫病综合防控的术语和定语、生物学特性、流行条件、传播途径、防控原则、防控技术、抗病品种及化学药剂选择原则	云南省农业科学院农业资源研究所

续表

标准号	标准中文名称	标准状态	标准组织	发布日期	规范性引用文件	摘要	起草单位
DC5306/T 18-2014	昭通市马铃薯微型薯生产技术规程	现行	地方标准	2014.10.20	GB5749 生活饮用水卫生标准; GB7331 马铃薯产地检疫标准; GB 1813 马铃薯脱毒种薯; NY/T 401 农作物种子标签通则; NY/T 1212 马铃薯脱毒种薯繁育技术规程; NY/T 1606 马铃薯种薯生产操作技术规程	本规程规范了马铃薯栽培苗移栽、定植苗管理和微型薯(原原种)繁育技术	昭通市农业科学院
DC5306/T 19-2014	昭通市马铃薯脱毒苗生产技术规程	现行	地方标准	2014.12.01	GB5749 生活饮用水卫生规程; GB18133 马铃薯脱毒种薯; NY/T1212 马铃薯脱毒种薯繁育技术规程; NY/T1606 马铃薯种薯生产操作技术规程; YY0569 生物安全柜	本规程规定了马铃薯脱毒核心苗、基础苗、栽培苗的生产技术	昭通市农业科学院
DC5331/T 9-2014	无公害冬马铃薯生产技术规程	现行	地方标准	2014.05.01	GB 4285 农药安全使用标准; GB 5084-2005 农田灌溉水质标准; GB/T 8321 农药合理使用准则; GB 1518-1995 土壤环境质量标准; GB 18133-2012 马铃薯种薯; NY/T 496 肥料合理使用准则 通则; NY 5010 无公害食品 蔬菜产地环境条件	规定了无公害的术语与定义、产地环境条件、品种选择、种薯处理、整地、施肥、播种、田间管理、病虫害防治、收获、分装、贮存等内容	德宏州农业技术推广中心

续表

标准号	标准中文名称	标准状态	标准组织	发布日期	规范性引用文件	摘要	起草单位
DG5307/T 14—2014	马铃薯平播后起垄栽培技术规程	现行	地方标准	2014.02.10	—	本标准规定在采用优良品种的前提下，把深耕整地、脱毒良种、小整薯播种、单垄单行配平播、后期高垄培土、测土配方施肥、防治晚疫病、小型农机应用等技术组装集成起来综合应用	丽江市农业科学研究所，玉龙县质量技术监督局
DB53/T 601—2014	马铃薯抗旱性评价指南	现行	地方标准	2014.6.9	GB 3095, GB 5084, GB 8321, GB 15618, GB 18133, NY/T 394	本标准规定了马铃薯抗旱性评价的鉴定方法及评价标准、抗旱性鉴定规则的技术要求。本标准适用于马铃薯品种（系）和种质资源的抗旱性鉴定	云南省农业科学院生物技术与种质资源研究所
DB53/T 526—2013	马铃薯产业技术标准体系	现行	地方标准	2013.9.30	GB/T 13016	本标准提供了马铃薯产业技术标准体系的层次结构、标准明细表和标准统计。本标准适用于指导马铃薯产业相关技术标准的制订与修订工作，服务于马铃薯产业的科学研究、生产、质量监督、标准化工作等	云南省农业科学院质量标准与检测技术研究所
DG5331/T 5—2013	甘蔗套种马铃薯栽培技术规范	现行	地方标准	2013.10.01	GB/T 8321 农药合理使用准则	规定了甘蔗套种马铃薯的术语和定义、栽培技术、病虫害防治、采收等技术要求	德宏州农业技术推广中心

续表

标准号	标准中文名称	标准状态	标准组织	发布日期	规范性引用文件	摘要	起草单位
DB53/T 439—2012	马铃薯软腐病抗病性室内鉴定技术规程	现行	地方标准	2012.12.01	—	本标准规定了马铃薯软腐病抗病性室内鉴定的术语和定义、仪器及用具、试剂、材料准备、接种、病情调查和抗性评价	云南省农业科学院经济作物研究所
NY/T 2164—2012	马铃薯脱毒种薯繁育基地建设标准	现行	地方标准	2012.06.06	GB 5804 农田灌溉水质标准；GB 7331 马铃薯种薯产地检疫规程；GB 15618 土壤环境质量标准；GB 18133 马铃薯脱毒种薯等	本标准规定了马铃薯种薯脱毒项目构成繁育基地的基本术语和定义、选址与建设条件、生产工艺与配套设施、功能分区与规划布局、资质与管理和主要技术指标	云南省农业科学质量标准与检测技术研究所
DB53/T 335.2—2010	马铃薯抗病性鉴定 第2部分：X病毒病	现行	地方标准	2010.12.16	—	本标准规定了马铃薯抗 X 病毒病鉴定的术语和定义、材料准备、接种、病情调查、抗性评价、鉴定报告等要求	云南省农业资源研究所
DB53/T 335.3—2011	马铃薯抗病性鉴定 第3部分：Y病毒病	现行	地方标准	2010.12.16	—	本标准规定了马铃薯抗 Y 病毒病鉴定的术语和定义、材料准备、接种、病情调查、抗性评价、鉴定报告等要求	云南省农业资源研究所

续表

标准号	标准中文名称	标准状态	标准组织	发布日期	规范性引用文件	摘要	起草单位
DB53/T 331-2010	马铃薯脱毒种薯生产技术规程	现行	地方标准	2010.10.16	GB 18133 马铃薯脱毒种薯；NY/T401 脱毒马铃薯种薯（苗）病毒检测技术规程；NY/T1212 马铃薯脱毒繁育技术规程；DB53/T079 脱毒马铃薯种薯（苗）	本标准规定了马铃薯脱毒苗的培育、繁殖、扩繁栽培和脱毒的生产、脱毒基础种薯的质量指标、检验方法、判定规则、包装和标签、贮藏等技术操作规程	云南省农业科学院经济作物研究所
DB53/T 335.1-2010	马铃薯抗病性鉴定 第1部分：晚疫病	现行	地方标准	2010.12.16	—	本标准规定了马铃薯抗晚疫病鉴定的术语和定语、材料准备、接种、病情调查、抗性评价、鉴定报告等要求	云南省农业资源研究所

云南省马铃薯产业发展概述
YUNNAN SHENG MALINGSHU CHANYE FAZHAN GAISHU

2000~2017年云南省农业技术推广奖（马铃薯）

序号	获奖年度	奖项名称	主要完成人	获奖单位	等级
1	2000	1.5万亩脱毒马铃薯种薯繁殖技术成效显著	李贵吉、赵盛奎、罗绍德、杨万斌、荀华书、路发仟、肖智君、王明荣、饶彦章	会泽县驾车乡农科站	二等奖
2	2000	贫困山区脱毒马铃薯丰产栽培技术推广	张开甫、王永军、赵光云、周思敏、黄会、李章坤、刘虹、普兴林、孔令东、张福昌	昆明市东川区农业技术推广中心	三等奖
3	2000	推广马铃薯地膜覆盖技术5.08万亩增鲜薯513.3kg	赵森武、凌英、金轻、许冲、陈治文、张国权、吴引明、郭威、李重红、范广斌	昭通地区农业技术推广中心站、巧家县农业技术推广中心、永善县农业技术推广中心、奕良县农业技术推广中心、鲁甸县农业技术推广中心	三等奖
4	2000	10万亩脱毒马铃薯综合配套栽培技术推广	陈树清、薛朝会、王元康、孔敏仙、李启英、马林仙、袁祝芬、柯昌荣、李德全、邓祥发	昭通市农业技术推广中心	三等奖
5	2001	57万亩脱毒马铃薯推广成效显著	皮永雄、姜英德、王清亮、李其祥、吕大印、陈建聪、赵鸿、彭仕普、庄清海、成联发、詹国洪、陈树清、王元康、杨仕明、刘涛、杨天迅、吕宗荣、陶其尧、胡万有	昭通市农业局、昭通市农科所、昭阳区农业技术推广中心、鲁甸县农业技术推广中心、巧家县农业技术推广中心、彝良县农业技术推广中心、镇雄县农业技术推广中心、永善县农业技术推广中心	一等奖

续表

序号	获奖年度	奖项名称	主要完成人	获奖单位	等级
6	2001	高产抗病马铃薯新品种丽薯1号选育及示范推广	杨焰、王绍林、和国钧、和平根、和光宇、刘菊、杨继先、王忠华、和立宣、高政、谭志华、和尚权、王翔、赖习友、和月明、李燕萍、彭识、苟体江、和玉龙	丽江地区农业科学研究所	一等奖
7	2001	脱毒马铃薯栽培技术示范推广	张定友、和石中、李秉通、桑卉、杨跃兰、和学花、施金花	怒江州农科所、怒江州农业技术推广中心	二等奖
8	2001	利用冬季热区优势种植马铃薯见成效	高玉成、杨生朝、王定忠、尹顺珍、张爱龙、董保萍、宋永庆、方陶伟、姜永仙、高锐	陇川县农业技术推广中心	二等奖
9	2002	72.6万亩脱毒马铃薯推广增鲜薯405kg	皮永雄、姜英德、王清亮、李顺勇、杨天迅、陈建聪、李静、陈琴、詹国洪、陈树清、吕宗荣、王继聪、郭威、周天全、陈祥学、殷国煜、彭仕营、马江林	昭通市农科所、昭阳区农业技术推广中心、镇雄县农业技术推广中心、彝良县农业技术推广中心、巧家县农业局、水富县农业技术推广中心、大关县农业局	二等奖
10	2002	推广小春马铃薯新品种14万亩	杨林芳、谢小双、高从正、保石元、关保权、龚健康、李建云、刘常生、胡家权、资文、韩绍元、谢付生、邓荣超、陈森林、保石全	麒麟区农业技术推广中心、陆良县农业技术推广中心	三等奖

续表

序号	获奖年度	奖项名称	主要完成人	获奖单位	等级
11	2002	马铃薯快繁技术研究与示范	钟素秦、徐良涛、袁剑、苏顺清、李志周、李万芬、李天时、蒋先倩、王正周、屠年忠、罗康、蒋先林、蒋雄、崔江兰、肖石良	会泽县农业技术推广中心、会泽县农科站、会泽县金钟乡农科站、会泽县驾车乡农科站、会泽县五星乡农科站	三等奖
12	2002	干旱山区马铃薯覆膜栽培技术示范	李庭金、李进荣、张开敏、期丽芳、康玉、期自安、普家俊	玉溪市农业局、红塔区小石桥乡农科站	三等奖
13	2003	马铃薯杂交实生种子示范推广	魏明、刘卫民、李益仙、李华、成春祥、邹万君、邱永寿、施林、阎发成、周仕国、李正明、杨加友、李国富、计家富	昆明市农科所、禄劝县农业技术推广总站、嵩明县大哨乡科委、石林县农业技术推广总站、寻甸县农业技术推广总站	二等奖
14	2003	优质加工型马铃薯原料基地建设成效显著	计加富、杨正富、马留文、腾龙斌、徐显科、曹剑龙、谢维云、毛连富、李荣贵、徐成、铁朝良、舒正参、马应丛	寻甸县农业技术推广站、寻甸县六哨乡农业站、寻甸县沙乡农业站、寻甸县金所乡农业站	三等奖
15	2003	脱毒马铃薯"会-2号"引进示范推广	黄俊华、张本金、马建明、业居红、张竹林、张吕、李彦、杨双焕、吴萍仙、杨春荣、杨四代	江川县农业技术推广站、江川县农业局产业办	三等奖
16	2003	湿热地区冬季脱毒马铃薯示范推广	周建林、石凤兴、陶云、张雄、李俊峰、李开平、颜仕宏、周有昌、蒋秀梅、佟应康、李潮华、吴冶元、李雪雁、朱金福	思茅地区种子站、镇沅县农业技术推广中心、景谷县种子站、景东县农业技术推广中心、景东县大街乡农科站	三等奖

续表

序号	获奖年度	奖项名称	主要完成人	获奖单位	等级
17	2003	冬季马铃薯晚疫病综合防治技术应用推广	邹忠元、李光平、唐梅、彭兴莉、苏华良、安智燕、李加惠、多腊英、赵建云	德宏州植保植检站、盈江县植保植检站、陇川县植保植检站、潞西市植保植检站、梁河县植保植检站	三等奖
18	2003	推广万亩脱毒马铃薯成效显著	巴桑涛、余李平、张馥权、科玉宝、刘绍良、张云芬、李树华、罗翠兰、欧杨宽、何秀枝、杨珍玲、张珍玲、邹新英、杨文欧、包建华	泸水县农业技术推广中心、泸水县老窝乡农技站、泸水县洛本卓越乡农技站	三等奖
19	2004	马铃薯产业化原料薯基地建设	魏明、刘卫民、王艺、李华、张丽芳、李益仙、邱永寿、施林、朱维贤、蒋瑜、李琪彬、李建全、王邦海、李洪生、杨正富、滕龙斌、毛成华、韩华存、李忠华、党利荣、吴华英、邓梅、常荣、谢琼华	昆明市农科所、寻甸县农业技术推广总站、石林县农业技术推广总站、禄劝县农业技术推广总站、宜良县蔬菜推广服务站、东川区农业技术推广中心、安宁市农业技术推广所、云南师大生物资源所、东南亚薯类作物科研与培训中心	一等奖
20	2004	24万亩加工型马铃薯推广成效显著	赵洪乖、李静、陈琴、姜英德、黄开顺、成联发、蒋德庆、吴富明、宋维际、胡明成、金轻、黄琪、杜丽芬	昭通市农科所、昭通市农业局农业科、昭阳区农业技术推广中心、镇雄县农业技术推广中心、鲁甸县农业技术推广中心	三等奖
21	2004	10万亩脱毒马铃薯扩繁推广成效显著	吴道元、包龙碧、宗大渊、杨鑫、刘德湘、陈吉祥、李道书、郭天军、田李禹、陈厚坤、郭玉波、刘盛英、何德萍、吴道荣、余曲	彝良县农业局、彝良县农业技术推广中心、彝良县植保植检站、鲁甸县农业技术推广中心、彝良县毛坪乡政府	三等奖

续表

序号	获奖年度	奖项名称	主要完成人	获奖单位	等级
22	2004	推广小春马铃薯5万亩实现产值3000万元	苏顺清、屠年忠、罗康、金淑惠、蒋雄、马贵发、林枝高、崔兴洪、唐桂芬、王正周、蒋仙情、崔江兰、徐良涛、王丽红、徐树花	会泽县农业技术推广中心、会泽县农科站、会泽县五星乡农科站、会泽县罗布古镇农科站、会泽县金钟乡农科站	三等奖
23	2004	冬季脱毒马铃薯推广成效显著	李开平、王会友、康艳琼、刀景贤、陶艳、叶华、廖红妹、张忠、陶泽、金应玲、吴应承、石兆能、李成文、罗明清	景谷县种子管理站、景谷县景谷乡农牧站、景谷县永平镇农牧站、景谷县钟山乡农牧站、景谷县碧安乡农牧站	三等奖
24	2004	开发冬马铃薯2万亩增位1200万元	王玉田、李发光、翟国雨、刘国文、周任荣、陈友生、蒋学雄、张德俊、段明强、普学富、赵汝铭、李卫斌、杨永承、孙华明、王永富	永德县农业技术推广中心、永德县明朗农业站、永德县永康农业站、永德县小勐统农业站、永德县大雪山农业站	三等奖
25	2005	8万亩冬马铃薯规范化栽培技术推广	杨向宏、顾中量、何理进、黄廷祥、杨世汉、许连昌、杨绍刚、杨文廷、陈正远、刘贵川、候家跃、闫信泉、杨时伦、陈际才、冯祖卿、吞实、段建全、韩东亮、莫南、周启昌、李鹏、赵保国、刀保爱、高和平、线三相、王顺党、徐文果、何丽华、张碧胜、余连礼	德宏州农业技术推广中心、盈江县农业技术推广中心、陇川县农业技术推广中心、潞西市经作站、梁河县农业技术推广中心	一等奖

续表

序号	获奖年度	奖项名称	主要完成人	获奖单位	等级
26	2005	推广马铃薯双垄高墒技术 35 万亩	展康、方玉玲、钱彩霞、刘志祥、夏云俄、李彬、徐发海、张关全、高连彰、陈兴片、殷兆书、刘昆宏、李祥能、陈树国、刘光玖、杨艳芬、袁冬梅、孙多实、赵关粉	宣威市农技推广中心、宣威市宝山镇农技服务中心、宣威市板桥镇农技服务中心、宣威市热水镇农技服务中心	二等奖
27	2005	14 万亩脱毒马铃薯扩繁推广	吴道元、詹国洪、罗德芳、包龙碧、皮敏、杨鑫、宗大渊、蒲文菊、刘德湘、陈吉祥、郭天军、李道书、吴仕琴、吴建荣、赵英云	彝良县农业局、彝良县小草坝乡政府、彝良县龙街乡政府、彝良县农技推广中心、彝良县植保植检站	三等奖
28	2005	冬早洋芋生产培育	和顺荣、王建忠、俞国新、蒋春秀、李世强、海秀芝、和建英、陈云	迪庆州土壤肥料工作站	三等奖
29	2005	推广冬早马铃薯 5000 亩	俞国新、何建英、陈云	迪庆州土壤肥料工作站、香格里拉县尼西乡农科站	三等奖
30	2006	10 万亩国国家级马铃薯脱毒种薯标准化示范区建设	黄吉美、苏顺清、蒋先林、钟素泰、李志林、孙先波	会泽县农业技术推广中心	三等奖
31	2008	推广"会-2号"马铃薯 45 万亩 增纯收入 1.8 亿元	黄吉美、蒋先林、蒋雄、董云忠、文翠、谢荣芳、陈兴龙、徐志林、先波、屠年忠、崔江兰、徐天久、素泰、蒋仙情、苟华书、钟正周、徐佑忠、林祖堂、张本岚、王琼	会泽县农业技术推广中心	二等奖

续表

序号	获奖年度	奖项名称	主要完成人	获奖单位	等级
32	2008	3万亩优质马铃薯高产示范成效显著	和顺荣、王建忠、李世强、夏志光、蒋春秀、俞国新、海秀芝、李月娥、杨霞、彭沛元	迪庆州土壤肥料工作站	二等奖
33	2008	优质马铃薯种薯扩繁及商品薯基地建设	祖春会、王兴国、王武勇、黄兴明、饶选正、李正有、赵光云、马亚、刘仕存、唐秋云、古平、裴本绥、刘家东、郭华军	东川区农业技术推广中心	三等奖
34	2008	推广马铃薯疫病预测预警系统技术10万亩	赵德柱、李灿辉、丁艳萍、祝天祥、王刚、刘自兴、李聪平、廖宏达、李亚鸣、高玉花、范华、王天祥、杨永安、李卜生、丁恒良	马龙县土壤肥料工作站	三等奖
35	2009	迪庆州冬作马铃薯高效栽培集成技术示范	和顺荣、木德伟、李世强、俞国新、王建忠、蒋春秀、海秀芝、赵卫华、杨霞、彭沛元	迪庆州土壤肥料工作站	一等奖
36	2009	寻甸县全面完成马铃薯高产创建任务增产增收效果显著	腾龙斌、杨正富、铁朝良、计加富、谢维云、韩华存、袁外忠、迟旭春、李壮典、孙文祥、何荣、陈燕、马应从、张跃文、杨茹琼	寻甸县农业局农业技术推广站	三等奖
37	2009	二万亩马铃薯高产创建示范成效显著	郑金龙、尹葆青、李丽萍、段江华、段丽娥、王维炽、刘莲枝、马海娇、周玉乾、高映菊、李文胜、张玉泉、赵丽章、李丽娟、解灿琼、张云英、洪金焕、李思成	鹤庆县农业技术推广中心	三等奖

续表

序号	获奖年度	奖项名称	主要完成人	获奖单位	等级
38	2009	万亩白芸豆马铃薯间作丰产栽培增效315万元	胡珍贵、谷建康、刘吉建、李琼等	富源县墨红镇农业经济服务中心	三等奖
39	2009	普洱市冬马铃薯高产栽培技术示范和推广成效显著	李杰、员志红、杨海云、刘天勇、李跃邦、杨峰、邹继勇	普洱市农业科学研究所	三等奖
40	2010	楚雄市冬季马铃薯免耕栽培示范推广成效显著	李建华、何小昆、钱育华、刘发芬、杨国勇、秦德林、李发萍、张德秀、张琼、张德、黄正祥、杨国海、罗金旺、段兴贵、邹向洪	楚雄市农业技术推广中心	二等奖
41	2010	丽江市马铃薯垄作密植综合配套高产栽培技术示范推广22万亩增产增收显著	和平根、张凤文、张浩、谢庆聪、和一花、罗正东、郑树东、何习琼、李鸿、付泽云、郭祥彪、漆成刚、杨任松、王菊英、赵丽芬	丽江市农业技术推广中心	二等奖
42	2010	耿马县推广甘蔗套种马铃薯1万亩新增产值2065万元	黄金淑、汪天荣、周正元、刘开华、梁永仙、杨丽贤、黄绍艳、刀正祥、李应顺、王巧萍、施泽琴、朱素娥、杨金荣、张贵云、刘伟群	耿马县农业技术推广中心	二等奖
43	2010	镇康县推广冬马铃薯2万亩新增产值2861.4万元	罗国权、袁忠明、李宏德、杨国贤、张波等	镇康县农业技术推广中心	三等奖

续表

序号	获奖年度	奖项名称	主要完成人	获奖单位	等级
44	2011	大力推广马铃薯地膜覆盖栽培技术	成忠龙、胡明成、罗荣华、林世金、赵国洪、黄可、成胤、徐素琼、黄天岭、杨鑫、吴富明、杨建康、金轻、沈阳、张时军、程金明、张清凤、李启菊、黄开顺、蒋德武	昭通市农业科学技术推广研究所、昭阳区农业技术推广中心、巧家县农业技术推广中心、镇雄县农业技术推广中心、鲁甸县农业技术推广中心、永善县农业技术推广中心、威信县农业技术推广中心、彝良县农业技术推广中心	二等奖
45	2011	永仁县冬早马铃薯示范推广	高廷科、殷吉虎、谭余贵、王绍明、李国章、冷云鹤、丁惠仁、张必菊、李永聪、李亮聪	楚雄州农业科学研究推广所农技推广站、永仁县农业技术推广服务中心	三等奖
46	2011	盈江县冬早马铃薯突破8万亩	陈正远、马家伶、周文昌、杨桃、景玉芳、黎智、寸贺保、殷志华、王兴书、尹加胜、许连忠、龙青丽、金再华、孟永仙、钱文艳	盈江县农业局农技推广中心、太平镇农业综合服务中心、旧城乡农业综合服务中心、新城乡农业综合服务中心、弄璋镇农业综合服务中心	三等奖
47	2012	脱毒马铃薯推广28万亩效益显著	欧阳作富、尹明芳、杨雄、张宽华、刘连枝、谢春霞、左应芝、刘国杨、冯丽萍、杨昆红、杨富春、高映菊、杨恩情、杨海益、李丽芸、段江华、廉子娟、颜水晶、郑金龙	大理白族自治州农业科学研究所、剑川县农业技术推广站、鹤庆县农业技术推广中心、漾濞县农业技术推广中心	二等奖

续表

序号	获奖年度	奖项名称	主要完成人	获奖单位	等级
48	2012	陆良县秋冬菜用型马铃薯高产栽培示范推广26万亩实现纯效益4.5亿元	王云华、吴琼芬、袁红生、黎忠祥、许石昆、谢付生、邵艳、陈见林、周平、高能、王占洪、李寿堂、满红彬、建芬、计荣坤、储光炼、刘淑嫦、高森、潘桃芬、王芝琼、周红萍	陆良县农业局、陆良县农业技术推广中心、陆良县小百户镇农科组、陆良县芳华镇农科组、陆良县中枢镇农科组、陆良县三岔河镇农科组、陆良县马街镇农科组、陆良县板桥镇农科组	二等奖
49	2012	昭通马铃薯晚疫病防治95万亩成效显著	石安芜、马永翠、张汉学、龚声信、李云国、赵洪、唐明凤、张金学、吴仕琴、宋家雄、田丽华、贾仕康、马高蕾、杨光杰、陈敏、刘国斌、杨清学、平松、陈仕琼、金碧萍	昭通市植保植检站、昭阳区植保植检站、彝良县植保植检站、威信县植保植检站、永善县植保植检站、鲁甸县植保植检站	二等奖
50	2012	江川早春马铃薯施肥技术研究与应用	张艳军、杨绍聪、段永华、业居红、沐婵、吕艳蕾、邱玉美、张竹林、李晓亮、马建明、张本金、黄俊华、董广、郭有福	玉溪市农业科学院、江川县农业技术推广站	三等奖
51	2013	低纬高原大春马铃薯抗旱集成技术推广	陈建林、代健康、陈翠林、张琼芝、王连香、徐发海、平建芬、田富民、温三明、刘宾照、顾红波、丁云双、张定花、周金娥、王琼、徐春秀、浦军、许亚东、黄吉美、王明义	曲靖市农业科学院	二等奖
52	2013	马铃薯晚疫病综合防治技术推广	和平根、和习琼、张凤文、王菊英、郑贤庄、郑树东、严加文、杨建合、施永英、谢庆聪、杨俚、候水顺、胡卫强、谢秋兰	丽江市农业技术推广中心、玉龙县农业技术推广中心、宁蒗县农业技术推广中心、永胜县农业技术推广中心、古城区农业技术推广中心	三等奖

续表

序号	获奖年度	奖项名称	主要完成人	获奖单位	等级
53	2013	冬马铃薯高产栽培技术推广	朱荣、李社林、高航、白为华、陈晓萍、许荣、周藿文、龙云涛、王所仙、龙水英、莫文高、赵健、陈学洪、马丽	石屏县农业技术推广中心、石屏县异龙镇农业综合服务中心、石屏县龙朋镇农业综合服务中心、石屏县坝心镇农业综合服务中心	三等奖
54	2014	热区优质冬马铃薯新品种高效栽培技术推广	陈际才、罗有卫、李章田、李俊龙、谢文娟、孔祥静、杨坚、杨荣凯、尹秋华、杨恩菊、杨学艳、杨英武、尹家胜、张国华、康显生、苏朝顺、杨荣焕、杨蕾、高幻美、刘和湖、黄梅香、廖晓姝、孟有寿、王留仙、邵应德、都焕芳、杨磊、杨敏、李正能、寸定安	德宏傣族景颇族自治州农业技术推广中心、盈江县农业技术推广中心、芒市农业技术推广中心、陇川县农业技术推广中心、梁河县种子管理站	一等奖
55	2014	德钦县山区马铃薯栽培集成技术推广	取追、阿娜、刘成耿、仁青拉姆、此里央宗、饮里取初、刘永初、阿永玛、赵卫华、阿追、吴冬梅、思那永宗、金安拉姆、余文艺	德钦县农业技术推广中心、德钦县拖顶乡农业技术推广站、德钦县霞若乡农业技术推广站	二等奖
56	2014	大理州主要粮食作物高产高效集成技术推广	欧阳作富、刘世彬、曹健鹰、宋福东、郑金龙、杨德飞、官崇圭、段新、陆凤美、万国仙、张世宇、王家祥、在凤、韩懋、杨永连、李江、杨昆红、张学成、杨帜辉、马玉云、杨海松、王桂平、赵志勇、宁迎艳、李树锋、金亚雄、陈怀军、李春梅、李红菊	大理农业技术推广中心、弥渡县农业技术推广中心、鹤庆县农业技术推广中心、大理市农业技术推广中心、魏山县农业技术推广站、洱源县农业技术推广站、剑川县农科技术推广中心、永平县农业技术推广站、宾川县农业技术推广中心、漾濞彝族自治县农业技术推广站	一等奖

续表

序号	获奖年度	奖项名称	主要完成人	获奖单位	等级
57	2014	低纬高海拔冬马铃薯高垄双行覆膜抗逆丰产栽培技术推广	陈海兰、付朝玉、苟巧芸、张德勤、张海萍、邢正开、张兴富、洪波、徐树花、朱端波、张琼芝、赵光会、尹富永、詹志	会泽县农业技术推广中心、会泽县迤车镇农业技术推广站、会泽县娜姑镇农业技术推广站、会泽县古城街道农业技术推广站	三等奖
58	2014	马铃薯全程机械化技术示范推广	杨贵才、蔡旭、马勋高、瞿朝菲、马世凤、赵亚、熊兆炳、雷文祥、李才应、高燕、顾若峰、高文友、罗兴祥、曾方阳、范明	鲁甸县农机管理中心、鲁甸县火德红镇农机技术推广站、鲁甸县新街镇农技机技术推广站、鲁甸县乐红镇农机技术推广站、鲁甸县小寨镇农业技术推广站	三等奖
59	2014	临沧市云县冬马铃薯高产集成技术示范推广	刘薪芹、简邦丽、何磊、杨世芳、付丽云、森文华、罗旭宏、李宗远、周武和、李正明、宇廷功、周益菊、陈云芳、李建霞	云县农业技术推广站、云县茶房乡农业综合服务中心	三等奖
60	2014	剑川县高海拔优质脱毒种薯生产与应用	张宽华、杨福善、赵德香、李庆堂、谢春霞、赵彪、尹明芳、杨富春、赵玉花、海智成、张四香、颜丽春、张德玉、赵利臻	剑川县农业技术推广站、大理州农业科学院粮作研究所	三等奖
61	2015	马铃薯优质高效关键技术集成与推广	李国昌、李荣琼、陈华兴、王丽芳、丁洁、黄云兰、陈新党、黄兴龙、张牧、谢辉、蒋瑜、李志明、杨春利、熊云龙、陈永庆、张国贤、张玉光、刘春华	昆明市农业科学研究院	二等奖

续表

序号	获奖年度	奖项名称	主要完成人	获奖单位	等级
62	2015	玉米马铃薯规范化轮间套作技术推广	程金朋、张时军、胡祥、赵荣、陈兴黄可、陈选贵、肖德琴、邓云德、王永刚、朱世文、王小路、郭天平、张艳霞、郑芬、杨应龙、高宇、金轻、杨智华、魏官坤	昭通市农业科学院、昭阳区农业技术推广中心、镇雄县农业技术推广中心、彝良县农业技术推广中心、鲁甸县农业技术推广中心、盐津县农业技术推广中心	二等奖
63	2015	丽江市："丽薯6号"栽培集成技术推广	和习琼、郑树东、郑贤庄、王菊英、严加文、杨建谷、钱彩霞、胡涵、赵彪、陈际才、杨家伟、钟学梅、和桂连、侯永顺、施永英、九富祥、木耀琼、和玉光、张选发、王开德、和平根	丽江市农业科学研究所、玉龙县纳西族自治县农业技术推广中心、宁蒗县彝族农业技术推广中心、永胜县农业技术推广中心、古城区农业技术推广中心、曲靖市农业科学院、大理白族自治州农业科学推广研究院粮食作物研究所、德宏傣族景颇族农业科学研究所	二等奖
64	2015	大理州：冬早马铃薯高产高效栽培技术推广	赵宗福、李江、杨昆红、杨剑平、芬、罗金平、欧阳作富、曹健鹰、熊朝生、张世宇、尹明芳、王春香、范永敏、罗映香、左义兴、赵庆荣、史志彬、王德武、赵修立、许云华	大理州农业技术推广中心、弥渡县农业技术推广中心、大理市种子管理站、南涧彝族自治县园艺工作站、祥云县农业技术推广所、漾濞彝族自治县农业技术推广中心、大理州植保植检站、大理州农科院农科院粮作所	二等奖
65	2015	德宏州：冬马铃薯—水稻轮作施肥减量技术推广	张国云、毕生斌、黄国龙、梁昌盖、王文康、王娅、陈文琴、曹连福、范姝、赵伟、张丽娟、闫茂鹏、殷进武、郭芯瑜、孙延富、康云昌、王志瑛、同生再、何正航、康玲会	云南省德宏傣族景颇族自治州土壤肥料工作站、盈江县农业局土壤肥料工作站、芒市土壤肥料工作站、陇川县土壤肥料工作站、梁河县土壤肥料工作站	二等奖

续表

序号	获奖年度	奖项名称	主要完成人	获奖单位	等级
66	2015	秋马铃薯晚疫病防治技术推广	朱建良、封谷祥、潘嫣艳、成志荣、陈露萍、阮石佑、徐文洪、金永昆、牛石中、王陆美、彭静恋、莴成昆、潘莱英、张冲云、计荣坤	陆良县植保植检站、陆良县小百户镇农业综合服务中心、陆良县芳华镇农业综合服务中心	三等奖
67	2015	昭通市：马铃薯丰产栽培集成技术推广	申时贤、肖华、刘国减、刘飞、张福态、丁勇、徐峰、李兴格、罗鹏、马凤、赵静、饶丽叶、撒竹叶、温源福、张桑	鲁甸县农业技术推广中心、鲁甸县水磨镇农业技术推广站	三等奖
68	2016	红河州冬马铃薯高产集成技术推广与应用	洪健康、范汝明、朱荣、孙文、王怀义、文贵元、李文昌、赵洪坤、余琨、胡函、龙云川、严文伟、张春林、马惢、李瑾、周云凤、肖成昌、杜艳萍、彭生伟、王垄、赵明、龙水英、谭芳、朱鸿达、李晖、郭翠茹、白慧芳、杨贵、孙宇清、王珺	红河州农业科学研究所、石屏县农业技术推广中心、建水县园艺站、建水县农业技术推广所、开远市农业技术推广中心、个旧市农业技术推广中心、元阳县农业技术推广中心、红河县农业技术推广中心、蒙自市农业技术推广中心、泸西县蔬菜站	一等奖
69	2016	马铃薯新品种及配套高产栽培技术推广	李才荣、杨菊、涂国静、陈吉、易祥华、高发富、刘小红、赵荣、陈朝举、周世祥、李志芹、余学堂、朱世文、魏官坤、刘涛、胡俊峰、马梅见、文明奎、罗天荣	昭通市农业科学院、昭阳区农业技术推广中心、镇雄县农业技术推广中心、鲁甸县农业技术推广中心、彝良县农业技术推广中心、永善县农业技术推广中心、巧家县农业技术推广中心、大关县农业技术推广中心	二等奖

213

续表

序号	获奖年度	奖项名称	主要完成人	获奖单位	等级
70	2016	马铃薯脱毒种薯生产技术推广	展康、徐发海、王明军、韩小女、徐祥柱、陈明昌、陈兴片、张灵肖、朱亚勋、孟丽红、王杏婷、何彩花、代艳琼、赵关粉、吕霖、吕庆长、何永健、尹广会、金玉菊、蒋祥先	宣威市农业技术推广中心、宣威市龙场镇农业综合服务中心、宣威市东山镇农业综合服务中心、宣威市宝山镇农业综合服务中心、宣威市格宜镇农业综合服务中心、宣威市务德镇农业综合服务中心、宣威市乐丰乡农业综合服务中心	二等奖
71	2016	文山州冬马铃薯滴灌水肥一体化集成技术示范推广应用	聂龙兴、陆龙平、付云章、周军、马志江、赵庭洪、沈德超、王家清、李仕刚、庞家兴、陆成杰、罗畅、任齐燕、徐玲、周迎辉、赵仕才、黄正东、王德胜、李平顺	文山州土壤肥料工作站、砚山县土壤肥料工作站、广南县土壤肥料工作站、西畴县土壤肥料工作站、文山市土壤肥料工作站	二等奖
72	2016	低纬高原山区冬马铃薯测土配方施肥技术推广应用	罗萍、娄平、杨贵宝、吴洁、王桂芳、滕松、陈美兰、杨海士、朱琳、刘霞、王润、郭敏、普中林、徐绍略	个旧市农业技术推广中心、卡房镇农业综合服务中心、贾沙乡农业综合服务中心	三等奖
73	2016	马铃薯优质高产高效关键技术集成与推广	魏世杰、尹正红、童江云、刘卫民、维贤、杨正富、樊兵、普兴林、赵志昌、祖文琼、堵川、白云、马亚、张玉际、李云萍、丽、金梅才、郭华军	昆明市农业科学研究院、寻甸回族彝族自治县农业局农业技术推广总站、禄劝彝族苗族自治县农业技术推广总站、昆明市东川区农业技术推广中心、石林县农业技术推广总站等	二等奖

2000~2019 年云南省科学技术奖励（马铃薯）

序号	获奖项目名称	主要完成人	主要完成单位	授奖名称	授奖等级	授奖时间
1	高产抗病马铃薯新品种丽薯 1 号的选育及示范推广	杨煊、王绍林、和国钧、和平根、和光宇、杨继先、王忠华	丽江市农业科学研究所	技术进步奖	三等奖	2003
2	马铃薯晚疫病菌群体动态监测及抗病品种选育	罗文富、杨艳丽	云南农业大学	自然科学奖	三等奖	2003
3	滇西北马铃薯脱毒微型原原种扩繁基地建设	王绍林、和忠、杨煊、王忠华、继先、和平根、和国钧	丽江市农业科学研究所	技术进步奖	三等奖	2004
4	马铃薯杂交实生种子应用的试验示范	魏明、王平华、刘卫民、王艺、邹万君、李益仙、李华、王邦海、李正明	昆明市农业科学研究所、云南省优质农产品中心、石林县农业技术推广总站、嵩明县大哨乡科委	技术进步奖	三等奖	2006
5	马铃薯专用肥研究与开发	彭启双、吕云会、柴正所、孔令郁、杨友艺、陈粉聪、陈兴片	宣威市土肥工作站、宣威市科学技术局	技术进步奖	三等奖	2006
6	马铃薯新品种丽薯 2 号选育及示范推广	杨煊、王绍林、和国钧、和平根、和忠、和光宇、王忠华	丽江市农业科学研究所	技术进步奖	三等奖	2007
7	冬马铃薯新品种选育及产业化开发示范	隋启君、杨万林、李先平等	云南省农业科学院经济作物研究所	技术进步奖	三等奖	2008
8	德宏州 40 万亩冬马铃薯规范化栽培	黄廷祥、顾中量、陈际才等	德宏傣族景颇族自治州农业技术推广中心	技术进步奖	三等奖	2008

续表

序号	获奖项目名称	主要完成人	主要完成单位	授奖名称	授奖等级	授奖时间
9	加工型马铃薯产业化原料薯基地建设	王平华、魏明、刘卫民、王艺、邹万君、张丽芳、李华、李益仙	云南省农业技术推广总站、昆明市农业技术研究所	技术进步奖	三等奖	2008
10	云南马铃薯地方品种收集研究与利用	郭华春	云南农业大学	自然科学奖	三等奖	2008
11	淀粉加工专用型马铃薯新品种云薯201选育及示范	隋启君、杨万林、李先平、展康等	云南省农业科学院经济作物研究所、宣威市农业技术推广中心	技术进步奖	二等奖	2009
12	会泽县优质马铃薯生产关键技术研发	苏顺清、蒋雄、李天时、高德铭、彭庆菊、杨洪杰、李志林	会泽县农业技术推广中心	技术进步奖	三等奖	2009
13	马铃薯贮藏技术研究及应用	孙茂林、李树莲、展康、丁王梅、周院堂、滕龙斌、董禄凤	云南省农业科学院生物技术与种植资源研究所、环境资源研究所、宣威市农业技术推广中心、寻甸县农业技术推广工作站、昆明市农业技术推广站	技术进步奖	三等奖	2011
14	云南晚疫病菌有性生殖及遗传多样性研究	赵志坚、曹继芬	云南省农业科学院农业环境资源研究所	自然科学奖	三等奖	2011
15	薯片加工专用型马铃薯新品种云薯301选育及应用	杨琼芬、隋启君、李先平等	云南省农业科学院经济作物研究所	技术进步奖	三等奖	2013
16	丽薯6号品种选育及配套技术研究与应用	王绍林、和平根、和习琼、王菊英、和国钧、张凤义、和光宇	丽江市农业科学研究所	技术进步奖	三等奖	2016
17	德宏冬作马铃薯新品种引育与规范化栽培技术应用	黄廷祥、陈际才、李俊龙、罗有卫、李章田、俟跃、陈正远	德宏傣族景颇族自治州农业技术推广中心	技术进步奖	三等奖	2016

续表

序号	获奖项目名称	主要完成人	主要完成单位	授奖名称	授奖等级	授奖时间
18	云贵高原马铃薯抗旱丰产栽培技术研究及应用	隋启君，梁淑敏，李燕山，王云华，展康，牛力立，李飞	云南省农业科学院经济作物研究所，陆良县农业技术推广中心，宣威市农业技术推广中心，安顺市农业科学院，贵州省生物技术研究所	技术进步奖	三等奖	2018
19	冬季马铃薯优质高效技术体系构建及应用	郭华春，何霞红，于德才，朱有勇，王绍林，展康，吴伯志，隋启君，李炎，李灿辉，王海宁，王琼，陈建斌，孙文，杨永梅，杨子芬，赵宗福，黄庭祥，白磊，陈斌，杨艳丽，李继坪，蔡红，张新永，周平，朱荣俊，杨琦，李才荣	云南农业大学，丽江市农业科学研究所，宣威市农业技术推广中心；云南省农业科学院经济作物研究所；云南师范大学	技术进步奖	特等奖	2019
20	云薯系列彩色马铃薯新品种选育及产品开发	李先平，隋启君，张利彬，包丽仙，尹自友，李天时，李燕山	云南省农业科学院经济作物研究所，黑龙江华彩薯业发展有限公司，会泽县农业技术推广中心	技术发明奖	二等奖	2019

2000~2019年国家及部级成果奖励（马铃薯）

获奖项目名称	主要完成人	主要完成单位	授奖名称	授奖等级	授奖时间
云南省马铃薯良种脱毒快繁及综合配套栽培技术	周开联、杨直、王兴原、汪铭、何云昆、成忠龙、卢玉发、刘彦和、钟素素、展康、吴叔康、仲伟章、陈治文、杨仕明、刘跃明、栗维兴、张仲凯、李明、仲志宏、计加富、杜明科、李竹仙、道金荣、胡金山、林东	云南省农业技术推广总站、云南省农科院生物技术研究所、云南省昭通市农业技术推广中心、云南省曲靖市农业技术推广中心、会泽县农业技术推广中心、宣威市农业技术推广中心、云南省巧家县农业技术推广中心、云南省永善县农业技术推广中心	农业部农牧渔业丰收奖	二等奖	2002
加工型马铃薯基地建设及综合技术推广	魏明、刘卫民、王艺、邹万君、张丽芳、滕龙斌、王邦海、李琪彬、李忠华、邓梅、李华、吕军、杨正富、舒应康、岭红芝、陈映岚、官汝臣、周仕国、陶继华、郭华军、李国成、钟丽琼、朱维贤、蒋谕、杨德如	昆明市农业科学研究所、寻甸回族彝族自治县农业局农业技术推广总站、石林县农业技术推广总站、禄劝彝族苗族自治县农业技术推广服务站、宜良县蔬菜技术推广中心、昆明市东川区农业技术推广中心、昆明市东川区法者乡农科站、寻甸回族彝族自治县六哨乡农业科技推广站	农业部农牧渔业丰收奖	三等奖	2010
昭通市马铃薯晚疫病综合防治技术推广	石安宪、马永翠、宋家雄、龚声信、李平松、吉勇、张金学、何德萍、唐明凤、田丽华、杨毅娟、贾仕康、樊朝芬、林世金、张汉学、赵庆友、杨进荣、管彦荣、陶润琼、刘洪翠、余曲、涂云超、周礼兴、姚光禄、马高蓄	云南省昭通市农业局	农业部农牧渔业丰收奖	三等奖	2013

云南省马铃薯审定品种（2000~2016年）

序号	品种名	审定编号	亲本和品种来源	育成单位
1	中甸红	滇马铃薯1号	从中甸本地品种格咱红皮中优选单株	迪庆州农业科学研究所、迪庆州种子公司
2	丽薯1号	滇马铃薯2号	从内蒙古乌盟农科所引进克疫实生种子育苗移栽产生的分离株经选育而成	丽江市农业科学研究所
3	合作23号	滇马铃薯3号	381064.8×xy-13	会泽县农业技术推广中心、云南师范大学薯类作物研究所
4	合作88号	滇马铃薯4号	I-1085×BLK2	会泽县农业技术推广中心、云南师范大学薯类作物研究所
5	会-2	滇马铃薯5号	印西克×渭会2号	会泽县农业技术推广中心
6	云薯101	滇审薯200401号	S95-105×内薯7号	云南省农业科学研究院经济作物研究所
7	云薯201	滇审薯200402号	S95-105×内薯7号	云南省农业科学研究院经济作物研究所
8	丽薯2号	滇审薯200403号	呼自79-172×NS79-12-1	丽江市农业科学研究所
9	滇薯6号（PB06）	滇审马铃薯200501号	国际马铃薯中心提供的杂交组合387132.2×387170.9	云南农业大学云南省植病重点实验室
10	合作001（会薯001）	滇审马铃薯200502号	国际马铃薯中心提供的杂交组合387115.40×XY.14	会泽县农业技术推广中心、云南师范大学薯类作物研究所
11	合作002（会薯002）	滇审马铃薯200503号	国际马铃薯中心提供的杂交组合387004.4×387170.9	会泽县农业技术推广中心
12	合作203	滇审马铃薯200504号	国际马铃薯中心提供的杂交组合391002.15×391679.7	云南师范大学薯类作物研究所、大理州农业科学研究所、国际马铃薯中心
13	合作3810	滇审马铃薯200505号	国际马铃薯中心提供的杂交组合393077.51×391679.7	云南师范大学薯类作物研究所
14	云薯501	滇特（昆明）审马铃薯200501号	选92-816×选94-232	云南省农业科学研究院经济作物研究所、昆明市农业技术推广站

续表

序号	品种名	审定编号	亲本和品种来源	育成单位
15	抗青9-1	滇特（昆明、德宏）审马铃薯200502号	国际马铃薯中心提供的杂交组合 BR63.5×104.12LB	中国农业科学研究院植保护研究所、云南省农业科学研究院经济作物研究所
16	合作003	滇审马铃薯200601号	381400.22×387334.5	会泽县农业技术推广中心
17	五选2号	滇审马铃薯200602号	"马驮"ב克疫"	南华县农业局
18	靖薯1号	滇特（曲靖）审马铃薯200601号	994002（B2）	曲靖市农业技术推广中心、马龙县农业技术推广中心
19	云薯102	滇审马铃薯200701号	S95-105×内薯7号	云南省农业科学研究院经济作物研究所
20	云薯301	滇审马铃薯200702号	93-92×C89-94	云南省农业科学研究院经济作物研究所
21	皮利卡	滇审马铃薯2008001号	从国外引进的波兰品种（引种编号 PI537033），亲本组合为 MPI55 957 24 ×Pamir	云南农业科学院生物技术与种质资源研究所
22	丽薯6号	滇审马铃薯2008002号	国际马铃薯中心提供的杂交组合 A10-39×NS40-37	丽江市农业科学研究所
23	丽薯7号	滇审马铃薯2008003号	肯德×ALAMO	丽江市农业科学研究所
24	云薯503	滇特（文山）审马铃薯2008001号	菲薯×387136.14	云南省农业科学研究院经济作物研究所、文山州农业科学研究所
25	云薯504	滇特（文山）审马铃薯2008002号	VERAS×内薯7号	云南省农业科学研究院经济作物研究所、文山州农业科学研究所
26	云薯601	滇审马铃薯2009001号	会泽小乌洋芋×合作23	云南省农业科学研究院经济作物研究所
27	昆薯4号	滇审马铃薯2009002号	国际马铃薯中心提供的杂交组合381379.9×XY16	昆明市农业科学研究院、云南省农业技术推广总站
28	宣薯4号	滇特（曲靖）审马铃薯2009001号	从国际马铃薯研究中心引进的组合990416中经单株筛选而成	宣威市农业技术推广中心

续表

序号	品种名	审定编号	亲本和品种来源	育成单位
29	靖薯2号	滇特（曲靖）审马铃薯2009002号	从国际马玲薯研究中心引进的B系列，994001组合F1代中单株系统选育而成	曲靖市农业技术推广中心
30	靖薯3号	滇特（曲靖）审马铃薯2009003号	从国际马铃薯中心引进的A系列8005组合经系统选育而成	曲靖市农业技术推广中心
31	宣薯2号	滇特（曲靖）审马铃薯2011001号	从中国南方马铃薯中心引进，ECSort×CFK-69.1	宣威市农业技术推广中心
32	云薯502	滇特（普洱）审马铃薯2011002号	shempody×serrana-inta	云南省农业科学研究院经济作物研究所、普洱市农业科学研究所
33	德薯2号	滇特（德宏）审马铃薯2011003号	会-2×PB06	德宏州农业科学研究所、云南省农业科学研究院经济作物研究所
34	云薯505	滇特（德宏）审马铃薯2011004号	Serrana×YAKHANT	云南省农业科学研究院经济作物研究所、德宏州农业科学研究所
35	宣薯5号	滇审马铃薯2012001号	VYTOK×387136.14	宣威市农业技术推广中心、云南省农业科学研究院经济作物研究所
36	会薯9号	滇审马铃薯2012002号	合作003号×会-2号	会泽县农业技术推广中心、会泽县优质农产品开发有限责任公司
37	昆薯5号	滇审马铃薯2012003号	从国际马铃薯中心引进，ACHIRANA×TPS-67	昆明市农业科学研究院
38	云薯303	滇审马铃薯2012004号	昆引6号×转心乌	云南省农业科学研究院经济作物研究所
39	云薯203	滇特（昭通）审马铃薯2012001号	合作23×昆引6号	云南省农业科学研究院经济作物研究所、昭通市农业科学技术推广研究所、宣威市农业技术推广中心

续表

序号	品种名	审定编号	亲本和品种来源	育成单位
40	云薯401	滇特（昭通）审马铃薯2012002号	来自国际马铃薯中心的品系"3258"与来自泰国的"白花大西洋"	云南省农业科学研究院经济作物研究所、昭通市农业科学技术推广研究所、会泽县农业技术推广中心
41	云薯701	滇特（昭通）审马铃薯2012003号	合作23×转心乌	云南省农业科学研究院经济作物研究所
42	镇薯1号	滇特（昭通）审马铃薯2012004号	来自白俄罗斯的"GARANT"与来自云南省的"品系3221"	镇雄县农业技术推广中心、云南省农业科学研究院经济作物研究所
43	云薯506	滇特（德宏）审马铃薯2012005号	由印度引进杂交实生种子组合"BSS297"	云南省农业科学研究院经济作物研究所
44	德薯3号	滇特（德宏）审马铃薯2012006号	会-2×观音洋芋	德宏州农业科学研究所、云南省农业科学研究院经济作物研究所
45	云薯202	滇审马铃薯2013001号	Garant×合作003	云南省农业科学研究院经济作物研究所
46	靖薯4号	滇特（曲靖）审马铃薯2013001号	从国际马铃薯研究中心引进的A系列组合998007（ATZIMBA×TS-15）选育而成	曲靖市农业科学研究院
47	靖薯5号	滇特（曲靖）审马铃薯2013002号	从国际马铃薯中心引进的B系列88005组合（TPS-7×IPS-13）选育而成	曲靖市农业科学研究院
48	云薯401	滇审马铃薯2014001号	3258×白花大西洋	云南省农业科学研究院经济作物研究所、昭通市农业科学技术推广研究所、会泽县农业技术推广中心
49	云薯603	滇审马铃薯2014002号	昆引6号×转心乌	云南省农业科学研究院经济作物研究所
50	昆薯2号	滇审马铃薯2014003号	从国际马铃薯中心引进的育种群体B3C1杂交组合391585（387132.2×387170.9）选育	昆明市农业科学院、云南师范大学薯类作物研究所、寻甸县农业技术推广工作站、大理市农科院

续表

序号	品种名	审定编号	亲本和品种来源	育成单位
51	会薯 10 号	滇审马铃薯 2014004 号	合作 23 号×早山红	会泽县农业技术推广中心
52	会薯 11 号	滇审马铃薯 2014005 号	D22 号×合作 334 号	会泽县农业技术推广中心
53	丽薯 10 号	滇审马铃薯 2014006 号	Serrana-inta×PB08	丽江市农业科学研究所
54	丽薯 11 号	滇审马铃薯 2014007 号	合作 88×Garant	丽江市农业科学研究所、云南省农业科学研究院经济作物研究所
55	丽薯 12 号	滇审马铃薯 2014008 号	合作 88×Garant	丽江市农业科学研究所、云南省农业科学研究院经济作物研究所
56	云薯 801	滇特（曲靖）审马铃薯 2014001 号	B71.74.39.10×SERRANA-INTA	云南省农业科学研究院经济作物研究所、宣威市农业技术推广中心
57	宣薯 7 号	滇审马铃薯 2015001 号	会-2×Gr03-189	宣威市农业技术推广中心、云南省农业科学研究院经济作物研究所
58	宣薯 6 号	滇审马铃薯 2015002 号	S01-324×合作 23	宣威市农业技术推广中心、云南省农业科学研究院经济作物研究所
59	青薯 9 号	滇审马铃薯 2016001 号	从国际马铃薯中心（CIP）引进杂交组合 387521.3×APHRO-DITE 材料 C92.140-05 中选育而成	云南农业大学、青海省农科院
60	中薯 18 号	滇审马铃薯 2016002 号	C91.628×C93.154	中国农业科学院蔬菜花卉研究所
61	会薯 14 号	滇审马铃薯 2016003 号	合作 003 号×DB-51	会泽县农业技术推广中心、云南省会泽县优质农产品开发有限责任公司、云南广汇种植有限公司
62	会薯 15 号	滇审马铃薯 2016004 号	合作 002 号×美引 26 号	会泽县农业技术推广中心、云南省会泽县优质农产品开发有限责任公司、云南广汇种植有限公司

续表

序号	品种名	审定编号	亲本和品种来源	育成单位
63	丽薯13号	滇审马铃薯2016005号	ATZIMBA×TPS-B	丽江市农业科学研究所
64	丽薯15号	滇审马铃薯2016006号	合作88d然杂交实生籽所分离的单株中系统选育而成	丽江市农业科学研究所
65	云薯104	滇审马铃薯2016007号	VYTOK×387136.14	云南省农业科学研究院经济作物研究所
66	云薯106	滇审马铃薯2016008号	VYTOK×387136.14	云南省农业科学研究院经济作物研究所
67	云薯107	滇审马铃薯2016009号	D22×PB08	云南省农业科学研究院经济作物研究所、昆明云薯农业科技有限公司
68	师大9号	滇审马铃薯2016010号	393075.54×391679.7	云南师范大学薯类作物研究所、大理州农业科学推广研究院、昭通市农业科学院
69	云薯205	滇审马铃薯2016011号	昆引6号×转心乌	云南省农业科学研究院经济作物研究所、昆明云薯农业科技有限公司
70	昭薯3号	滇审马铃薯2016012号	Atlantic×381064.8	昭通市农业科学院、云南师范大学薯类作物研究所
71	中薯18号	滇审马铃薯2016013号	来源于国际马铃薯中心C91.628×C93.154	中国农业科学院蔬菜花卉研究所
72	滇薯701	滇审马铃薯2016014号	T1794×新型栽培种混合花粉	云南农业大学
73	滇同薯1号	滇审马铃薯2016015号	004-1×9703-44	云南农业大学
74	冀张薯12号	滇审马铃薯2016016号	大西洋×新品系99-6-36	云南农业大学、河北省高寒作物研究所
75	云薯305	滇审马铃薯2016017号	丽薯3号×转心乌	云南省农业科学研究院经济作物研究所、昆明云薯农业科技有限公司

续表

序号	品种名	审定编号	亲本和品种来源	育成单位
76	云薯902	滇审马铃薯2016018号	VT-1（越南）×NS79-12-1（国内自交系）	云南省农业科学研究院经济作物研究所
77	云薯304	滇审马铃薯2016019号	yakhant（白俄罗斯）×387136.14（国际马铃薯中心）	云南省农业科学研究院经济作物研究所、德宏州农科所
78	凤薯3号	滇审马铃薯2016020号	从国际马铃薯中心引进的杂交组合387411.40×389746.2（组合号93140）中选育而成	大理州农业科学研究所、云南师范大学薯类作物研究所
79	凤薯4号	滇审马铃薯2016021号	从国际马铃薯中心引进的杂交组合392618.4×391679.12（组合号395002）中选育而成	大理州农业科学研究所、云南师范大学薯类作物研究所
80	昭薯2号	滇审马铃薯2016022号	387143.22×387170.9	昭通市农业科学院、云南师范大学薯类作物研究所
81	中薯20号	滇审马铃薯2016023号	LR93.050×92.187	中国农业科学院蔬菜花卉研究所

[第六部分]
附 录

附录1 云南马铃薯种植技术模式

2015年农业部（现中华人民共和国农业农村部）开展粮食绿色增产模式攻关，将高产创建万亩示范片的成熟模式，进行集成组装，完善配备，打造高产创建的"升级版"。云南省在挖掘马铃薯增产潜力，同时兼顾投入产出效益和绿色环保的新发展模式导向下，突出标准化、规模化和农艺农机融合，制定推出了涵盖滇东北、滇中、滇西南、滇东南、滇西北5大区域的绿色增产增效技术模式。

模式一：滇东北净作马铃薯绿色增产增效技术模式

健康种薯+适期播种+药剂消毒防病+规格化双行垄作+地膜覆盖+测土配方施肥+科学田间管理+适时收获。

——预期目标产量 通过应用该技术模式，马铃薯平均亩产2500kg。

——关键技术

精选种薯：选用高产抗病品种；挑选无病斑、霉烂的薯块，单个种薯重量50~80g；将挑选后的种薯放在室外不易积水的场地，种薯堆摊薄至10~20cm凉晒，夜晚覆盖防冻，进行催芽，整薯播种，切块种植易降低抗旱能力。

适期播种：一般海拔2200m以上山区为2月15日至2月28日；海拔2200m以下二半山区以上为3月5日~3月20日。

药剂浸种及土壤消毒：发生粉痂病，疮痂病土传病害的田块，打塘后，每亩用福帅得300mL兑水200kg喷湿塘内土壤；有地下害虫地块，每亩塘施敌种1.5kg，用银法利600倍液喷湿种薯消毒。

规格化双行垄作：双行垄作条带宽为1.1至1.2m，小行距0.4m；株距0.3~0.35m，每亩3500至4000塘（株）。

覆盖地膜：实施拉绳划线，打塘点播，主要程序是→打塘→播种→施肥（注意化肥不要直接接触种薯）→盖塘并起垄（有水源浇灌的地区，盖塘起垄时土的厚度要达10cm以上，垄面宽度达45cm以上并做到平整、饱满、土细；无水源浇灌的地区，用沟土盖半塘，膜覆盖形成凹塘）。覆膜（膜宽0.9m，有水源浇灌的地区，覆膜质量要求做到墒面平整、笔直、膜要拉紧贴于垄面、两边各入土15~20cm，无水源浇灌的地区，覆膜质量要求做到笔直、膜要拉紧、两边各入土15~20cm、用沟土对塘压膜，形成凹塘集雨），在塘上破膜并在破口处覆土，凹塘不能填满。

测土配方施肥：根据测土配方施肥建议卡提供施肥量，在亩施1000~1500kg农家肥的基础上，推荐亩施马铃薯专用复合肥（16∶9∶10）60至80kg，尿素20至30kg、普钙 30 至 50kg、硫酸钾 10 至 15kg，苗齐后追尿素 10 至 15kg。

　　加强田间管理：播种后随时观察出苗情况，未从破口处出苗的要及时破膜引苗，田间第一次透雨后需培湿土，除去田间杂草；在现蕾初期、开花期、末花期分别用增威赢绿、甲霜灵猛锌、银法利等加微肥喷施，防治晚疫病，提高作物的产量及品质；根据当地气候情况进行水分管理，确保马铃薯对水分的需要。

　　适时收获：马铃薯地上茎叶由绿变黄叶片脱落，茎枯萎，地下块茎就停止生长，并易与根分离时产量即达最大，是收获的最好时期，一般在 8~10 月土壤水分较小的晴天收获，收获时尽量减少机械损伤。

滇东北净作马铃薯绿色增产增效技术模式图表

月　份	2~3 月	4~5 月	6 月	7~8 月	9~10 月
生育时期	播种期	出苗期	现蕾期	开花期	成熟收获期
主攻目标	保证播种密度、适时播种。	保证出苗整齐。苗健、苗壮	茎叶生长旺盛、加强田间管理	严防严控晚疫病，提高大中薯率	严防茎叶早衰、早枯，适时收获
播前准备	品种选择：选择高产、高抗、优质品种。种薯处理：种薯平铺 2~3 层，白天凉晒，夜晚覆盖好，单个种薯重量 50~80g，用药剂拌种和喷湿种薯消毒。地块处理：选择土壤质地好的壤土或砂壤土，深翻土，要耙平，翻耕 25cm 以上。				
精细播种	播种期：一般海拔 2200m 以上山区为 2 月 15 日至 2 月 28 日。播种量：每亩 3500 至 4000 塘（株），亩播 200~300kg。播种方式：双行垄作条带宽为 1.1 至 1.2m，双行垄作小行距 0.4m；株距 0.35~0.4m 亩密度 3500~4000 塘（株）。底肥沟施。				
田间管理	中耕培土：中耕除草并培土，凹塘栽培模式培土后墒面仍保留凹面。 防控晚疫病：在现蕾初期、开花期、末花期分别用增威赢绿、甲霜灵猛锌、银法利等，防治晚疫病，提高作物的产量及品质，防治三次晚疫病，着重在现蕾期、盛花期开展防治。 合理排灌：根据当地气候情况进行合理排灌，确保马铃薯对水分的需要。				
适时收获	地上茎叶由绿变黄叶片脱落，茎枯萎，地下块茎就停止生长，并易与根分离时的产量即达最大，是收获的最好时期，收获时尽量减少机械损伤。				
效　益	目标产量：2500kg 以上。亩均纯收益：1500 元以上。				

模式二：滇中马铃薯绿色增产增效技术模式

春作　中晚熟高产抗病品种+宽窄行+中耕管理+病虫害综合防治。

冬作　中早熟高产品种+宽窄行+地膜覆盖+中耕管理+病虫害综合防治。

——预期目标产量　春作技术模式，马铃薯平均亩产量为 2500kg；冬作技术模式，马铃薯平均亩产量为 2000kg。

——关键技术路线

选择品种：春播选择中晚熟，抗晚疫病、高产品种的健康种薯，冬播选用中早熟抗早疫病、高产、优质品种，春播主要以 50~80g/个左右大小的整薯播种，冬播 90g 以上的种薯可纵切成块，每个切块须有 2 个以上芽眼，重量在 45g 以上。实行一把切刀一次切一个种薯，每切一次均需用高锰酸钾进行消毒。切块需用草木灰或滑石粉拌种，并摊晾 1~2d。

适时播种：春种 2 月中下旬~3 月中旬播种，6 月下旬~8 月下旬收获；冬种 11 月~12 月下旬播种，次年 3 月中下旬~4 月下旬收获。

合理密植：春作，采用宽窄行，以（70-80+40）/2×30cm 为种植规格，种植密度 3500~4000 株，亩用种 200~250kg。冬作，采用宽窄行+地膜覆盖，以（70-80+40）/2×25~30cm 为种植规格，用 110~120cm 宽地膜覆盖窄行，种植密度 3500~4800 株，亩用种量 150~200kg，切块种植。

水肥管理：春作，每亩施农家肥 1000~2000kg/亩，复合肥（N：P：K＝15：15：15）80kg，微补倍力 2~3kg，视苗情追施钾肥，并进行高培土，做好排涝工作。冬作，每亩施农家肥 1000~2000kg/亩，整地时施入；复合肥（N：P：K＝15：15：15）100kg，播种时施入。出苗 50% 灌水，速灌速排。中耕除草培土，视苗情进行及时灌水 3~4 次。

病虫害防治：春作重点注意对马铃薯晚疫病、在现蕾初期，开花期，末花期分别用增威赢绿、甲霜灵猛锌、银法利等加块大头微肥喷施，防治晚疫病，提高作物的产量及品质，地下害虫结合播种，每亩对塘施敌裨 1.5kg，冬作重点防治早疫病、晚疫病、蚜虫、斑潜蝇，在现蕾初期，开花期，末花期用代森猛锌、甲霜灵猛锌、银法利等加块大头微肥喷施，提高作物的产量及品质，及时进行连片防治。虫害的防治宜早、宜小，用吡虫啉药剂进行防治。

适时收获：视市场、天气情况和成熟程度，晴天收获。减少机械损伤和混杂，增加商品性。收获后防止暴晒、防雨、防闷、防光。覆膜种植及时回收所有残膜，防止污染环境。

滇中马铃薯绿色增产增效技术模式图

月 份	12月		次年1月		2月		3月		4月		5月		6月		7月		8月	
	上	中 下	上	中 下	上	中 下	上	中 下	上	中 下	上	中 下	上	中 下	上	中 下	上	中 下
节 气	大雪	冬至	小寒	大寒	立春	雨水	惊蛰	春分	清明	谷雨	立夏	小满	芒种	夏至	小暑	大暑	立秋	处暑

项目	细目	内容
品种类型及产量构成	春种品种	合作88等中晚熟品种。
	产量构成	每亩3500~4000株，每株结薯0.7kg左右。
	冬种品种	威芋3号、昆薯2号、青薯9号、合作88，合-2号等中早熟品种。
	产量构成	每亩3500~4800株，每株结薯0.6kg左右。
生育时期	播种（春种）	播种2月中下旬~3月下旬。
	播种（冬种）	播种11月中旬~12月下旬。
	出苗（春种）	3月中下旬~4月中下旬出苗。
	出苗（冬种）	12月下旬~1月中下旬。
	现蕾开花（春种）	5月初~6月初。
	现蕾开花（冬种）	1月初~2月初。
	成熟收获（春种）	6月下旬~8月下旬收获。
	成熟收获（冬种）	次年3月中下旬~4月下旬收获。
播前准备	土地准备（春种）	选用壤土或砂壤土的壤土地块，深翻耙平，翻耕深度25cm以上。
	土地准备（冬种）	选用有水源灌溉的壤土或砂壤土地块，深翻耙平，翻耕深度25cm以上。
	种子催备（春种）	选用合格脱毒种薯，播前10~15d将种薯移到15~20℃散射光下催芽。
	种子催备（冬种）	选用合格脱毒种薯，播前10~15d将种薯移到15~20℃散射光下催芽。
精心播种	适期播种（春种）	2月中下旬~3月下旬播种。
	适期播种（冬种）	11月中旬~12月下旬播种。
	播种技术（春种）	采用宽窄行相间，（70+80+40）/2×30cm为种植规格，复合肥（N∶P∶K＝15∶15∶15）80kg，播种时施入。
	播种技术（冬种）	采用宽窄行相间+地膜覆盖，以（70+80+40）/2×25~30cm为种植规格，复合肥（N∶P∶K＝15∶15∶15）80kg，苗用种150~2000kg/亩，播种时施入。
	（补充说明）	根据所在区域的自然灾害主要是为避开倒春寒和高温干旱及耕作制度可适当提前或推种，地下害虫结合播种，每亩对塘施敌赛1.5kg。
	（补充说明）	每亩施农家肥1000~2000kg。苗用种200~250kg，种植密度3500~4000株，用110cm宽地膜覆盖宽行，种植密度3500~4800，复合肥（N∶P∶K＝15∶15∶15）100kg，微力倍。
田间管理	春种	苗期结合中耕除草培土，大头追肥喷施，出苗50%时，及时灌水，速溶追施，提高作物的产量及品质。银法利等加微肥喷施，草剂富薯喷施防治。重点注意对马铃薯晚疫病防治，重点防治马铃薯晚疫病，蚜虫，晚疫病，在杂草苗期，用马铃薯专用除草剂富薯喷施防治。
	冬种	现蕾初期，开花期，末花期分别用增威颧绿，甲霜灵猛锌，银法利等加块，甲霜灵猛锌，用代森猛锌，开花期，在现蕾初期，末花期用代森猛锌，用吡虫啉药剂进行防治，宜小，虫害的防治宜早，在杂草苗期，用马铃薯专用除草剂进行防治。
适时收获		视市场，天气情况和成熟程度，晴天收获。减少机械损伤和混杂，增加商品品质。收获后防止暴晒，防雨，防风，防光。

模式三：滇西南冬作马铃薯绿色增产增效技术模式

优质高产品种+大垄双行条播或单行条播+水肥管理+病虫害综合防治+适时收获。

——预期目标产量　通过推广该技术模式，冬马铃薯平均亩产达到 2500kg。

——关键技术路线

种薯处理：剔除病、烂、杂薯，将种薯置于室内干燥、通风处均匀摊开，不可堆放过厚。播种前 20~30d 将种薯置于凉棚中平铺 2~3 层，用稻草、麻袋等围盖种薯，并保持适当的湿度。当芽长 0.5~1cm 时将种薯逐渐暴露在散射光下壮芽，每隔 3~5d 翻动一次，剔除病、烂薯和纤细芽薯。催芽时避免阳光直射、雨淋等。播种前 1~2d 进行种薯切块。

整地：选择疏松、肥沃、排灌方便、土层深厚、前作为水稻的壤土或轻砂壤土。两犁两耙，深耕细耙整地，达到田平、土细；耕作深度达到 30~40cm。

播种：10 月底至 12 月初。采用大垄双行条播，播幅 1.2m，株距 25cm，播种深 10~15cm，密度在 4500 株/亩左右；单行条播，行距一般为 0.7m，株距一般为 25cm，播种深 10~15cm，密度在 4000 株/亩左右。播种覆土后用"施田补"等除草药剂喷施封草。

施肥：亩施腐熟的农家肥 1000kg、45% 的复合肥 50~100kg、尿素 10~15kg、过磷酸钙 50kg、硫酸钾 15kg、硼砂 4kg 及防治地下害虫农药，充分拌匀后施入播种沟作基肥。结合第一次中耕培土，一般每亩施尿素 10~15kg。现花、开花期可喷施磷酸二氢钾等叶面肥。

田间管理：齐苗后，苗高 10~15cm 时进行第一次中耕培土，培土高度 3~5cm，也可培土后进行覆膜；开花期进行第二次中耕培土，培土高度 2~3cm；生长后期也可进行第三次培土，以免薯块露青。整个生育期一般要求土壤含水量保持在 60%~80%，出苗前不宜灌水，块茎形成期及时适量灌水，块茎膨大期应保持有足够的水分。灌水后及时排水，做到速灌速排，田间不能积水，收获前两周停止灌水。

病虫害综合防治：冬作马铃薯主要的病害是晚疫病和早疫病，在马铃薯苗齐后苗高 15~20cm，用安泰生、代森锰锌、生金雷、露速净等药剂进行 1~2 次保护性防治；根据气候条件变化，大约每隔 7~14d 要进行喷药一次；常用药剂：金雷、克露、锰锌氟吗啉、凯特、银发利等，药剂要交替使用，防止药剂失效。整个生育期防治 4~7 次。马铃薯幼苗期和块茎成熟期常遭受地老虎为害，用呋喃丹等药剂防治地下害虫。

适时收获及销售：根据市场价格，供需要求，适时收获。田间把薯皮晾干，捡去病杂薯，按照收购要求，分级包装，及时销售。

滇西南冬作马铃薯绿色增产增效技术模式图

月份		10			11			12			1			2			3			4		
节气		寒露 上	中	霜降 下	立冬 上	中	小雪 下	大雪 上	中	冬至 下	小寒 上	中	大寒 下	立春 上	雨水 中	下	惊蛰 上	中	春分 下	上	谷雨 中	下

品种类型	主要品种：高产、优质、抗病性好的品种。
产量构成	每亩4000~4500株，亩产2500kg。
生育时期	播种：10下旬至12月上旬　出苗：播种后15~30d　开花：1月至3月　成熟、收获：2月下旬至4月上旬
播前准备——种薯处理	每亩准备160~200kg种薯，种薯提早催芽，播种前进行切块，每块保证1~2个芽眼，从薯块的顶部纵切，每个切块留1~2个芽眼，每块准备不少于30g。切块前准备两把切刀，一盆75%酒精或0.5%高锰酸溶液，将切刀浸入消毒液中轮流使用。切块后用多菌灵、农用链霉素等药剂兑水喷雾消毒，喷湿即可。然后用杀菌剂喷雾杀菌。
播种——整地	两犁两耙，深耕细耙整地，达到田平，土细；耕作深度达到30~40cm。
播种——播种方式及密度	大垄双行条播：播幅1.2m，株距一般为25cm，播种深10~15cm，密度在4500株/亩左右；单行条播：行距一般为0.7m，株距一般为20~25cm，播种深10~15cm，密度在4000株/亩左右；
播种——封草及地膜覆盖	播种覆土后7d内用"施田补"等除草药剂喷施封草；苗后覆膜：齐苗后覆膜；
施肥——基肥	苗施农家肥1000kg，三元复合肥50kg，钙镁磷肥50kg，尿素15kg，钾肥15kg，硼肥4kg。
施肥——追肥	结合第一次中耕培土，一般每亩施尿素10~15kg。育蕾、开花期可喷施磷酸二氢钾等叶面肥。
田间管理——中耕培土	齐苗后，苗高10~15cm时进行第一次中耕培土，培土高度3~5cm，也可培土后进行覆膜；开花期进行第二次中耕培土，培土高度2~3cm；生长后期也可进行第三次培土，以免薯块露青。
田间管理——水肥管理	根据田间持水量，及时浇水，一般灌水2~4次，收获前两周停止灌水。
病虫害防治	以预防晚疫病、早疫病为主，整个生育期防治4~7次，降雨前、灌水后及时进行防治，药剂交替使用。马铃薯幼苗期和块茎成熟期常遭受地老虎为害，用呋喃丹等药剂防治地下害虫。
适时收获	按照收购要求，分级包装，及时销售。

模式四：滇东南冬马铃薯单垄双行覆膜种植技术模式

早中熟高产品种+双行垄播+黑地膜覆盖+晚疫病防控+残膜回收。

——预期目标产量 通过推广该技术模式，马铃薯平均产量达到 2500kg。

——关键技术

种薯处理：选择早中熟品种，选用 50g 左右小整薯，90g 以上切块，切块重量不少于 40g，每个切块带 1~2 个芽。带芽播种 100kg 种薯用 1.5kg 滑石粉+100g 干拌；72%甲基托布津+60g 农用链霉素拌种，阴干伤口愈合后即可播种。

双行垄播：土壤耕耙细碎后起垄，起垄要求按照幅宽 110~120cm，沟宽 40cm 的规格起垄，垄面平整每垄种植 2 行，小行距 30cm，垄边留 20~25cm，株距 20~25cm，每亩种植 4500~5000 株。在垄面中央开施肥沟施肥，肥料两边品字形摆种，种薯不接触化肥。施肥摆种后有机肥拌细土盖种 4~5cm，覆盖 1m 宽黑色地膜，膜两边压紧。

配方施肥：氮、磷、钾比例为 5：2：9。①底肥：亩施有机肥 100~150kg（农家肥 1000~1500kg），10：5：15 三元复混肥 80~100kg。②追肥：出苗 10d 亩施尿素 10kg，现蕾初期亩施尿素 10kg、硫酸钾 20kg，薯块膨大期亩喷施磷酸二氢钾 200g，喷施 2~3 次。

防控晚疫病：封垄后防治晚疫病 2~3 次，每 7d 喷洒一次防治药剂。

适时放苗：播种 30d 左右，马铃薯苗高 3cm 以上及时破膜放苗，在地膜破口处放少许细土覆盖。

适时揭膜：播种 60d 左右，气温回升快，适时揭膜追肥、培土。

成熟收获：综合考虑市场价格、植株成熟度，选择晴天适时收获。收获时尽量避免损伤和混杂。

滇东南冬马铃薯单垄双行覆膜种植技术模式图

月份（月）	10月		11月			12月			1月			2月			3月			4月			5月
（旬）	中旬	下旬	上旬	中旬	下旬	上旬	中旬	下旬	上旬	中旬	下旬	上旬	中旬	下旬	上旬	中旬	下旬	上旬	中旬	下旬	上旬
节气		霜降	立冬		小雪	大雪		冬至	小寒		大寒	立春		雨水	惊蛰		春分	清明		谷雨	立夏
生育期	播种出苗期					幼苗期						块茎膨大期、成熟收获期									
主攻目标	出苗快、整齐，促根、壮苗。											提高大薯率，减少缺陷，防控病害；防早衰，抢晴收获，减少损伤									

（主攻目标补充） 施足基肥，带芽播种，适期播种避开霜冻

播前准备

品种选择：早中熟、高产、优质品种。产量构成：苗株数4550~5000株，单株结薯3~4个，平均薯块重150~500g

种薯处理：提前备足合格脱毒种薯，剔除病烂薯，散射光催芽，正确切块，切刀消毒，药剂拌种，带芽随播

备耕选地：选择砂壤土与轻壤土，避免排灌不良，精细整地，随整随播

施足基肥：施足基肥，一般用腐熟农家肥1000~1500kg或有机肥100~150kg，马铃薯专用复合（混）肥100~150kg，硫酸钾20~30kg。有机肥和防治地下害虫的农药可在耙地时全田撒施。

备 膜：每亩备覆宽度为100cm的黑色地膜5~6kg

适时播种

播种期：10月中下旬~12月上旬。

播种量：按亩基本苗4500~5000株计，一般每亩需要种薯200kg

播种方式：保持每亩种植4500~5000株左右。覆膜双垄栽培，播种后覆盖地膜。盖时膜要让地膜平贴畦面，膜边压紧盖实，防止风吹揭膜，以利增温保湿

田间管理

水分管理：苗期、现蕾期、薯块膨大期全田浇水。

及时除草：结合中耕培土藤除杂草。

疫病防控：封垄后防治晚疫病2~3次，每7d喷一次防治药剂

收获

适时收获：视市场和天气情况，适时收获上市。

注意事项：减少采收时的损伤，收获后防止暴晒，防雨和防光。

残膜回收：覆膜种植及时回收所有残膜，防止污染环境。

235

模式五：滇西北马铃薯绿色增产增效技术模式

——预期目标产量　通过推广该技术模式，马铃薯平均亩产达到 2000kg。
——关键技术

种薯选择：选择抗病、高产、优质的中晚熟品种。播种时应带短壮芽。

药剂拌种：应选择防治致病疫霉菌、细菌、半知菌类的真菌三种病菌的药剂拌种。70%甲基托布津可湿性粉剂、52.5%抑快净可湿性粉剂、72%农用链霉素、滑石粉按（10：10：1：250）的比例混合拌匀后，按 100 kg 种薯用 2 kg 混合粉剂拌种，大薯应在切块后 30 分钟内拌种。拌种 1～2 d 后播种。湿拌：用 500 倍的百菌清和甲霜灵混合液对种薯喷雾拌种，拌匀并晾干后播种。

整地：上季作物收后，秋季深翻 20～30cm，播前整地，使土壤颗粒大小适合、地面平整。按行距 80cm、沟深 20cm、沟宽 25～30 cm 开沟。

播种：2 月下旬至 3 月下旬播种，遇干旱可推迟 10～15d。种植密度：株距 20～25cm，肥力好的地块约 3500 株/667m²；肥力差的地块约 4000 株/667m²。覆土施肥：种薯摆放在沟底，上盖充分腐熟的农家肥，后施复合肥，盖土厚约 10 cm，至沟面稍凹或平沟。施肥量：每 667m² 施农家肥 1500～2000 kg 和 N-P-K（15：15：15）的三元复合肥 30 kg。

中耕管理：马铃薯出苗后，应根据田间杂草情况人工浅锄 1 次。现蕾期结合追肥和培土进行第二次除草。每 667 m² 追施三元复合肥 10～15 kg、硫酸钾 10～15 kg、尿素 5～10 kg。追施尿素要看田间长势，长势好的就少施或不施，长势差的适当多施。

现蕾期（植高 15～30 cm），用手扶拖拉机带犁，结合追肥培土起垄，垄高约 25 cm。

病虫害防治：通过播期、施肥、中耕等保健栽培措施，增强植株抗病虫的能力，使用高效低毒化学农药，适时开展统防统治。

收挖时间：在植株 50%以上落黄自然成熟时或割秧后 10～15d，选择土壤湿度低、晴朗时收挖。

收挖方法：宜用手扶拖拉机带犁隔行翻犁，人工拣薯。

分级及装袋：分拣时应剔除病烂薯，并按照大薯（≥150g），中薯（<150g 且≥50g）、小薯（<50g）的等级规格进行分级，用网袋包装。

贮藏：贮藏前用生石灰对贮藏室消毒。分品种遮光贮藏，保持室内整洁、通风、干燥。

滇西北马铃薯绿色增产增效技术模式图

品种类型产量构成		主要品种：通过审定，抗病、高产、优质的中晚熟品种。丽薯 6 号、7 号等。 产量构成：每亩 3200~3500 株，每株平均产量 0.7kg。
生育时期		播种：2 月下旬~3 月中下旬　出苗：5 月中下旬~6 月上旬　薯块彭大 7~8 月　成熟收获：8 月下旬~10 月中旬
播前准备	品种选择	宜选择抗病、高产、优质的中晚熟品种，如丽薯 6 号、丽薯 7 号等。
	种薯选择及种薯处理	宜选择具有典型品种特征的健康种薯，播种时应打破休眠（块茎开始冒芽）；小薯宜选择 30 g~50 g 的单薯；大薯宜切块，每个切块 35 g~50 g 为宜，并保留 1~2 个芽眼。播前 1~2d 药剂拌种。 干拌：70%甲基托布津可湿性粉剂、52.5%抑快净可湿性粉剂、72%农用链霉素、滑石粉按（10：10：1：250）的比例混合拌匀后，按 100 kg 种薯用 2 kg 混合粉剂拌种，大薯应在切块后 30 分钟内拌种。拌种 1~2 d 后播种。 湿拌：用 500 倍的百菌清和甲霜灵混合液对种薯喷雾拌种，拌匀并晾干后播种。
精细播种	适期播种	2 月下旬至 3 月下旬播种，遇干旱可推迟 10~15d。
	播种技术	采用单垄单行密植平播栽培，播后覆土不起垄，保持稍凹或平沟，有利于保墒抗旱。按行距 80cm 开沟，株距 22~26cm 播种，保证每亩种植 3500 株上下。
田间管理	苗期	以中耕松土为主，两次以上。
	现蕾期	现蕾时，结合第 2 次中耕除草，每亩追施三元复合肥复 10~15kg、硫酸钾 10~15kg、尿素 5~10kg，追施尿素要看田间长势，长势好的就少施或不施，长势差的适当多施。 现蕾期（植高 15~30 cm），用手扶拖拉机带犁，结合追肥培土起垄，垄高约 25 cm。
	晚疫病防治	以农艺措施"单行种植、合理密植、控施氮肥、增施磷钾肥、高垄培土"进行预防。药剂治疗的方法：（1）可选用以下药剂及组合方式：①75%代森锰锌、瑞凡+杀毒矾、68.75%银法利；②75%代森锰锌、72%克露、64%杀毒矾；③72%克露、75%代森锰锌、瑞凡+杀毒矾；④75%代森锰锌、68.75%银法利、25%阿米西达（嘧菌酯）。 （2）喷药时间：第 1 次喷药在齐苗后 15~20d 进行；第 2 次在发病初期即田间发现"中心病株"时进行；第 3 次在第 2 次喷药后为 7~10d 进行。 （3）喷药浓度：瑞凡+杀毒矾，75%代森锰锌为 500 倍液，72%克露、68.75%银法利、64%杀毒矾为 600 倍液，25%阿米西达为 1500 倍液。 （4）不同药剂之间交替使用，避免产生抗性。
适时收获		一般收获时间为 8 月 25 日至 10 月 30 日，在植株 50%以上落黄自然成熟时或割秧后 10~15d，选择土壤湿度低、晴朗时收挖。

附录 2　云南马铃薯主推技术（2016 年）

马铃薯平播后起垄栽培技术

技术概述：丽江市马铃薯种植面积已达 33 万亩，主要分布在宁蒗、玉龙、永胜和古城等县区的高寒贫困山区。因不具备灌条件，从播种到出苗易干旱缺水，影响出苗及前期生长；中后期降雨集中，降雨量多，导致植株徒长，晚疫病发生严重。平均单产仅 1000kg，最高单产多年未突破 2000kg/亩。马铃薯平播后起垄栽培技术，把深耕整地、脱毒良种小整薯播种、单垄单行密植平播、后期高垄培土、测土配方施肥、防治晚疫病、小型农机应用等技术组装集成起来综合应用。该技术具有前期抗旱，后期排涝及减轻病害发生并有利于结薯，使用手扶拖拉机组合式犁头实现耕地、中耕、收挖的全程小型机械化，提高生产效率降低劳动强度增加经济收入的显著特点。

增产增效情况：2009 年在玉龙县建百亩核心样板 4 片，面积 528 亩；千亩示范片 3个，面积 3456 亩；示范带动 33800 亩，比玉龙县大面积平均单产 1300kg，亩增鲜薯364.1kg，增 28%。2011 年，采用丽薯 6 号新品种及平播后起垄综合配套栽培技术的高产示范亩产达 3812.3kg，创造了丽江市马铃薯高产纪录。至 2013 年累计推广 58.55 万亩，每亩平均增产 225.2kg，增 16.6%，累计新增鲜薯 13185.5 万 kg，新增产值20005.7 万元。

技术要点：

1. 选地及深耕。选择排水良好，土层深厚，肥力中上的壤土、砂质壤土，pH 值在4.8~7.5。前作作物以油菜、玉米、绿肥、荞子为宜，上季作物收后深翻 20~30cm，播前精细整地，使土壤颗粒大小适合、地面平整，为马铃薯生长创造疏松的土壤环境。播种后覆土时要覆成平垄或稍凹，以减少蒸发，有利于保水和抗旱。

2. 选用优良品种，小整薯播种。选用优良品种是获得高产的前提，宜选择抗病、高产、优质的中晚熟品种，选择具有典型品种特征的健康种薯，播种时打破休眠（块茎开始冒芽），单薯重在 30~50 g/个。种薯处理：选择防治致病疫霉菌、细菌、半知菌类的真菌三种病菌的药剂拌种。可采用干拌和湿拌。干拌：70%甲基托布津可湿性粉剂、52.5%抑快净可湿性粉剂、72%农用链霉素、滑石粉按（10∶10∶1∶250）的比例混合拌匀后，按 100kg 种薯用 2kg 混合粉剂拌种。拌利 1~2 d 后播种。湿拌：用 500 倍的百菌清和甲霜灵混合液对种薯喷雾拌种，拌匀并晾干后播种。

3. 单垄单行密植平播。按行距 80cm、沟深 20cm、沟宽 25~30cm 开沟，株距 20~25cm，肥力好的地块约 3500 株/亩，肥力差的地块约 4000 株/亩。种薯摆放在沟底，上盖充分腐熟的农家肥，后施复合肥，盖土厚约 10cm，至沟面稍凹或平沟，有利于保墒抗旱。播种期一般在 2 月下旬至 3 月下旬，遇干旱可推迟 10~15d。

4. 高垄培土。现蕾期（株高 15~30cm），用手扶拖拉机带犁，结合追肥培土起垄，垄高约 25cm，有利于排水和结薯。

5. 控制氮肥，增施有机肥和磷钾肥。播种时，每亩施 1500~2000kg 腐熟的有机肥、40~45kg 三元复合肥（N∶P∶K 为 15∶15∶15）作底肥。现蕾时，结合中耕除草及培土起垄，每亩追施硫酸钾 10~15kg、尿素 5~10kg，追施尿素要看田间长势，长势好的就少施或不施，长势差的适当多施。

6. 综合防治晚疫病。农艺措施与药剂防治相结合，可选用 75% 代森锰锌（可湿性粉剂）、72% 霜脲·锰锌（可湿性粉剂）、64% 噁霜·锰锌（可湿性粉剂）、25% 双炔酰菌胺（悬浮剂）+噁霜·锰锌、68.75% 酸霉威盐酸盐·氟吡菌胺（悬浮剂）、25% 嘧菌酯（悬浮剂）等农药。

7. 农机与农艺结合。以手扶拖机前轮轮距 80cm 为行距，配以组合式犁头，实现耕地、开沟、中耕、收挖的前程山地农机化，用手扶拖拉机中耕要掌握好时机，以植株高度 15~30cm 时比较适合，用手扶拖拉机带犁隔行翻犁，人工进行拣薯，比全部进行人工收挖可提高功效 2~3 倍，而且挖烂的薯块少。收挖需在自然成熟或割秧后，选择土壤湿度低、天气晴朗时及时进行。

8. 分级装袋与贮藏。分拣时应剔除病烂薯，并按照大薯（≥150g）、中薯（<150g 且≥50g）、小薯（<50g）的等级规格进行分级，用网袋包装。贮藏前用生石灰对贮藏室消毒。分品种遮光贮藏，保持室内整洁、通风、干燥。

适宜区域：适宜无灌溉条件的马铃薯一季作山区或半山区，有小型农机具（特别是手扶拖拉机）的山区推广。

技术依托单位：丽江市农业科学研究所

低纬高原冬早马铃薯防御霜冻栽培技术

技术概述：冬早作马铃薯一般为每年的 10 月中旬至次年的 1 月上旬播种，生长过程中经常遭遇霜冻，通过品种选择、开沟理墒、浅播种植、适时播种、地膜覆盖、排灌提温、调节营养、药剂处理、补充营养、刺激生长等栽培措施，可提高冬早马铃薯抗御霜冻的能力，具有明显的增产效果，亩增产一般可达 20% 左右。

增产增效情况：从 2008~2015 年，该技术已成为冬早马铃薯大面积集成推广技术，被广大种植户接受和使用，累计推广面积 310 万亩，仅 2012~2015 年 3 年累计推广 180 万亩，新增总产量 306 万 t，新增总产值 61.2 亿元，取得了显著的经济效益、社会效益和生态效益。

技术要点：

1. 选地整地：应选择能浇、灌水的地块，防止冬春干旱，给冬早马铃薯生长带来损失，整地要深耕耙平，做到碎垄，捡出桔秆，防止桔秆及杂物对覆盖薄膜造成损坏。

2. 选好品种、精选种薯：适宜种植的品种有"合作88、会–2号、米拉、宣薯2号、中甸红、丽薯6号、靖薯2号"等。挑选不带菌的薯块20~30g作种薯，一般催芽整薯播种最好，防止细菌浸染，催芽可用赤霉素10~15ppm均匀喷施。用大薯作种薯，先催芽，后切块，每块不低于1~2芽。

3. 开沟理墒、浅播种植：冬作马铃薯种植墒面一般2m开墒，墒面1.8m，实现打塘种植，每个墒面种五行，亩播种4500~5000塘，塘深以摆种薯和农家肥后，农家肥与塘口持平为宜，略盖土为最好。

4. 适时播种、配方施肥量：冬作马铃薯播种时间一般为12月20日~次年1月10日左右，每亩施农家肥1500kg，氮磷钾施13：9：7配方肥130kg。

5. 地膜覆盖及放苗：通常选2m宽、厚0.008μm地膜进行覆盖。马铃薯播种后15~20d开始出苗，要勤检查，防止马铃薯顶膜后烧苗，要按时破膜放苗。

6. 冬作马铃薯防止霜冻措施：①霜降季节开始，到3月30日，霜冻天气随时都可能发生。如果白天天气晴朗，傍晚过热，夜间下霜，如果出现这样的天气，及早在田间堆积枯秆物，夜间1~2点，开始放火熏蒸，对防止霜冻十分有效。②排灌提温：马铃薯不管在哪个时期受冻，气温较低，土壤中水分温度较低，易造成马铃薯冻害，此时应抓紧开沟排水，排出田间静态的冷水，以便提高田间的温度，同时，进行田间放入河水及水库水，利用水交换热量原理，提高地温，可挽回损失25%。③调节营养、药剂护理：马铃薯遭受霜冻后，轻的叶片淡黄，心叶萎缩，缺锌、缺硼现象突出，应抓紧补充锌肥和硼肥，每亩施锌肥1kg，硼肥（硼砂）不低于0.5kg。④补充营养、刺激生长：马铃薯遭受严重霜冻后，植株茎叶枯死，仅茎基部主茎侧芽还有生命力，如出现此情况，用剪刀剪去主茎及叶片，用赤霉素15~20ppm的溶液对塘喷施，促进早生快发，侧芽萌发后，及时补充作物营养，每亩追施尿素10kg，可实现处理比不处理亩增产25%左右。

7. 及时收获出售：冬早马铃薯成熟后，要抓住有利时机，叶片略黄，及时进行采挖，进行分级销售，取得好效益。

适宜区域：适宜云南冬季马铃薯种植区域以及气候条件相类似地区。

技术依托单位：曲靖市农业科学院

低纬高原大春马铃薯抗旱集成技术

技术概述：大春马铃薯种植海拔2000~2700m。冬春季干旱少雨，夏季高温多雨或少雨寡照，病虫害突出，严重影响马铃薯的生产。低纬高原大春马铃薯抗旱集成栽培具有出苗整齐、大中薯比例高、产量高等优点，亩增产10%以上。

增产增效情况：2005~2012年，曲靖市大春马铃薯抗旱集成栽培技术，已成为曲靖市大面积集成推广技术，累计推广面积668.13万亩，仅2010~2012年两年累计推广370万亩，新增总产量75544.182万kg，新增总产值113316.273万元，新增纯收益96735.723万元。2012年该技术播种面积已占曲靖市大春马铃薯播种面积61.4%，占纯种面积90%。

技术要点：

1. 精细整地：马铃薯是浅根作物，用块茎播种后长出的须根穿透力差，大多分布在15～30cm深的土层。在块茎播种后出苗前，根系在土壤中发育得愈好，幼苗出土后植株长势就愈强，产量也就愈高。特别是早熟种的根系一般不如晚熟种发达，而且分布较浅。所以，整地质量直接影响块茎生长，精细整地、深耕、高垄是保证马铃薯高产的基础。据此，应选择耕层深厚、土壤疏松、肥力中等以上、排灌方便、光照充足的地块，深耕25～30cm，两犁两耙，人工镇压碎垡，做到土壤疏松，土垡细碎。

2. 品种选择及种薯：选择审定过的"会-2号、合作88号、滇薯6号、丽薯6号、宣薯2号、中甸红、威芋三号、靖薯1号、靖薯2号"等品种。选择脱毒健康种薯、选择种薯单个重在50～100g、选择单株结薯个数达到5～7个，80g以上商品率达到74%以上。种薯处理：在头年种薯收获后，平铺2～3层在楼板上，在散射光条件下培育短壮芽，利于种薯营养消耗少芽壮，播种后出苗快且出苗粗壮。

3. 适时播种、合理密植，平播起垄。大春马铃薯2～3月播种，高垄双行栽培采用1.2m复合带（小行40cm、大行80cm），塘距28～32cm，3500～4100塘/亩的密度播种为宜，播种深度以15～20cm左右为宜，马铃薯出苗后，幼薯期起垄，培土。

4. 合理施肥：一般亩施腐熟农家肥1500kg，测土配方肥N（7.774～15.134kg/亩）、P_2O_5（12.384～12.704 kg/亩）、K_2O（14.35～19.75 kg/亩），混配肥120～150kg，农家肥盖塘、化肥作底肥一次性施用。

5. 整薯播种：整薯播种可避免病毒病和细菌性病害通过切刀传病，避免腐生自侵入切面造成切块腐烂缺苗。整薯播种催芽后出苗整齐，植株间结薯时期比较一致，生长的薯块整齐，商品薯率高。同时，比切块播种抗逆性强、耐干旱、病害少，增产潜力大，有利于高产。整薯播种的薯块一般用50～100g的种薯整薯播种较适宜。

6. 加强中耕管理：①及时培土，厚培土壤，为避免生长前期匍匐茎伸出地面（外露）变成普通枝条或结薯后块茎外露变绿，人、畜食后中毒，在马铃薯生长前期要及时培土。结合中耕除草进行培土，要求培土2～3次，培土垄高25cm以上。厚培土，土温稳定，可以减少畸形块茎产生，还可防止晚疫病的孢子从皮孔大量侵入块茎内部造成病薯或腐烂。②加强晚疫病防治：雨水过多的年份，主要以药剂防治为主，一般选用600～800倍液的甲霜灵锰锌，每隔7～10d喷d一次，3次防治效果较好。 控制徒长：植株高大的品种，雨量充沛会产生徒长，当冠层覆盖度达95%时选择晴天叶面喷施浓度为万分之二的多效唑溶液，防止植株倒伏，确保高产稳产。

7. 适时收获：种薯在成熟度达95%时收获；商品薯或食用成熟后收获；薯块膨大期较晚的品种，植株充分成熟后收获，晴天收获，防止烂薯。

适宜区域：适宜大春马铃薯地区推广。

技术依托单位：曲靖市农业科学院

冬季马铃薯单垄双行规范化栽培技术

技术概述：冬马铃薯种植区域，根据不同地区的种植习惯和机械应用方式，主要有高垄多行、双行、单行等种植技术模式。双行种植可增加种植密度，薯块大小均匀，绿薯少，商品率高；较适应中小型机械开沟播种、田间管理和收获。

技术要点：

1. 选择适宜冬马铃薯种植的田块：排灌方便、土层深厚、土质肥沃的砂壤土。

2. 整地：选择前茬为水稻、地势平坦、肥力中上等、排灌方便的田块；采用大型拖拉机进行一犁两耙，达到田平土细。

3. 水旱轮作、提早晒田、精细整地：水稻收获后时进行机耕，深耕 25～30cm，达到田平、土细的要求。

4. 施足基肥、深施底肥、增施农家肥：亩施腐熟的农家肥 1000～1500kg、复合肥（N：P：K 比为 14：7：13）80kg、磷肥 40kg、尿素 20kg、硼砂 2kg、混合施于播种沟底层作基肥。

5. 适宜播种密度、双行规范条播、适时播种：每亩播种量为 160kg，每亩播种密度 4000 株。双行条播，机械开犁播种沟，沟深 30cm，播种大行距 80cm，小行距播种沟宽 40cm，双行条播，深播种 20cm，株距 25cm，盖土后理好排水沟。播种时间：10 月底至 11 月中旬。

6. 加强田间管理，适时防治病虫害。冬马铃薯病害主要有晚疫病、早疫病，虫害主要有地下害虫和蚜虫等。采取选用抗病虫品种、种薯检验检疫、轮作换茬、合理水肥管理和使用化肥、杀虫灯、性引诱剂、黄板诱捕和银灰膜驱避等物理手段、化学农药防治等综合防治方法，提倡治小治早、保护性防治，齐苗后，苗高 10～15cm 及时中耕除草，清理行间垄沟进行培土，根据田间持水量情况适时灌水，速灌速排，避免淹墒和积水过多。

7. 适时收获，机械收获。

适宜地区：适宜德宏冬马铃薯产区及同类型气候条件的地区。

技术依托单位：德宏州农业技术推广中心

冬季马铃薯大垄双行膜下滴灌节水栽培技术

技术概述：近年干旱已成为制约西南大部分区域冬早春马铃薯生产的瓶颈。该技术针对干旱条件下冬早春马铃薯高垄覆膜栽培方法存在的问题，将大垄双行、地膜覆盖、滴灌技术有机结合的一种节水灌溉技术，特别在干旱、半干旱地区效果尤为显著，具有节水、省工、增产增效的优点。

增产增效情况：总灌水量为 171m³/亩，较沟渠灌水量 320m³/亩节水 149m³/亩，节水达到 46.6%。节省 2 个劳动力，滴灌带、管的物质投入仅为 280 元/亩。经现场实收测产，采用膜下滴灌技术的"合作88"和"云薯902"的产量分别达到了2328kg/亩、2105.6kg/亩，商品薯率分别为70.9%、80%，其中采用膜下滴灌技术的云薯902比沟灌对照增产95.5%，商品薯率增加23.3%。2014年小百户镇中坝村膜下滴灌丽薯6号300亩，采用滴灌的两家农户马铃薯产量要显著高于采用沟灌的农户，增幅分别为35.83%和23.45%，平均增产29.64%，平均产量为4436.16kg/亩，比对照3421.90kg/亩增产1014.25kg/亩。

技术要点：

1. 种薯选择及处理：因地制宜选用早熟、抗逆性强、高产、优质的脱毒种薯，在播种前10～15d将种薯从仓库取出，剔除病、虫、烂薯，放置在室内催芽，播前2～3d将大于75g的薯块进行切块处理，每个切块应含2个芽眼，切块后的薯种用石膏粉加农用链霉素加多菌灵，三者比例为90∶5∶5，均匀拌种，药薯比例为1.5∶100，并进行摊晾，使伤口愈合；

2. 播种：在12月底至1月初播完，采用大垄双行种植，可人工开沟也可畜力开沟，大行距70cm，小行距40cm，垄上种植2行马铃薯，株距为30cm，种薯摆放以后将农家肥和化学肥料作为基肥一次性深施，其中每亩农家肥用量为1000kg、尿素20kg、过磷酸钙75kg、硫酸钾复合肥40kg、硼肥2kg。播种施肥后起25cm左右的高垄，使垄面呈浅U形。

3. 滴灌设备铺设及地膜覆盖：依次铺设输水主管、分管、滴灌带；输水主管设置在滴灌系统中间，分管布在垄面上，分管上连接滴灌带，滴灌带沿垄体向两边延伸，将滴管带铺设在每一垄面的中间，将滴头与马铃薯植株一一对应，滴灌带拉直，不能打折，滴头朝下，整理滴灌带的同时在垄面上覆盖地膜，覆膜前，喷施除草剂，地膜选用100cm幅宽的塑料薄膜，进行人工覆膜，做到膜面覆土严实，均匀；

4. 出苗前田间管理：播种后10～15d滴灌出苗水，打开滴管系统灌溉2～3h，滴头流速控制为3L/h，至土壤相对含水量达到60%，以利于马铃薯早出苗、出苗齐、出苗率高。

5. 出苗后田间管理：①马铃薯出苗后及时进行破膜引苗，以避免幼苗被高温灼伤，苗期要求每天放苗，直到幼苗出齐；②适时灌水：在灌水时除须掌握马铃薯品种需水特性外，对生育阶段、土壤类型、降雨分配及产量水平进行综合考虑，马铃薯生育阶段不同，对土壤含水量的要求也不同，幼苗出土至团棵时期适宜的土壤含水量为60%～65%；发棵期至结薯期适宜的土壤含水量为75%～80%，结薯后期适宜的土壤含水量为60%～65%，出苗后根据幼苗生长情况、土壤湿度状况、气候状况及时进行灌溉，灌水周期可控制在7～10d左右，马铃薯全生育期灌水8～10次，灌水量约为150～180 m^3/667m^2。最后进入常规管理和收获。

适宜区域：云南省冬早春马铃薯适播区以及气候条件相类似地区。

注意事项：滴头与马铃薯植株一一对应，滴头间距与马铃薯株距均为30cm；马铃薯出苗水在播种后10～15d进行滴灌，滴头流速控制为3L/h；出苗后及时进行破膜引苗，以避免幼苗被高温灼伤；各生育阶段适宜的滴水量为：幼苗期至团棵期适宜的土

壤含水量为 60%~65%，发棵期至结薯期适宜的土壤含水量为 75%~80%，结薯后期适宜的土壤含水量为 60%~65%。

技术依托单位： 云南省农业科学院经济作物研究所

附录3 云南马铃薯高产创建典型案例

案例1：

创建点：云南省曲靖市宣威市宝山镇

创建类型：马铃薯高产创建整建制推进试点乡

种植规模：10035亩

核心技术：采用"中早熟品种+高垄双行密植+适时播种+专用肥和农家肥施足底肥+摘花摘果+适时追肥+培土除草+防治晚疫病+适时收获"。2013年项目实施时无播种和收获机。深松整地示范区有农机40马力21台，90马力18台。部分耕地以畜力翻犁、种植为主。种植地块于冬前翻犁、耖耙、整细。

选用优质种薯。选用宣薯2号。种薯单薯重200至300g，播种量3600kg/hm²。种薯保持2~3个芽眼切块播种。

配方施肥。亩施腐熟农家肥2000至2500kg、马铃薯专用肥100kg作底肥。

适时播种、合理密植。2月10日至3月10日全部种植结束。采用高垄双行条播，播幅1.4m，即：大行1m，小行0.4m，塘距0.25m，播57000塘/hm²。

锄草培土起垄。马铃薯齐苗一周后，选择晴天锄草，除草后，每隔10至15d培土一次，共计培土3次，使垄高达20cm以上。

摘除花蕾和浆果，防治晚疫病。盛花期重摘一次，隔10至15d后再彻底摘除一次。用银发利、大森、甲霜灵锰锌等防治马铃薯晚疫病。

注意排涝、适时收获。沟内分段阻隔，让雨水就地储存渗透。马铃薯大部分叶片枯黄后，及时收获。

成本收益：总产量28700t，亩单产2859.42kg，销售收入3444万元；生产总成本1064万元。其中化肥、种子、农药等物化投入683万元、人工及农机成本费241万元（农机购置户为其他农户进行有偿服务，机耕费用1200~1500元/hm²），租地成本140万元，净利润2380万元，平均利润35565元/hm²。

案例2：规模化增收典型

创建点：昆明市寻甸县六哨乡

创建类型：马铃薯高产创建整乡整建制推进项目2000hm²，辐射带动全乡3000hm²马铃薯生产。

主要技术措施：推广适宜本地种植的高产优质品种："青薯9号""宣薯2号""昆薯2号""滇薯6号"。

推广优质脱毒种薯，精选种薯。

合理密植，适时播种。实行起垄双行地膜覆盖高产栽培技术，播种 66000 株/hm^2，为了预防 3 月中下旬的倒春寒，播种时不盖膜，待 3 月底出苗后灌溉后覆膜，这样可以减少人工破膜，地膜提高土温的同时又保住水分，促进苗期生长迅速，提早收获上市，获得较好的价格。

测土配方、合理施肥。按土壤养分含量测土配方施肥，适当减少氮肥、普钙的用量，增施钾肥、有机肥，达到节本增效。每公顷施农家肥 22.5～30t，马铃薯专用肥 2.4t 或碳铵 1.32t、普钙 1.5t、硫酸钾（N：P：K=10：10：8）0.36t。

防治病害。从发现中心病株开始第一次防治喷药，每隔 7～10d 喷一次，连续喷 3～4 次。

市场营销：项目所选择的主要品种："青薯 9 号"皮色肉色均与"合作 88"相似，适合云南传统的马铃薯消费习惯，每吨销售价格均比白皮、黄皮品种高 300 元左右，曾一度高达 2000 元/t，每公顷产值达到 6 万多元。

取得效果：项目经组织专家现场实地测产验收，示范区马铃薯平均，每公顷为 35.04t，比非示范区每公顷增 7.5t 以上，全乡 3000hm^2，新增马铃薯 22500t，以当地当时价格 1.8 元/kg 计算，每公顷多收益 13500 元，合计新增产值 4050 万元。此项目的实施，对当地农业增收农民增效起到很好的促进作用。

案例 3：
创建点：云南省会泽县火红乡
创建类型：马铃薯高产创建万亩示范片
种植规模：10400 亩
核心技术：主要采用"早熟品种+高垄双行抗旱栽培+测土配方施肥+病虫害综合防治"技术。项目区有大型拖拉机 1 台，微型拖拉机 3 台。

应用良种。选用早熟品种"会-2 号"50～100g/粒脱毒良种整薯播种，以提高出苗率和抗病能力，从根本上保证产品质量和产量的形成。

适时早播，规范化抗旱栽培。本典型最佳播种节令为雨水—惊蛰节令，确定播期为 2 月 15 日～3 月 10 日（用牛开沟播种）。

播种规格：（80cm+40cm）/2×28cm 平墒双行种植，种植密度约 4000 塘/亩。出苗后至封行前，结合中耕除草进行 2～3 次培土（齐苗后进行第一次浅培土，现蕾期进行第二次培土，封垄前进行第三次培土，用牛把大行土壤翻耕培到小行，使小行形成垄），形成垄高达 25cm 以上的高垄双行种植模式。

测土配方科学施肥。有机肥料和氮、磷、钾肥配合施用，重施底肥，视苗情巧施追肥。播种时，每亩施用有机肥 1500～2000kg、氮磷钾比例为 10：10：10 的马铃薯专用复合肥 80～100kg，做底肥一次性施入。

适时防治晚疫病。6 月中下旬，每亩喷施银发利 75g+安泰生 150g，进行晚疫病防治。

成本收益：总产量 2851.84 万 kg，亩单产 2742.15kg，按市场平均价格 1.2 元/kg

计，共收入 34216000 元；成本 16640000 元，其中化肥、种子、农药等物化投入 7800000 元、人工成本 4680000 元，租地成本 4160000 元，净利润 17436000 元，亩均利润 1676.54 元。

案例 4：
创建点：云南省石屏县异龙镇
创建类型：冬马铃薯高产创建万亩示范片
种植规模：11223.4 亩
核心技术：统一品种+统一机耕+合理密植+配方施肥+统一病虫害防治+适时收获。农户在种植中采用动力机械翻犁，小型微耕机理墒、开沟。

品种选择。根据近年来的试验示范经验及市场需求，品种选用"丽薯 6 号"和"宣薯 2 号"。

精细整地。前茬作物收获后，及时排水翻犁晒垡，统一机械精细整地，耕作层不低于 30cm，做到墒平、土细、土层疏松，沟直、沟沟相通、能排能灌。理墒前每亩用 60%铜钙多菌灵 1kg 和 45%敌克松 1kg 兑水 60kg，用喷壶喷浇墒面进行土壤消毒，土壤处理后，2m 开墒，墒宽 1.6m，沟宽 40cm。

适期播种，合理密植。播种时，统一种子处理在做好催芽、切种、种子消毒（100kg 种薯用滑石粉 1.35kg+70%甲基托布津可湿性粉剂 75g+农用链霉素 75g 混合后拌种）后于 12 月中旬前播种。

种植规格：（37×40）cm、（33×40）cm、（30×40）cm。每亩种植密度控制在 4500~5500 塘之间，即高肥力田块亩播 4500~5000 塘，中等肥力田块每亩播 5000~5500 塘。

底肥：统一配方施肥。每亩施腐熟农家肥 1000kg 以上、过磷酸钙 100kg、三元复合肥（15：15：15）30~40kg 在理墒前作全层肥施用；追肥：出苗后 10d 左右用清粪水加尿素 10kg/亩追施，现蕾 10%追尿素 10~15kg/亩、硫酸钾 15~20kg/亩，薯块膨大期用磷酸二氢钾 0.2kg/亩兑水喷 2~3 次。

全生育期间，土壤湿度保持在田间最大持水量的 60%~80%最为适宜。同时在齐苗后适当深耕培土，第二次在现蕾封行前进行大培土，尽量培宽培厚，以利于结薯，防止薯块外露影响品质。

统一病虫害防治。贯彻"预防为主，综合防治"的方针，实施保健栽培，物理与化学防治相结合，有效控制病虫害。主要病害有早疫病、晚疫病、疮痂病、青枯病、软腐病等，虫害主要是地老虎、斑潜蝇等。

（1）早疫病、晚疫病防治：发现病株立即拔除并销毁，同时将其周围植株上的病叶去除就地深埋，在距中心病株 30~50cm 内立即喷洒 1000 倍硫酸铜溶液保护，在发病初期每亩用银法利 75mL 或杀毒矾 100g 防治。

（2）青枯病防治：一是精选健康种薯；二是实行轮作换茬；三是及时连土挖起病株带出田间深埋。

（3）疮痂病防治：选用无病种薯，一定不要从病区调种。播种前用 40%福尔马林

120 倍液浸种 4 分钟；多施有机肥或绿肥；进行轮作换茬，与葫芦科、豆科、百合科蔬菜进行 5 年以上轮作。选择保水保肥性好的地块种植，积薯开花期遇干旱及时灌水；在发病初期用硫酸链霉素或 72%农用硫酸链霉素可溶性粉剂 4000 倍液或 25%络氨铜水剂 500 倍液、50%百菌通可湿性粉剂 400 倍液灌根，每株灌对好的药液 0.3~0.5L，隔 10d1 次，连续灌 2~3 次。

（3）地老虎防治：每亩用 5%二嗪磷 1~2kg，播种前撒在播种沟内防治或用百事达 800~1000 倍液喷杀。

（4）斑潜蝇防治：每亩用 3.2%阿维菌素 30ml 或 90%灭蝇胺 30g 防治或用黄牌进行诱杀。

适时收获。马铃薯在茎叶自然落黄，大部分干枯后收获，或根据市场行情进行采用收。

成本收益：通过连续三年组织实施了冬马铃薯高产创建示范，示范区实现了冬马铃薯产量连年增收，产量分别为 2170.7kg、2512.9kg、3206.8kg。2013 年亩产鲜薯 3206.8kg（其中：150g 以上商品薯 2963.2kg，非商品薯 243.6kg），按市场收购价 3.5 元/kg 计，亩收入 10371.2 元；亩成本 4070 元，其中化肥 760 元、种子 560 元、农药等物化投入 550 元、人工成本 2200 元，净利润 7072.09 万元，亩均利润 6301.2 元。

案例 5：
创建点：云南省陆良县芳华镇、小百户镇
创建类型：冬马铃薯高产创建万亩示范片
种植规模：22900 亩
核心技术：选用脱毒良种+高垄栽培+地膜覆盖+测土配方施肥+抗旱防冻，合理灌溉+病虫害综合防治+收获分级。示范户配有大小拖拉机 2 台用于整地。

良种选用。芳华片选用"丽薯 6 号、合作 88 号"，炒铁片选用"丽薯 6 号、会-2 号"，种薯全部采用脱毒良种。

高垄栽培。本典型采高垄四行栽培方式，规格为（45cm+45cm+45cm+45cm）/4×35cm，亩播 4200 塘，播种时采取整薯深播，保证出苗。芳华片于 2012 年 12 月 25~30 日播种，炒铁片区于 2013 年 1 月 3~8 日播种。播种后 10~15d，用地膜覆盖，以达到抗旱增温保墒效果。

测土配方施肥。增施农肥，亩施农家肥 2000~2500kg，马铃薯专用肥（16：9：10）80kg。

抗旱防冻，合理灌溉。出苗期根据土壤墒情酌情灌水，及时引苗覆土，抗旱防冻确保苗全苗壮。块茎形成期和膨大期，加强水分管理，做到"稳、匀、足、适"。马铃薯整个生育期间，采用自流灌溉、抽、拉、提、堵共灌水 8~11 次。

病虫害综合防治。根据监测、统防统治工作。在苗期和初花期，每亩用吡虫啉 10g、康福多 15g 防治蚜虫和潜叶蝇 2 次，每亩用银法利 75mL 或杀毒矾 100g 防治马铃薯青枯病和晚疫病各 1 次。

成本收益：芳华镇示范区加权平均亩产 2383.2kg；小百户镇炒铁示范区加权平均亩产 2683.9kg。两片区加权平均亩产 2540.77kg，按市场价 2.5 元/kg 计算，亩收入 6351.93 元，其中化肥、种子、农药等物化投入 580 元、人工成本 700 元，亩净利润 5071.8 元。

案例 6：
创建地址：云南省芒市轩岗乡
创建类型：冬马铃薯高产创建万亩示范片
种植规模：11275 亩
核心技术：优良高产品种+种薯处理+高垄双行栽培+测土配方施肥+地膜覆盖+病虫害综合防治+适时收获。示范户自有手扶式小拖拉机 1~2 台，部分农户还购置了大型四轮拖拉机，用于整地。

推广优质高产品种。采用"合作 88"和"丽薯 6 号"脱毒种薯。

种薯处理。9 月份购进冬马铃薯种薯，平放在楼板或干燥的地上至出苗。播种前 3d 选择薯形规整、无病斑、无腐烂、薯皮光滑的壮龄薯，大薯切块，每薯块留 2 个健康的芽，若切块时发现黑心病，环腐病的薯块则淘汰，切块后用雷多米尔和农用链霉素喷切口，小薯不切块直接整薯播种。

高垄双行栽培。选择地势平坦，土层深厚，透气性好，质地疏松的砂壤田种植马铃薯，采用拖拉机翻、犁、耙，大田整地要求深耕细耙，然后人工开沟作墒，墒宽 80cm、沟宽 30cm，开墒后播种，要求垄高 30cm、行距 40cm、株距 30cm，亩植马铃薯 4000 株。

测土配方施肥。根据土壤养分情况和冬马铃薯需肥规律，一次性施足底肥，适时追肥，建立光、热、水、气、肥协调的土壤环境。每亩底肥用硫酸钾复合肥（N∶P∶K＝15∶15∶15）50kg、硼肥 2kg、钙镁磷 40kg、腐熟农家肥 1500kg，中耕培土时视苗情亩施尿素 10~15kg。

地膜覆膜。追肥培土后覆膜。覆膜时先将膜拉在马铃薯墒面，破膜引苗，最后用土压紧四周和破膜口。盖膜的质量要求：膜要摆平、拉直、拉紧、贴紧墒面，然后用细碎的泥土把四周压紧压实，保湿增温。

病虫害综合防治。实行水旱轮作，清理好田间沟渠，控制好水分，灌浅水，减少病虫害的滋生场所。

冬马铃薯主要病害有晚疫病、花叶病、青枯病等，具体防治措施为：马铃薯齐苗后，喷"安泰生"或"金雷"预防晚疫病的发生，晚疫病发生后，必须用克露、烯酰吗啉、银法利等药剂交替使用，每 5~7d 一次，连续三次。花叶病采用病毒灵、小叶灵防治，青枯病可采用农用链霉素、加收米防治。

主要虫害有金针虫和地老虎，可在播种时用辛硫磷或毒死蜱防治或高效低毒低残留的药剂进行灌根，切忌用高毒高残留农药，如甲拌磷、甲胺磷等，还应控制斑潜蝇、蚜虫、吊丝虫等对植株的危害。

适时收获。马铃薯成熟的主要标志是植株衰老变黄或干枯。一般早上采挖，在地面上晾晒至下午 5 点后，开始分级包装。

成本收益：冬马铃薯总产 2500 万 kg，亩单产 2818.75kg，按每千克 1.97 元计，收入 49337000 元；成本 10148000 元，为化肥、种子、农药等物化投入成本，主要采用换工方式，故不计人工成本，净利润 39189000 元，亩均利润 3475.7 元。

案例 7：
创建点：云南省江川县安化乡、前卫镇、江城镇
创建类型：冬马铃薯高产创建万亩示范片
种植规模：24906 亩
核心技术：采用"适时播种+宽幅精播合理+地膜覆盖+间苗定苗+农药颗粒剂深施"等技术。示范区除整地环节采用机耕外，全部以畜力、人工种植为主。

机耕机耙，提高整地质量。配合种植规划，在水旱轮作，非茄科作物轮作的基础上，通过机械整地，提高整地质量。

适时播种。江川县农业技术推广站根据多年试验示范经验，改良播期。从星云湖、抚仙湖下游顺流区向上游径流区，逐渐推迟。坝区属于下游径流区，最佳播种期在 10 月上旬至 11 月上旬；半山区、山区属于中上游径流区，最佳播种期在 12 月上旬至中旬。

选用优质脱毒种薯。主推"会-2 号、合作 88 号"等。统一从外地繁种基地调种。种薯播种前，经晒种处理后切块，保证每块种薯有 2~3 个芽眼。并根据芽眼的萌发先后，分批分区播种。

精细整地，宽幅精播，合理密植。肥力高的田块，采用 1.5~1.7m 开墒，沟宽 0.3m，沟深 0.4m，开沟条点播，株行距 0.3m×0.3m，播沟深 0.15m，播种密度 6000~6500 株。对于肥力弱的田块，种植规格比上述有所增大。开墒 1.8~2.2m，规格 0.3m×0.4m，播种密度 5500~6000 株。

测土配方，改良施肥。在测土配方的基础上，氮、磷、钾配合，有机肥与无机肥配合，基肥与追肥配合。基肥、农家肥必不可少，每亩施 2500~3000kg；商品肥尿素 20kg、复合肥（15:15:15）80kg、硫酸钾 20kg，普钙 30kg。山区一次性施入。坝区在基肥施入后，苗高 2~3 苔叶时，亩用尿素 10kg，兑水追肥。农药颗粒剂深施综合防治地下及部分地上害虫。

地膜覆盖，间苗定苗，合理灌水。播种后，即覆膜，出苗后进行引苗，并结合间苗定苗，保证每株有一苗，保证以后单株大薯（100g 以上）率提高。地膜覆盖亩产可以提高 10% 左右。出苗前，块茎膨大后期不灌水，整个生育期防止漫灌。出苗后，块茎形成期及地上部分封行、块茎膨大后期为水分临界期，及时灌水。

成本收益：1660.4hm² （24906 亩）高产创建示范，加权平均单产 44.55t/hm² （2970.15kg/667 m²），比当地非示范区平均单产 33.86t（2257.02kg），平均 667m²增产 713.13kg，增产率 31.6%。按 2010 年市场综合价 3.5 元/kg 计，667 m²新增值 2500 元，

共新增总产值 6000 余万元，按扣除亩生产费（新增加农膜、化肥、种子、机耕、培训等补助费）900 元/667 m² 计，亩新增纯收益 1400 元，示范区共计新增纯收益 3494.24 万元，经济效益十分显著。

案例 8：
创建点：云南省迪庆州香格里拉市、维西县
创建类型：马铃薯高产创建万亩示范
种植规模：2014～2017 年累计 30721.5 亩
核心技术：主要采用"适时播种+单垄双行条播+合理施肥+病虫害防治"等技术。
种薯选择：选择抗病、高产、优质的中晚熟品种，如"中甸红、丽薯 6 号、丽薯 7 号"等。播种时应用打破休眠。小薯宜选择 25～50g 的单薯，大薯宜切块，每个切块 30～50g，并保留有 2～3 个芽眼。用 500 倍的百菌清和甲霜灵混合液对种薯进行喷雾拌种，并于晾干。
整地播种：海拔 1400～3100m 之间的冬春作区，选择排水良好，土层深厚，肥力中上的壤土、砂质壤土。前作物以油菜、玉米、青稞、绿肥为宜，不宜茄科作物。上季作物收后，秋季深翻 25～30cm，播前整地，使土壤颗粒大小适合、地面平整。按 100cm×40cm 开播种沟，株距 25cm，双行"品"字型条播，每公顷种植密度达 52500 株以上。
合理施肥：基肥每公顷施充分度腐熟的农家肥 22500～30000kg，N-P-K（15：15：15）的三元素复合肥 450kg。现蕾期每公顷追施 N-P-K（15：15：15）的三元素复合肥 150～225kg、硫酸钾 150～225kg。
中耕管理：马铃薯出苗后，根据田间杂草生长情况进行人工浅锄 1 次，现蕾期进行第二次除草，结合第二次中耕除草进行培土起垄，垄高约 25cm。
病虫防治：通过播期、施肥、中耕管理等栽培措施，调节田间小气候，增强植株抗病虫能力，利用银发利、钾霜磷锰锌等防治 2～3 次晚疫病。
适时收获：马铃薯地上茎叶由绿变黄叶片脱落，茎枯萎，并易与根分离时收获。
成本收益：推广面积达 2048.1hm²，示范区最高单产达 49.13t/hm²，平均单产达到 27t/hm²，较全州马铃薯平均单产 17.33t/hm²，增产 9.68t/hm²。以单产 27t/hm²，单价 1.8 元/kg 计算，每公顷产值达 48600 元，成本投入 27750 元。其中：种子、肥料、植保等农资 15000 元、租地成本 11250 元，农机作业成本 1500 元。每公顷纯收益 20850 元。

云南马铃薯高产典型统计（2005~2017年）

年度	州（市）县	面积（hm²）	品种	单产（t/hm²）	简介
2005~2006	文山州砚山县	40.00	抗青9~1	51.04	抗青9~1。在砚山县维末乡、者腊乡、江那镇、平远镇种植示范样板40 hm²，测产验收3个乡（镇）16户，7413.7m²，产量33045kg/hm²，大中薯率87.8%，小薯率12.2%，其中，最高单株产量1.25kg，最大单薯重0.6kg
2009	丽江市玉龙县	6.80	丽薯6号	40.94	玉龙县太安乡天红村委会花音村，采用垄作密植综合配套栽培技术，小整薯播种；深耕，播前精细整地；合理密植，3800~4200株/667m²；实施测土配方施肥，增有机肥和磷钾肥；统一药剂防治晚疫病。当地平均单产1400kg/667m²。3月中旬播种，9月中旬收获，当地田间销售价0.8元/kg。百亩平均2729.01kg（每公顷40.93515t），高产田块3524.2kg（每公顷52.863t）
2010	临沧市云县	3.20	丽薯6号	52.50	2010年云县爱华镇水磨村杨宇种植3.2hm²，实收总产168t，平均单产达3500kg，以每吨2300元订单销售，总收入38万元，扣除生产成本纯收入达30万元
2011	丽江市玉龙县	6.67	丽薯6号	46.48	玉龙县太安乡天红村委会花音村，采用垄作密植综合配套栽培技术，小整薯播种；深耕，播前精细整地；单垄密植，高垄培土，3800~4000株/667m²，2次中耕培土后形成25cm的高垄；实施测土配方施肥，增有机肥和磷钾肥；综合防治晚疫病；充分使用小型农机。当地平均单产1500kg/667m²。3月中旬播种，9月中旬收获，当地田间销售价1.6元/kg。丽薯6号种薯4.0元/kg。百亩平均3098.8kg（每公顷46.482t），高产田块实产验收3812.3kg（每公顷57.1845t），创丽江马铃薯高产纪录

续表

年度	州（市）县	面积（hm²）	品种	单产（t/hm²）	简介
2012	玉溪市江川县	11.28	合作88、会-2	48.02	前卫镇渔村、石河村委会，海拔在1720m至1890m，土壤为砂壤土。马铃薯脱毒高产抗病品种+宽墒密植覆膜栽培+晚疫病防控+人工收获+残膜回收。宽幅播种，1.8~2.2m开墒，株行距0.3m×0.35m，密度6000~6500株；基肥：每667m²施农家肥1500kg，马铃薯配方专用基肥（N：P₂O₅：K₂O=18：6：9）90~100kg/667m²，2012年玉溪市江川县平均单产为2024kg。播种时间为2011年10月下旬至12月下旬；收获时间为2012年4月上旬至下旬，当年马铃薯平均单价为1.9元/kg
2013	文山州丘北县	0.05	宣薯2号	51.04	丘北县平寨乡平寨村李恒周，在寨子边的冬闲田里，种植宣薯2号，面积467m²，2012年12月12日播种，用玉米草和稻草混合覆盖，2013年4月19日，农业部门组织测产验收，666.7m²产量3402.7kg，最大薯块重550g，薯块大，单价高，6元/kg
2013	玉溪市江川县	8.00	合作88、丽薯6号	51.83	前卫镇渔村村委会。脱毒高产抗病品种+宽墒密植覆膜栽培+晚疫病防控+夜间覆盖黑色遮阳网防止霜冻+人工收获+残膜回收。密度6000~6500株；施农家肥1500kg/667m²，马铃薯配方专用基肥90~100kg/667m²，视苗情追施1~2次肥，第1次在苗高10cm左右，用马铃薯专用配方追肥10~12kg/667m²兑水浇施；播种后及时覆膜；在出苗时及时引苗，每塘留1苗；12月下旬至翌年2月份期间，夜间覆盖遮阳网防止霜冻。江川县平均单产为2140.10kg。播种时间为2012年10月下旬至12月下旬；收获时间为2013年3~4月，当年马铃薯平均单价为3.50元/kg
2013	迪庆州香格里拉	50.00	丽薯7号	57.95	尼西乡，海拔1700m，土壤为砂壤土，当地平均单产为31500kg/hm²，11月下旬播种，次年6月下旬收获
2013	红河州建水县	6.67	合作88	82.61	甸尾乡，海拔1440m，砂壤土，"十统一"技术模式，单产3880kg，播种时间12月中旬，4月中旬收获，平均价2.8元/kg

续表

年度	州（市）县	面积（hm²）	品种	单产（t/hm²）	简介
2013	红河州石屏县	6.67	丽薯 6 号	76.14	异龙镇，海拔 1400m，草碳土，"十统一"技术模式，单产 3800kg，播种 11 月底至 12 月中旬，4 月上旬收获，平均价 2.8 元/kg
2013	曲靖市罗平县	733.33	宣薯 2 号、宣薯 5 号、青薯 9 号	31.59	马街镇的铁厂、宜那、支壁、阿东四个村会，海拔在 1700~2150m，土壤为红壤，高垄双行种植模式，播种时期为 3 月下旬~4 月上旬，收获 7 月中下旬。示范区平均 667m² 产 2106kg，非示范区平均每 667m² 产 1853kg，示范区比非示范区增产 13.65%
2013	临沧市双江县	0.53	丽薯 6 号	48.00	沙河乡允俸村李正强种植 0.53hm²，实收总产 25.6t，平均单产 3200kg，以每吨价格 3000 元订单销售，纯收入达 6 万元
2013	临沧市双江县	0.73	丽薯 6 号	63.00	勐库镇忙那村张宏权户种植 0.73 hm²，实收总产 46.2t，平均单产 4200kg，以每吨价格 3000 元订单销售，纯收入达 10 万元
2014	玉溪市江川县	8.27	丽薯 6 号	59.09	前卫镇渔村村委会十组，海拔在 1710m 至 1720m，土壤为砂壤土。马铃薯高产技术模式为：脱毒高产抗病品种+宽墒密植覆膜栽培+晚疫病防控+夜间覆盖黑色遮阳网防止霜冻+人工收获+残膜回收。1.8~2.2m 开墒，株行距 0.3m×0.35m，密度 6000~6500 株；农家肥 1500kg/667m²，马铃薯配方专用基肥 100kg/667m²，追施 1~2 次肥，江川县平均单产为 39.07t/hm²。播种时间为 2013 年 11 月下旬至 12 月下旬；收获时间为 2014 年 4 月中旬至下旬，当年马铃薯平均单价 2.80 元/kg
2014	普洱市景东县	6.67	丽薯 6 号	60.00	文井镇文化村 11 组，海拔为 1159m，11 月播种，次年 3 月~4 月收获，主要采用高垄双行覆膜栽培技术，平均 667m² 单产达 4000kg，按单价 2.5 元计，每 667m² 产值达 1 万元。采用高垄双行或小墒四行、配方施肥、地膜覆盖种植，大行距 60cm，小行距 50cm，株距 27cm，每 667m² 播 4500 株，出苗成株率 95% 以上，667m² 有效株数不少于 4300 株。在种植前清理好田块四周排水沟，拉线按 1.1m 分垄，垄面宽 0.8m，沟宽 0.3m 或 2m 拉线分墒，墒面宽 1.6m，沟宽 0.4m。播种时先开 20cm 的宽幅播种沟，芽眼向上的摆放好种薯，亩施农家肥 1.5t、硫酸钾 30kg、钙镁磷 40kg、尿素 30kg、硫酸锌 0.8kg、硼砂 1kg

续表

年度	州（市）县	面积（hm²）	品种	单产（t/hm²）	简介
2014	普洱市景东县	0.13	丽薯6号	68.80	文井镇文化村11组，海拔为1159m，实施百亩马铃薯连片种植，11月播种，次年3月~4月收获，主要采用高垄双行覆膜栽培技术，经测产，平均667m²单产达4000kg，按单价2.5元计，每667m²产值达1万元。最高单产为李生华家种植的0.13hm²（2亩），达4586.9kg，刷新了普洱市马铃薯最高单产记录。采用高垄双行或小墒四行、配方施肥、地膜覆盖种植，大行距60cm，小行距50cm，株距27cm，每667m²播4500株，出苗成株率95%以上，667m²有效株数不少于4300株
2014	德宏州盈江县	7.67	丽薯6号	54.43	旧城镇弄罕村开展了丽薯6号的核心示范，面积7.67hm²（115亩），涉及农户22户。眼留生的0.16hm²（2.4亩）马铃薯生产田块测产结果显示：平均亩产3628.9kg，商品薯92.1%，平均每667m²产值达到10676.2元。整个核心区内平均每667m²产马铃薯3070kg，总产量353050kg，总产值达到88.26万元
2014	保山隆阳区	0.05	丽薯7号	59.40	丙麻乡秀岭村二组李艳农户0.053hm²（0.8亩），2014年5月1~2日，收购商到秀岭村收购马铃薯时，向该农户现场收购0.3kg以上大薯2697kg，以每千克2元出田价付给李艳农户现金5395元，折合667m²产值6744元；0.2~0.3kg中薯330kg，以每千克1元出售，收入330元；0.2kg以下小薯140kg未出售。李艳农户0.053hm²（0.8亩）土豆田共收获马铃薯3167.5kg，每667m²折合3959.5kg（3.96t），出售马铃薯收入5725元，折合每667m²产值7156元，商品薯率95.6%
2014	保山腾冲县猴桥镇	0.08	丽薯6号	50.19	永兴村二社农户邵维开，马铃薯套种玉米，面积0.08hm²（1.2亩），品种丽薯6号，产量3346kg，商品薯率90%，商品薯3011.4kg，按市场售价每千克2元，收入6022.8元，收获玉米425kg，按市场售价每千克2.1元，收入892.5，两项合计收入6915.3元

续表

年度	州（市）县	面积（hm²）	品种	单产（t/hm²）	简介
2014	曲靖市罗平县	724.33	宣薯2号、宣薯5号、青薯9号	34.57	马街镇的荷叶、扯土、铁厂、松毛四个村会，海拔1770~2136m。平均单产2304.6kg/667m²，比非示范区平均每667m²产2273.5kg。播种时期为3月下旬~4月上旬，收获7月12~19日，统一规划、统一品种、统一规格、统一节令、统一供肥、统一病虫害防治
2014	曲靖市陆良县	33.33	丽薯6号	66.54	小百户镇中坝片、三岔河镇万清片种植冬马铃薯膜下滴灌示范，全生育期共灌水7~8次，总灌水量为90~100m³，较传统沟渠灌溉每667m²节水200~210m³，节水65%~72%。实现最高单产4648.1kg，示范区平均每667m²产4436.16kg，较传统沟灌平均每667m²产3421.9kg，每667m²增产1014.25kg，增29.6%，商品率提高9.6%
2014	德宏州陇川县	9.00	云薯401	53.04	城子镇姐乌乡，采用大垄双行膜下滴管栽培技术，原种；当地平均单产2.5t。当年示范面积13.3hm²（200亩），11月15日播种，3月10日收获。实测面积666.7m²
2015	楚雄州南华县	28.00	丽薯6号、丽薯7号	49.18	沙桥镇于栖么、石桥河村，海拔2350m，土壤肥力上等。高产栽培集成技术：①选用良种：选用产量高、品质较好的丽薯6号种植。②科学施肥：整地时667m²施农家肥2000kg作底肥、播种时667m²施马铃薯专用复合肥80~120kg作塘肥。③合理密植：采用地膜覆盖栽培，按小行距40cm，株距22~25cm，每667m²播种4400~5000塘种植。④科学管理：做好查苗补缺、中耕培土、施肥、排水、灌水等。⑤适时收获
2015	德宏州芒市	0.07	丽薯6号	64.25	应用规范化技术在芒市轩岗乡轩蚌村农户李三实施的冬马铃薯高产攻关试验，实收鲜薯每667m²产4283.56kg，比全州最高2013年平均每667m²产3956.2kg，增加了327.36kg，增长了8.3%，创造了新的全州亩产鲜薯新纪录
2015	德宏州芒市、盈江、陇川	20.73	丽薯6号	62.64	在全州主要产区芒市、盈江、陇川进行三个百亩模式攻关示范，面积20.73hm²（311亩），经省级同行专家现场测产，平均667m²产鲜薯4176.1kg，每667m²产值6697.6元。经省科技情报研究院查新，该产量为目前全省百亩平均亩产鲜薯最新纪录

续表

年度	州（市）县	面积（hm²）	品种	单产（t/hm²）	简介
2015	曲靖市宣威市	6.67	85 克疫	68.93	板桥镇永安村，海拔 2150m，土壤中等红壤；侧膜集雨抗旱集成技术（脱毒优良品种、种薯处理、精量播种、测土配方、晚疫病综合防控、侧膜覆盖集雨抗旱栽培）。当地平均单产 1600kg/667m²，3 月 10 播种、收获时间 9 月 10 收获，平均价格 1.2 元/kg 等
2015	曲靖市麒麟区	33.33	宣薯 2 号	44.85	越州海拔 1863m，高垄双行，膜下滴灌，12 月 20 日种，4 月 28 日收，平均单产 2510.3kg，平均价格 1.7 元/kg
2015	曲靖市师宗县	6.67	合作 88、丽薯 6 号	30.00	高良、五龙、龙庆三个乡种植冬早马铃薯合作 88、丽薯 6 号，这三个乡属于低纬度高原河谷槽区，最低海拔 730m；土地多为砂壤土、红壤土、黄壤土，有机质含量高，土壤疏松，土质肥沃，适宜冬早马铃薯生长。种植时间 10 月 20 日~11 月 10 日，3m 开墒，0.4m×0.3m 的种植规格，每 667m² 用种 200kg。主要技术：①种植后开沟理墒方便排水灌水；②加强中耕管理，苗期保持土壤湿润，现蕾期至开花期供给充足水分有利于块茎形成膨大；③病害防治，用银发利+安泰生兑水 45kg 喷雾防治一次；④虫害防治，对地下害虫地老虎、蛴螬、蝼蛄用 40%辛硫磷 100ml/667m²，兑水 40~50kg 喷雾防治。次年 4 月上旬收获，当地常规种植平均每 667m² 产马铃薯 1500kg。市场价 2.5 元/kg
2015	曲靖市马龙县	200.00	青薯 9 号	36.49	月望乡鸭子塘；海拔 2300m；1 月底 2 月初播种，6 月底收获，地膜覆盖窝塘集雨抗旱栽培该技术的推广应用，能有效保证马铃薯苗期水分需求，出齐整齐，播种时间可提前 1 个月，有效避开或减轻了后期晚疫病的危害，收获时间提前，产品提前上市，抢占 6、7 月马铃薯市场空当，市场价格稳定在 1.5 元/kg 以上
2015	曲靖市罗平县	73.87	宣薯 2 号、青薯 9 号、丽薯 6 号	34.97	马街镇的支壁、阿东、铁厂、宜那四个村会，海拔在 1700~2150m，土壤为红壤，高垄双行种植模式，播种时期为 3 月下旬~4 月上旬，收获 7 月中下旬。示范区平均 667m² 产鲜薯 2319.5kg，非示范区平均每 667m² 产鲜薯 2206.9kg，示范区比非示范区增产 5.1%。统一规划、统一品种、统一规格、统一节令、统一供肥、统一病虫害防治

续表

年度	州（市）县	面积（hm²）	品种	单产（t/hm²）	简介
2015	曲靖市会泽县	69.33	会-2号	49.60	迤车镇箐口村，海拔1750m，1月2日完成播种，亩施腐熟农家肥2000kg以上、马铃薯专用复合肥100kg（N：P：K比为13：6：16）、含P2O5为12%的普通过磷酸钙30kg，做基肥一次性施入。播种后起垄，铺设滴灌带（1带2行），及时覆盖地膜。根据土壤墒情，择时滴灌，盛花期（块茎膨大期）加强肥水管理，5月20日收获；大面积生产平均667m²产量2498.3kg。平均价格1.6元/kg
2015	临沧市云县	0.53	丽薯6号	75.00	冬季马铃薯高产创建，临沧市农业局组织市级测产验收小组进行市级复测验收。百亩核心区最高单产为爱华镇水磨村王云飞，种植面积0.53hm²，平均单产突破5000kg，达5078.8kg
2015	昭通市巧家县	13.33	丽薯6号	48.54	大寨乡，海拔1370m，砂壤土。模式为"优质高产脱毒良种+精选种薯+适时播种+药剂消毒浸种防病+机械作业+测土配方施肥+病虫害早期预防及适时防治+适时收获"，套作区模式为"优质高产脱毒良种+精选种薯+适时播种+药剂消毒浸种防病+和玉米实行间套作或轮作+规格化双行垄作+地膜覆盖+测土配方施肥+病虫害早期预防及适时防治+适时收获"。当地平均亩产为1356.89kg/667m²。10月15~10月20日播种，4月1日~4月16日收获，平均价格2.8元/kg
2015	昭通鲁甸县	17.33	云薯505	61.31	水磨镇水铁厂山脚社，新品种云薯505种薯繁育高产示范，海拔2100m左右，土壤为黑砂壤土；采用大垄双行，原种；当地平均单产1.35t，价格1.0~1.1元/kg。3月15日播种，9月24日收获
2016	大理州南涧县	80.53	丽薯6号	78.26	公郎镇回营村，海拔高度1520m，砂壤土；采用高垄双行栽培种植技术模式，其要点：①精细整地，重施基肥；②合理密植，适当稀植；③按芽眼分布切块；④适时播种；⑤防治地下害虫，保证出苗质量；⑥加强苗期管理；⑦加强现蕾开花期管理及病虫害防控工作。当地冬马铃薯平均单产达3931.55kg，播种时间通常在上年的11月中旬~12月中旬，收获时间在次年的4月5日（清明节）前后，平均价格在3元/kg

258

续表

年度	州（市）县	面积（hm²）	品种	单产（t/hm²）	简介
2016	大理州弥渡县	69.73	丽薯6号	75.70	弥城镇夹石洞村，海拔1650m，砂壤土；冬马铃薯种植采用塘播种植技术模式，其要点：①选用优质脱毒种薯；②适当比例的客土改良轮作；③适时催芽、播种、合理密植；④测土配方施肥；⑤病虫害绿色防控；⑥坐实科技培训。当地冬马铃薯平均单产3862kg，播种时间12月份，收获时间在次年的4月（清明节）前后，平均收购价格在3.2元/kg
2016	德宏州芒市	7.00	丽薯6号	53.26	百亩核心示范区。2016年3月4日，经德宏州农业局组织有关专家测产：示范区平均每667m²产鲜薯3550.8kg，商品薯率90.4%，亩产值按当时当地商品薯综合价3.3元/kg计，平均每667m²产值为10592.7元，突破了百亩产值百万元大关
2016	德宏州芒市	0.07	丽薯6号	60.07	轩岗乡轩蚌村实施冬马铃薯高产攻关试验。实收面积0.067hm²（1.01亩），品种丽薯6号，平均每667m²有效株5445株，鲜薯产量4004.6kg，总收入11359.8元。其中：大商品薯2682.9kg，销售收入10463.3元，中号商品薯633.1kg，销售收入823元，小号商品薯244.7kg，销售收入73.4元，非商品薯443.9kg（饲料薯），商品薯率达88.91%。折合平均每667m²产3965kg，每667m²产值11247.3元
2016	昆明市寻甸县	6.67	青薯9号	82.62	联合乡北河村委会，海拔2000m，沙质红壤土，前作玉米，采用优良品种+优质种薯+高垄双行+地膜覆盖+测土配方高产栽培技术模式，1月4~15日播种，6月上旬收获。每公顷播种60000株，按株行距（60+40）cm×33cm在统一种植时间和统一种植规格下完成播种，在测土配方的基础上每公顷施农家肥30000kg，马铃薯专用肥1500kg或碳铵1500kg、普钙1500kg、硫酸钾300kg。通过统一追肥，统一灌水，统一病虫害防治，统一培土和中耕管理等措施，创昆明市小春马铃薯6.67hm²连片种植单产的最高纪录，全乡当年小春马铃薯平均单产30000kg/hm²，平均田间收购价2.00元/kg

续表

年度	州（市）县	面积（hm²）	品种	单产（t/hm²）	简介
2016	曲靖市罗平县	74.67	青薯9号、宜薯2号、宜薯5号	34.95	阿岗镇木冲格、以宜、乐作、阿窝四个村委会；海拔在1800~2100m涉及农户2850户。2016年7月18日至20日进行实收测产，平均每667m²产2329.96kg，比全县平均产量2273.7kg每667m²增马铃薯56.26kg。统一规划、统一品种、统一规格、统一节令、统一供肥、统一病虫害防治
2016	昭通市昭阳区	33.33	青薯9号	59.68	靖安镇西魁梁子，海拔2380m，砂壤土。强化主导品种和主推技术的组装配套，实行"七统一"即统一良种、统一种植节令、统一地膜覆盖、统一规格化种植、统一测土配方施肥、统一病虫防治、统一农机作业。当地平均亩产1856.78kg/667m²。3月1~10日播种，8月17日~9月18日收获，平均价格1.8元/kg
2016	昆明市寻甸县	7.00	云薯105	63.86	寻甸县甸沙乡苏撒城村委会丫巴山村，密植4000株/667m²，机械化操作。采用大垄双行，原种，当年示范面积13.3hm²（200亩），3月8日播种，9月10日收获。实测面积666.7m²
2016	昭通鲁甸县水磨镇	33.33	云薯505	56.26	昭通市鲁甸县水磨镇铁厂吴家村，云薯505种薯繁育高产示范，土壤为黑砂壤土；采用大垄双行，一级种；当地平均单产1.28t，价格1~1.1元/kg。当年示范面积33.3hm²（500亩），3月18日播种，10月10日收获。实测面积806.6m²
2016	建水县曲江镇	0.07	云薯105	55.20	曲江镇馆驿村，引入加工型和鲜食型高产品种到小春作区开展示范，红壤土，采用大墒式种植，种薯为一级种；当地平均单产2.86t，价格4.7元/kg
2017年	丽江市玉龙县	35.33	丽薯6号	49.25	太安乡天红村委会天红村，海拔3000m左右，红壤；采用平播后起垄栽培技术，与油菜、藜麦等作物实行轮作；小整薯播种；深耕，播前精细整地；单垄单行密植平播，3500株/667m²，2次中耕培土后形成25cm的高垄；测土配方施肥，控制氮肥增有机肥和磷钾肥；综合防治晚疫病；充分使用小型农机。当地平均单产2000kg/667m²。3月中旬播种，9月中旬收获，当地田间销售价2元/kg

续表

年度	州 (市) 县	面积 (hm²)	品种	单产 (t/hm²)	简介
2017 年	丽江市 玉龙县	0.07	丽薯 6 号	72.07	太安乡天红村委会天红村，海拔 3000m 左右，红壤；采用平播后起垄栽培技术。与油菜、藜麦等作物实行轮作；选用丽薯 6 号优良品种，小整薯播种；深耕，播前精细整地；单垄单行密植平播，3500 株左右/667m²，2 次中耕培土后形成 25cm 的高垄；实施测土配方施肥，控制氮肥增有机肥和磷钾肥；综合防治晚疫病；充分使用小型农机。当地平均单产 2000kg/667m²。3 月中旬播种，9 月中旬收获，农户杨学源田块经专家实收面积 714m²，创造了亩产 4804.5kg 的高产最新纪录
2017 年	曲靖市 沾益区	45.00	丽薯 6 号	40.93	沾益区白水镇马场、潘家洞村，海拔 2133m、年均温 13.0℃、年均降雨量 1045mm，红砂壤土壤。突破了沾益区常规种植冬马铃薯的海拔上限。集成高垄双行、膜下滴灌、膜上覆土、中棚防寒等高产高效模式，创新节种、节水、节药、节肥、节工等绿色增效技术，实现全程机械化种植。播种时间 2016 年 12 月 10～30 日，收获时间 2017 年 5 月 1～20 日，田间收购价 2.4 元/kg
2017	曲靖市 罗平县	69.07	青薯 9 号、 宣薯 2 号、 宣薯 5 号	29.76	分布在阿岗镇木冲格、以宜、乐作、阿窝四个村委会；马街镇铁厂、歹麦、宜那三个村委会、富乐镇必米村委会，海拔在 1700～2100m，土壤为红壤，高垄双行种植模式，播种时期为 3 月下旬～4 月上旬，收获 7 月 11～14 日。示范区平均每 667m² 产 1984.25kg，非示范区平均每 667m² 产 1875.26kg，示范区比非示范区增产 5.81%。统一规划、统一品种、统一规格、统一节令、统一供肥、统一病虫害防治
2017	昭通市 昭阳区	13.33	云薯 505	61.88	水磨镇铁厂村，海拔 2250m，砂壤土。强化主导品种和主推技术的组装配套，实行"七统一"即统一良种、统一种植节令、统一地膜覆盖、统一规格化种植、统一测土配方施肥、统一病虫防治、统一农机作业。当地平均亩产 1789.56kg/667m²。2 月 25 日～3 月 2 日播种，8 月 10 日～28 日收获，平均价格 1.9 元/kg

续表

年度	州（市）县	面积（hm²）	品种	单产（t/hm²）	简介
2017	昭通永善县	26.67	云薯505	51.44	莲峰镇文潭村岩脚社，土壤为沙砾土；云薯505，用一级种，单垄净作，稀植2300株/667m²；农家肥配施复合肥，增施磷钾肥；当地平均单产1.4t
2017	昭通鲁甸县水磨镇	53.33	云薯505	60.16	水磨镇铁厂山脚社，开展高产稳产型新品种云薯505种薯繁育高产示范，海拔2150m，土壤为黑砂壤土；采用大垄双行，一级种；当地平均单产1.4t，价格1~1.1元/kg。当年示范面积33.3hm²（500亩），3月19日播种，9月25日收获。所测地块面积3.107hm²（3.1亩），实测面积1.05m²
2017	昭通市巧家县	10.67	云薯105	54.99	马树镇孔家营村，海拔2650m，土壤为黑砂壤土；引进鲜食和加工兼用型高产新品种开展示范，技术为机械与人工结合，大垄双行净作，增施有机肥和微生物肥。当地主要品种为会-2，产量为1530kg
2017	昭通市巧家县	8.67	云薯107	46.01	马树镇孔家营村，海拔2650m，土壤为黑砂壤土；引进优质鲜食型新品种云薯107开展示范，技术为机械与人工结合，大垄双行净作，增施有机肥和微生物肥。当地主要品种为会-2，产量为1530kg

附录4 云南马铃薯主要种植品种

合作88

云南省会泽县农技推广中心、云南师范大学薯类研究所利用国际马铃薯中心提供的杂交组合单株选育而成。2001年通过云南省品种审定，2004年通过贵州省审定，2008年通过四川省审定，2009年通过广西省审定。鲜食菜用、加工型品种。云南省主要种植品种，适宜云南省各生态区域冬早、小春、大春、秋季种植。冬秋季种植面积较大。近年年均种植面积约200万亩，种植面积居全省首位。

晚熟品种，生育期约120d。株型半直立，株高约90 cm；叶色浓绿，茎绿紫色，花冠紫红色；结薯集中，薯块卵圆形，红皮黄肉，芽眼浅，表皮光滑；休眠期长，耐贮藏；蒸煮食味微香，食味较好。干物质含量25.8%，淀粉含量20.05%~19.9%，还原糖含量0.29%。中抗晚疫病，抗癌肿病。

会-2

云南省会泽县农技中心以"印克西"作母本，"渭会2号"作父本杂交获得实生籽，经多年多代无性株系选育而成。1994年通过曲靖市品种审定，2001年通过云南省品种审定。鲜食菜用品种。适应性好，冬早、小春、大春、秋季均可种植。丰产性好，一般亩产2500kg。2012年前是云南省种植面积较大的品种。

中晚熟品种，生育期120d左右。植株直立，叶色浓绿，花冠浅紫色；薯块椭圆至长椭圆形，白皮白肉，芽眼浅，薯芽微红色；结薯大而集中，500 g以上薯块侧芽眼部位易隆起，特大薯易畸形、中空；休眠期长，耐贮运；薯块含干物质18.68%、淀粉12.92%、还原糖0.25%。抗晚疫病和癌肿病，耐旱力较强。

中甸红

迪庆州农业科学研究所、迪庆州种子公司从阿坝"红宣"品种，大田优良单株中系统选育而成。2001年通过云南省品种审定。鲜食、加工品种。云南省海拔950~3200m地区冬、春、秋季种植。2005年前后，云南省推广面积较大的品种之一，全省年均推广种植面积约60万亩。近年主要分布在迪庆、怒江、保山、德宏等地种植。一般亩产2000kg。

中晚熟品种，生育期100d。植株扩散，株高约70cm，植株生长势强；叶浓绿茎绿色，花冠白色，天然结实性强；结薯集中，块茎椭圆形，表皮光滑，芽眼中等微红色，芽眼多，皮淡黄色，肉白色；休眠期中等，较耐贮运；淀粉含量16.74%，干物质含量25.44%，粗蛋白含量1.56%，还原糖0.34%。抗青枯病、病毒病、中抗疮痂病、感晚

疫病，较耐旱耐寒。

米 拉

德国（原东德）用卡皮拉（Capella）作母本，用 B. R. A. 9089 作父本杂交选育。1956 年引入中国。适应种植范围广，在云南马铃薯种植区域，大春、小春及秋季均可种植。2007 年前一直是云南省主要种植品种之一，至今部分地区仍在种植。一般亩产 1000~1500kg。

中晚熟品种，生育期 115d 左右。株型开展，株高 60cm 左右，茎秆绿色基部带紫色，生长势较强。叶绿色，花冠白色。结薯分散。块茎长圆形，块茎大小中等。黄皮黄肉，表皮较光滑，但顶部较粗糙，芽眼较多，深度中等。休眠期长，耐贮藏。食味佳，干物质含量 25.6%，淀粉含量 17.5%，还原糖含量 0.25%，维生素 C 含量 10.4 mg/100g。高抗癌肿病，晚疫病抗性减弱

丽薯 1 号

丽江市农业科学研究所从"克疫"天然实生种子中系统选育而成。2001 年通过云南省品种审定，2006 年通过国家品种审定。鲜食菜用品种。适宜在云南、贵州、四川、重庆、湖北等马铃薯一季作区种植。一般亩产 2000kg。云南省主要种植品种之一，主要分布在丽江等地大春种植，2005 年后种植面积逐渐减少。

中晚熟品种，生育期 105~120d。植株半扩散，株高约 81cm，茎粗壮、浅紫色；叶浓绿，复叶大，有 3~4 对侧小叶，叶面微皱；花冠紫红色；块茎扁圆形，红皮、淡黄肉，芽眼深浅中等；休眠期长，耐贮性好。淀粉含量约 16.8%，干物质含量 22.9%，还原糖含量 0.27%，粗蛋白含量 1.85%。维生素 C 含量 25.1 mg/100g；食味好，蒸食品质优。抗重花叶病毒病，中抗轻花叶病毒病，中抗晚疫病。

丽薯 6 号

云南省丽江市农业科学研究所从国际马铃薯中心提供的杂交实生种子"A10-39×NS40-37"组合中选育而成。2008 通过云南省品种审定。鲜食菜用品种。云南省春、冬季种植。

适宜种植区域广。丰产性好，一般亩产 2500kg。2013~2016 年，全省年均种植面积超过 50 万亩，冬种面积较大，商品性好。

中晚熟品种，生育期约 112d。株型半直立，株高 67 cm；叶绿色，茎秆微紫绿，花冠白色，结实性弱；块茎椭圆，白皮白肉，芽眼浅、少，表皮光滑；结薯集中；大、中薯率 83.9%；薯块休眠期长，耐贮性好。干物质含量 20%，淀粉含量 14.24%，粗蛋白含量 2.06%，维生素 C 17.5mg/100g，还原糖含量 0.16%。抗马铃薯病毒病，抗马铃薯晚疫病。

丽薯 7 号

云南省丽江市农业科学研究所从杂交组合"肯德×ALAMO"，杂交实生种子单株系

统选育。2008 年通过云南省品种审定。鲜食菜用品种。丰产性好，一般亩产 2000kg。云南省春作及部分冬早作种植。种植区域多分布在云南省丽江、怒江、大理等州（市）。

中晚熟品种，生育期约 115d。株型半直立，植株长势强；茎绿紫色，叶浓绿，花冠紫红，开花繁茂；块茎卵圆形，表皮光滑，红皮浅黄肉，芽眼中等；结薯集中，大中薯率 86.2%；薯块休眠期长，耐贮性好。干物质含量 20.1%，淀粉含量 14.42%，粗蛋白含量 1.77%，还原糖含量 0.20%，维生素 C 含量 27.2mg/100g。高抗马铃薯晚疫病，中抗马铃薯病毒病。

威芋 3 号

贵州省威宁县山地特色农业科学研究院（原威宁县农业科学研究所）用"克疫"实生籽系统选育而成，2002 年贵州省农作物品种审定。中晚熟品种，株型直立，株高 75~85cm，茎叶绿色，花冠白色。块茎长圆形，黄皮淡黄肉，表皮微网纹，芽眼中等深浅，结薯集中，耐贮藏。出苗后生育期 90~95d。高抗癌肿病、抗青枯病、轻感晚疫病。一般亩产 2200~2500kg。块茎淀粉含量 17.76%，维生素含量 13mg/100g，蛋白含量 2.27%，干物质含量 27.1%，还原糖含量 0.33%，食味好。种植区域主要分布在滇中、滇东北。

宣薯 2 号

云南省宣威市农业技术推广中心从引进杂交组合"ECSort×CFK-69.1"实生种子中经连续多代无性株系选育而成。2011 年通过曲靖市品种审定，2012 年通过贵州省品种审定。菜用型品种。适宜种植区域广，丰产性好，一般亩产 2000kg。云南省海拔 1900~2600 m 区域冬春秋三季种植。种植区域主要分布在曲靖、红河、文山、昭通等州（市），宣威市种植面积年均 50 万亩左右，贵州等省区也有推广种植。

中晚熟品种，生育期约 100d。株型扩散，叶、茎绿色，花冠白色，开花繁茂；块茎长椭圆形，表皮光滑，芽眼浅、少，黄皮黄肉；结薯集中，块茎整齐，无空心薯；干物质含量 19.3%，淀粉含量约 15.84%，粗蛋白含量 1.94%，维生素 C 16.7mg/100g、还原糖含量 0.06%。食味品质好。抗马铃薯晚疫病。

滇薯 6 号

云南农业大学从国际马铃薯中心杂交组合"387132.2×387170"实生薯后代选育而成。2005 年通过云南省品种审定。鲜食菜用、加工型品种。丰产性好，一般亩产 2500kg。种植区域多分布在滇中、滇东北。

中晚熟品种，生育期 100d 左右。株型直立，株高 70.4cm；茎紫色，叶色浓绿，花冠白色，开花繁茂，天然结实性弱；薯块圆形，芽眼浅；薯皮淡黄色，表皮光滑，薯肉黄色；结薯集中，大薯率 80% 以上，商品率高；干物质含量 26.87%，淀粉含量 18.41%~21.4%，蒸煮食味中上；抗晚疫病；在局部地区感疮痂病和粉痂病。较耐

干旱。

青薯 9 号

青海省农林科学院生物技术研究所，从国际马铃薯中心引进亲本组合（387521.3×
APHRODITE）材料 C92.140-05，从中选出优良单株，经系统选育而成。2006 年通过
青海省农作物品种审定。2016 年通过云南省农作物品种审定。

中晚熟品种，对日照长度敏感。云南省主要冬季种植，生育期缩短。株高约 97cm，
茎紫色，叶深绿色，花冠浅红色，块茎椭圆形，表皮红色，有网纹，薯肉黄色；芽眼
较浅，红色，结薯集中，休眠期较短。抗晚疫病，块茎淀粉含量 19.76%，维生素含量
23.03mg/100g，蛋白含量 2.27%，干物质含量 25.72%，还原糖含量 0.33%，食味好。
一般水肥条件下种植亩产量 2300~3000kg。

云薯 505

云南省农业科学院经济作物研究所、德宏州农业科学研究所用 Serrana 与
YAKHANT 杂交，经多年多代无性株系选择，于 2007 年育成，2011 年通过云南省德宏
州农作物品种审定。属中早熟品种，出苗后生育期 80d。株型直立，株高 42cm，茎叶
浓绿，冬种不开花，结薯集中，薯形为扁圆形，表皮略麻，白皮白肉，芽眼浅。食味
好，品质优，商品率较高。总淀粉含量 14.66%，蛋白质含量 2.36%，维生素 C 含量
28mg/100g，干物质含量 21.9%，抗晚疫病，中抗轻花叶病毒病。2016 年会泽县火红乡
测产亩产量 3682.54kg，商品率 87.07%；宣威市宝山镇测产亩产 4427.94kg，商品
率 82.6%。

云薯 401

云南省农业科学院经济作物研究所、昭通市农业科学技术推广研究院、会泽县农
业技术推广中心利用 3258 与白花大西洋杂交选育而成，2011~2012 年云南省春作马铃
薯区域试验，两年平均亩产 2284.7kg，比对照增产 51.7%，增产点率 100%。2014 年
通过云南省品种审定委员会审定。

中晚熟品种，全生育期 112d。株型半直立，长势中等、叶绿色、花冠紫红色。块
茎长形，白皮白肉，光滑，芽眼浅少、淡粉色。抗晚疫病、感轻花叶病毒病和重花叶
病毒病。总淀粉含量 19.58%、维生素 C 含量 25.7mg/100g，蛋白质含量 2.09%，还原
糖含量 0.15%。

参考文献

［1］何云昆，曹秉益．加速发展云南马铃薯优势产业研讨会论文集，云南农业科技，2003.

［2］杨映辉．中国马铃薯发展研究，中国农业出版社，2013.

［3］孙茂林．云南作物种质资源 薯类篇．云南科技出版社，2005.

［4］隋启君，包丽仙，等．2012 年云南省马铃薯产业发展状况分析，马铃薯产业与农村区域发展（2013 年），哈尔滨地图出版社．

［5］林亚玲，杨炳南，等．马铃薯加工现状与展望 农业工程技术（农产品加工业）．2012（11）.

［6］段兴祥．中国（昆明）第五届世界马铃薯大会文集．云南美术出版社，2004.

［7］道金荣，傅杨．云南省粮食稳定增长十大科技措施．云南出版集团，2016.

［8］杨艳丽．云南马铃薯产业技术与经济研究．科学出版社，2016.

［9］解明恩，程建刚，等．云南严重低温霜冻灾害天气个例分析．气象科技，2005，33（3）.

［10］陶云，段旭，等．云南极端霜冻气候事件的气候特征及环流背景分析．灾害学，2012，27（2）.